图2.7　李维斯服饰海报设计

图2.12　节能、低碳、环保海报设计

图3.4　手抄报的海报设计

图3.5　时间的海报设计

图3.6　保护小动物的海报设计

图3.7　传统筷子包装设计

图4.14　龙凤珍馔系列广告

图4.19
图4.21

图4.25 | 图4.27

图4.19 恒生漆平面广告
图4.21 创意海报
图4.25 “我的童年”海报
图4.27 日本索尼电视机报纸广告

图5.1　动画形式的公益广告

图5.2　诺基亚乐随享电视广告

图5.4　Epson打印机电视广告

图5.8　CCTV2013春节系列公益广告

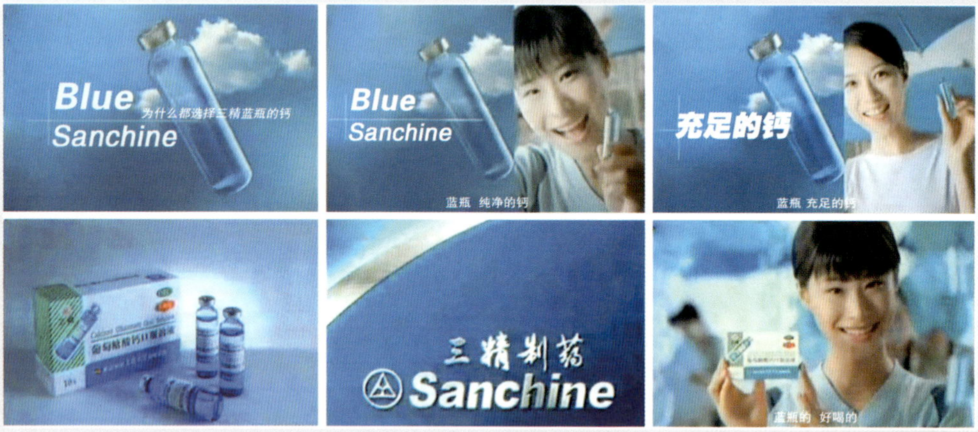


图5.10　三精葡萄糖酸钙电视广告

图5.16　FAMILY公益广告

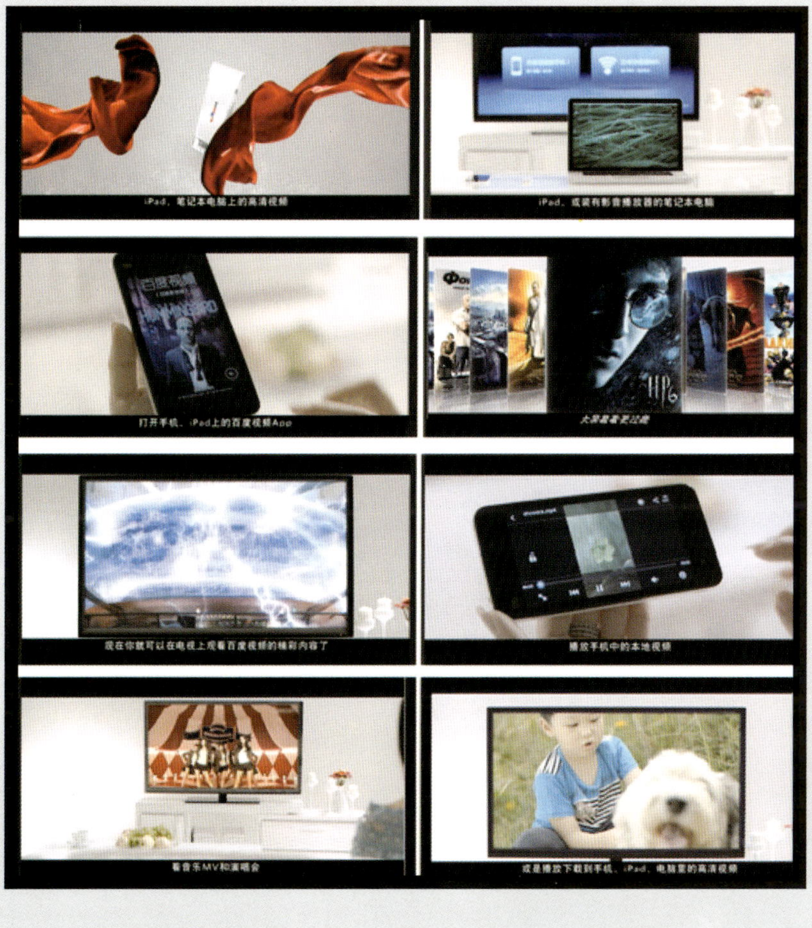


图6.10　视频广告

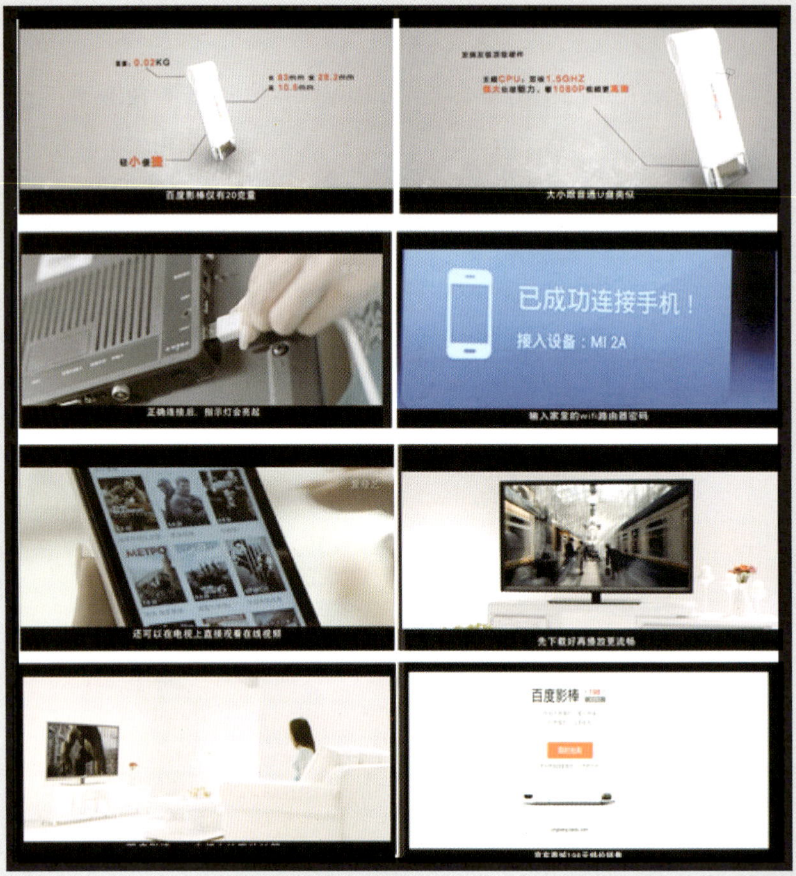


图6.10　视频广告(续)

图6.12　外国经典广告

图6.19 横幅广告

图6.34 苏宁广告

图6.38 “包邮”广告

| 图7.6 | 图7.9 |
|---|---|
| 图8.1<br>图8.9 | 图8.11 |

图7.6　大英旅游协会广告

图7.9　各种品牌

图8.1　消费文案

图8.9　黑松天霖水

图8.11　四玫瑰

21世纪全国高等院校艺术设计系列应用型规划教材

# 广告文案写作


主　编　任丽敏　李庆德

副主编　宫立明　窦桂丽　李　晓
　　　　赵孟楠　宗飘飘　杨　晶

北京大学出版社
PEKING UNIVERSITY PRESS

## 内容简介

广告文案写作是普通高等教育本科课程中重要的内容，又是广告文案教学系列课程的一个重要组成部分。本书以广告文案写作方法为主线，以广告文案写作结构和主题的表现为基础，应用广告设计的基本方法和准则，根据广告文案的要求，详细阐述了文案在广告中的设计思想和步骤，目的是为了让读者学习和了解现代广告文案中的基本方法和要求、文案结构的设立、写作能力的培养、市场调查与受众定位研究、广告文案的诉求方法以及广告文案创作中的现代主义方法和效果，并指导读者进行广告文案创作以及广告设计实践活动。

本书既可以作为大学本科相关课程的专业教材，也可作为广告文案创作人员进行广告文案写作的参考用书。

**图书在版编目(CIP)数据**

广告文案写作/任丽敏，李庆德主编. —北京：北京大学出版社，2014.12

(21世纪全国高等院校艺术设计系列应用型规划教材)

ISBN 978-7-301-25060-0

Ⅰ. ①广…　Ⅱ. ①任… ②李…　Ⅲ. ①广告—写作—高等学校—教材　Ⅳ. ①F713.8

中国版本图书馆CIP数据核字(2014)第255745号

**书　　名：广告文案写作**

著作责任者：任丽敏　李庆德

策 划 编 辑：孙　明

责 任 编 辑：李瑞芳

标 准 书 号：ISBN 978-7-301-25060-0/J・0630

出 版 发 行：北京大学出版社

地　　址：北京市海淀区成府路 205 号 100871

网　　址：http://www.pup.cn　新浪官方微博：@北京大学出版社

电 子 信 箱：pup_6@163.com

电　　话：邮购部 62752015　发行部 62750672　编辑部 62750667　出版部 62754962

印 刷 者：北京大学印刷厂

经 销 者：新华书店

787mm × 1092mm　16开本　18.75印张　彩插4　441千字

2014 年12月第 1 版　2017 年 7 月第 2 次印刷

定　　价：47.00元

# 前言

本书是广告设计文案写作方面的专业用书，主要针对进行专业广告文案写作的广告公司、广告设计师和高等学校广告教育教学的需求，本书根据广告文案写作的现代特点，对广告文案写作进行了系统的分析，更好地把握了现代广告文案的时代脉搏，做到了与时俱进。

全书分为3部分，共8章，系统地讲解了广告文案写作的发展过程、写作技巧和应用方法等。本书特点包括以下几个方面。

（1）在内容安排上，让读者容易看懂、快速上手实践，符合循序渐进、由浅入深的教学原则。在内容的先后次序与组织形式、知识点安排等方面进行了精心的设计。通过广告文案写作实例来体现基本知识点，使读者尽快入门。

（2）体现理论与实践的平衡、应用与具体实例的平衡。在原理阐述方面，主要以应用实例作为解说手法，立足点在“应用”。为了体现“应用”，书中把一些基本原理按照先理论后实践的方式进行阐述，再结合具体广告文案写作案例进行分析，使读者更好地理解基本原理。

（3）以广告文案写作的发展过程为主线，按照教学步骤逐层展开。在内容阐述上，突出如何媒介？如何产生？如何发展与应用？从发展的角度理解基本原理。对于一时难于理解的文案内容，可以从整体上把握，在实践中结合实例进行理解与掌握。

（4）结合广告文案写作的案例，增强广告文案写作的技巧性。书中除了结合基本内容给出广告文案写作实例外，还对实例进行了解释说明与分析，给出了一些广告文案写作的撰写技巧，希望能够进一步提高读者的广告文案写作能力。

（5）本书将教学概述、训练要求与目标通过直观的方式体现在每章的首页，明确地阐述了本章的重点与难点，内容清晰明了，结构布局合理，章节后面还给出了单元训练和作业，方便课堂教学。

本书由几位具有专业经验的作者共同完成，是中央高校基本科研业务费专项资金项目成果，项目名称：我国东北地区广告创意及发展趋势研究，项目编号：2572014CC16。其中任丽敏撰写第1章、第2章和第5章（约11.4万字）。李庆德撰写第3章、第4章（约9万字）。宫立明撰写第6章（约7.8万字）。窦桂丽撰写第7章（约4.5万字）。李晓、杨晶、赵孟楠、宗飘飘撰写第8章（约10.5万字）。最后，在此要特别感谢在本书编写过程中给予大力支持的广告设计方面的老师和同仁们。由于编写团队的水平所限，书中疏漏之处在所难免，希望广大读者和同仁批评指正！

编 者

2014年7月

# 目 录

# CONTENTS

# 第1章 广告文案写作概述

**【训练要求和目标】**

本章主要讲解的内容是广告文案的基本理论知识。

训练要求：

- 了解广告文案的含义、来源及广告文案的形式。
- 理解广告文案的标题、主题、附文、口号。
- 掌握广告文案写作的心理性目标、行动性目标、企业目标、营销的目标。
- 重点理解广告文案的调查、分析、构思、实践等写作步骤。
- 理解广告文案以广告主题为核心。

训练目标：

通过了解广告文案写作的基本理论知识，对广告文案写作有一个整体认知。学会广告文案写作的主要步骤，掌握基本流程，通过广告文案主题的创意，进行广告文案创作，掌握广告文案写作的基本知识。

**【本章引言】**

广告文案写作是广告文稿撰写人用文字符号表现其对商品或企业的认知，以向目标消费者传递营销信息的活动。从事广告文案写作不仅仅需要掌握一般的写作知识和技巧，还需要综合运用营销学、传播学、心理学、社会学等多种学科知识。本章将讲述广告文案的概念与源流、广告文案人员的地位与应具备的素质、广告文案写作的基本过程和原则要求等。通过对本章的学习，你将对广告文案写作有一个整体的了解，了解广告文案的历史，并受到国内外广告文案大师杰出成就的鼓舞。

## 1.1 广告文案的概念

人们对于广告文案的概括解释各不相同，比较突出的主要有两种：其一为“文学派”的见解，认为广告文案是文学写作的一种；其二为“狭义派”的观点，人文广告文案是“已经完成的广告作品的全部的语言文字部分”。第一种观点显然有些以偏概全，因为理性诉求的广告文案也是大量存在的，同时，把广告文案归为文学写作混淆了两者最明显的区别；而广告文案恰恰相反。第二种观点虽然避免了“文学派”将说理型文案排斥在广告文案之外的弊病，但它有另一种片面性：广告作品中未出现的语言文字到底是不是文案？未刊播之前算不算文案？这显然违背了最基本的事实。

那么广告文案的真正本质究竟是什么呢？我们认为，所谓广告文案，是指以文学艺术手法为主要表现形式，包括欲达到广告目标要素的广告作品的语言文学。可以看出，这一定义有着以下特点。

1．两者的关系

广告文案既肯定了文学艺术在广告文案创作中的重要作用和地位，同时又把广告文案从文学写作中独立出来。既划清了两者的关系，也强调了广告文案本身任务的推销性。北宋画家张择端的《清明上河图》就是一幅生动的民间风俗画，为今人认识古代广告提供了可以参照的依据。1915年，《申报》广告所占的版面面积已经超过新闻，当时广告已经成为报纸收入的主要来源，如图1.1和图1.2所示。

图1.1 《清明上河图》(局部)

申報

何總司令昨抵首都

日降書今晨簽字

解除日軍武裝須三個月始竣事

在京設指揮所

待命解除武裝

象牌雨衣

對折至八折

图1.2 《申报》

2．前瞻性

广告文案是先于已经完成的广告作品而存在的，“包含欲达到广告目标要素”这一限定，能更准确地说明广告文案存在的时间性，比“已经完成的广告作品”更科学。目前国内的4A广告公司就是首当其冲的一个广告机构，有很多广告文案经典案例，如图1.3所示。

图1.3 4A广告创意

3. 广告文案与广告图形

这一定义将广告文案与广告图形区分开来，前者以非造型性符号即语言文字来表达，而后者则采用直诉于消费者视觉的造型性符号来体现。

4. 广告文案同广告策划书

这一定义还将广告文案同广告策划书区别开来，不会使广告文案的外延不恰当地延伸。

5. 表现形式

它肯定了广告文案可以采取文学和艺术的多种表现形式，没有否定说明性和理论性广告文案存在的合理性。

## 1.2 广告文案的格式

从写作上看，一般的广告文案写作格式都具有一些共同的成分，包括标题、正文、附文、口号等。

### 1.2.1 标题：广告文案的点睛之笔

1. 标题的含义

现在创意广告中的广告标题也都是非常醒目。如图1.4和图1.5所示。广告标题是展现广告主旨的短文或短句，有时只是一个短语或词语，既是一篇广告文案的核心，又是区别于其他广告的标志。它位于广告文案的醒目位置，通常选用比其他部分大或异于其他部分的字体。其作用是捕捉受众的注意力，使受众知道自己通过购买这一商品将满足哪些心理上、生理上、经济上、安全上等方面的需要，以及通过使用这一商品将避免或减少哪些风险、失误以及不便。

图1.4　房地产创意海报

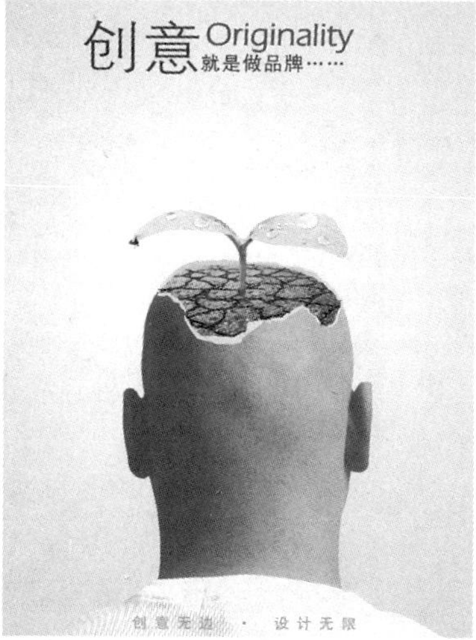


图1.5　创意海报

2．标题的作用

(1) 提示作用。即提示广告正文的重要主旨。随着人们日常生活节奏的加快，受众很难对一些广告产生兴趣，所以广告标题的作用之一就是为受众提供信息精华。

(2) 诱导作用。即用标题来抓住受众的注意力，激发阅读兴趣，吊起他们阅读正文的胃口。广告的标题，不但促使关心某种商品的消费者尽快阅读正文，而且还能引起人们的注意，并使其产生兴趣。广告中的标题有着导向作用，目前房地产广告中的广告语大多采用这种方式，如图1.6和图1.7所示。

图1.6　商业招租广告

图1.7　门的广告设计

调查显示，人们对于某一对象的注意，能维持注意状态的平均时间是5秒，而在头一两秒内注意力最为集中。一般看广告先看标题的人，比先读正文的人多5倍。所以，若标题不醒目，就不能引起人们的注意，更谈不上使读者维持注意力和有兴趣阅读正文了。所以有人说：“题好一半文”，虽有点夸张，但可见标题的重要性。

(3) 促进作用。用标题激起受众强烈的购买欲望，促成受众购买商品或接受服务。

3．标题的种类

从形式和内容划分，广告标题可分为直接标题、间接标题和复合标题。

1)直接标题

直接标题就是直接体现或一语点明广告主题的标题。一般来说，潜在消费者每天都很忙，阅读广告的时间也很有限，或者心不在焉。为了让消费者看一眼就能明白广告的意图，最好能在标题中一语道破广告能为消费者带来的好处。现今的直接标题广告都很商业化，端午节的粽子广告和房屋出租的广告都是直接标题广告，如图1.8和图1.9所示。

图1.8　商铺招租广告

图1.9　粽子的海报设计

2)间接标题

间接标题不直接揭示广告主题，而是以间接方式宣传产品的特点和功能。这类广告标题一般用词讲究艺术性，力求使人过目不忘。其诉求方式是：往往不直说，而是兜圈子，或留空间，或迂回曲折，或意在言外，激发人们的想象并留有回味的余地。很多委婉的广告设计中，其广告语是间接性的。房地产的广告语往往会采用这种形式，如图1.10和图1.11所示。

图1.10　CBD广告设计

图1.11　房地产广告设计

3)复合标题

可将直接标题和间接标题组合成复合标题，即复合标题包含直接标题的内容，也包含间接标题的内容。通常情况下，直接标题用来表现比较实在的内容，而后者则用来表现某种韵味，从而形成虚实相映的格局。复合标题相互交映更能实在地体现主题。中国南方电网的海报设计和花草茶的海报设计中都是运用了复合标题，如图1.12和图1.13所示。

图1.12　中国南方电网的海报设计

图1.13　花草茶的海报设计

广告标题具有多变性，这一点直观地体现在其结构上，它可以是几个字、几个词或者是由多个句子组成的文字。标题的结构还可以分为以下几种。

1) 单词型

瑞士航空公司在中国打出广告的标题就只有一个词Special，意为“专业的”。奥迪汽车在新加坡刊出的系列广告标题是：“有人照顾”“能屈能伸”等。这样的标题字数少，一般用来描述商品或服务最主要的特征，这类广告语被称为单词型广告语，如图1.14和图1.15所示。

图1.14　奥迪汽车广告设计

图1.15　瑞士航空公司广告设计

2) 词组组合型

由两个或两个以上的词组来完成标题使命的广告标题，例如美国银行的广告标题“我的生活，我的账户”就是词组组合型广告语，如图1.16所示。

图1.16　美国银行广告设计

3) 句子型

以一个句子来作为广告标语，这一形式最为常见。句子可能是单句也有可能是复合句。微软鼠标的广告标题是：“感受创意，享受服务。”喜力啤酒的广告标语是：“酒虽然空了，心却是满的。”这些都是句子型的广告标题。还有的广告标题比较长，适合于表达复杂的广告信息。东芝笔记本电脑的广告标题“化概念为现实的杰作，唯有亲身驾驭，才能体会非凡乐趣”，如图1.17和图1.18所示。

图1.17　喜力啤酒广告

图1.18　东芝笔记本广告设计

4) 多行式

多行式标题是由引题、主题、副题等几部分组成。引题是要引出主标题，为其提供背景和悬念，而副标题则是对主标题内容的补充，或者是旨在进一步扩大主标题的效果。万科房地产的广告标题就是一个三题俱全的例子。

(引题)万科城市花园告诉您

(副题)不要把所有的鸡蛋都放在同一个篮子里

(主题)购买富有增值潜力的物业，您明智而深远的选择

当然不是所有多行式标题都是三题俱全，根据具体需要可由引题和主题或主题和副题构成。广告标题的多变性，通常也可以体现在广告的内容和风格上。

## 1.2.2　正文：广告文案的主题

### 1. 广告文案正文的含义

广告正文是对广告标题的解释，也是对所宣传的产品(服务)的详述。广告的主题也是由广告正文来表现的。如果广告标题已经吸引了消费者的注意或激发了他们的兴趣，而能否说服消费者坚定信心，并促成他们采取行动就取决于广告正文了。正确制作广告正文的做法，是按照标题所承受的事项仔细认真地写好每一句话。同时还要讲究遣词造句，力求使文字简洁易懂。例如雪碧的广告中就是正文较为明显，标题也非常的醒目，如图1.19所示。

图1.19　雪碧广告设计

2．正文的构成。

广告正文一般都用三段式。

1) 引言

引言位于正文的开端，主要任务是引出广告正文的中心段。引言部分可以不涉及正文的主要内容，也可以涉及正文的主要内容，它在标题和正文之间起承上启下的作用。

广告引言的方式多种多样，除了开门见山，直奔主题以外，也可略作提示，初步涉及广告的主要内容；或者教导广告的目的或动机；还可以从释疑入手。总之，开头方式并非千篇一律，可灵活多样，只要能起到承上启下的作用即可。

2) 中心段(主题)

中心段是广告的重心所在。在这一部分中，必须简明扼要地表现广告主题，陈述产品或服务所具备的不可取代的特点。这是整个广告文案的主要部分。其任务是根据广告主的意图，来阐述本商品或服务的特点与优势所在，以有关键性、有说服力的事实予以说明。根据需要，可以只有一整段，亦可以分成几个段落。中心段要能唤起消费者的欲望。中心段的写法也多种多样，可按时间顺序来写，有头有尾；也可以按食物的逻辑联系分为若干问题或几个侧面来写，有点有面，层次分明。总之，不管怎样写，都要做到观点与材料相一致，切忌杂乱无章。

图1.20　灯的公益海报设计

3)结尾

一般是为敦促消费者迅速付诸购买行动而写的文字。可以直接提供建议，欢迎选购或采取其他相应举动。有时候，也可以在敦促人们赶快行动的同时再次宣传产品的好处。例如一则公益广告，主要彰显百姓心中的一盏灯，同时也体现了百姓心里明亮的部分。这则广告正文分为3个级别，即三段式，如图1.20所示。

3．正文的类型

1) 事实式

这是一种以事实来说明诉求内容的表现形式。在写作上比较正规、实在。在介绍商品或服务时，多从质量参数、价格水平、花色品种、规格尺寸、自然属性等方面客观地进行表述，在文字表达上没有过多的修饰与描绘。这种形式的正文多用于生产资料和技术服务的广告文案。

2) 描写式

用文学语言对商品或服务的特点以及消费者能获得的利益进行绘声绘色的描写。这类广告如果描绘得亲切感人，会给人们一个鲜明和深刻的印象。

3) 叙述式

叙述式的正文以叙述与产品或企业有关事情的前后经过，来宣传产品或企业形象。这类正文要使内容像故事那样，有矛盾的冲突和最后的解决，这样才能引人入胜。如果平铺直叙，则难以吸引消费者。正文不宜过长，它往往是以某人遇到困难而感到苦恼开始，以找到解决办法而圆满结束。

4)论证式

论证型的正文重在“以理服人”，即依据一定的论据，采用一定的论证方式，来告诉消费者为什么要使用某某产品，说服消费者购买。

5)消息式

采用类似新闻媒体中消息的写法，对最近所发生的关于企业或商品的情况作简要报道。这样可以减少广告的商业色彩，突出一定的新闻价值，达到增强传播效果的目的。

6)通信式

所谓通信式广告，就是采用纪实的手法，综合运用叙述、描写、议论、说明等表达方式，对产品、企业或与产品、企业有关的人物、事件，进行真实、详尽、生动、形象的报道，以提高产品或企业的知名度，达到扩大影响和促进销售的目的。

### 1.2.3 附文：对广告内容的必要补充

1．附文的含义

附文又叫随文，是广告文案中的附属部分，是对广告内容必要的交代或进一步的补充说明，用于列出企业的地址、联系方式、促销活动地点等信息。其具体内容包括：品牌全称、企业全称、地址、路线、邮编、电话、传真、网址、联系人以及经销商和服务部门相关信息。

2．附文的作用

有人将附文称为广告文案的附属语言或文字。不过附文并不是广告文案中可有可无的部分，而是一则完整的传达信息准确、到位不可分割的有机组成部分。它在广告文案中起着不可忽视的作用。

(1)对广告文案标题和正文进行必要的补充。标题、正文虽然包括了最主要的信息，但是它们往往无法穷尽所要传达的全部信息，特别是联系方式等具体细节很难融入这几个部分中自然地传达，因此附文就对它们起着补充说明的作用。

(2)使信息更突出。如果取消一则广告文案的附文，而将附文所要传达的信息全部融入其他部分，可能会使其他部分信息繁杂、缺乏重点，而且会使有关企业、产品或服务当然基本信息被其他更具吸引力的信息所淹没，从而影响产品信息最终的传播效果和广告的诉求效果。

3．附文的类型

1) 按内容进行分类

全面型，指传达可以通过附文传达的全部信息的附文。这种类型的附文一般较长，但有助于广告信息完整、全面地传递，一般用于通过印刷媒介传播篇幅较大的广告文案中。重点型，指选择与特定广告内容关系最为密切的信息进行传递的附文。如广告的中心内容是优惠促销，那么附文中仅说明促销办法。这种类型的附文通常较为短小，有利于突出重点信息，而且节省广告版面，因此在版面较小的印刷广告文案中较为常见。省略型，一般只包括企业名称的简称、企业标志或品牌名称，常见于电视广告中。

2) 按风格分类

直接型，指不加任何修饰，直接传达信息的附文。其特点是简洁明了，缺点是表述不够生动。间接型，指使用较为婉转的语言传达信息的附文。其特点是亲切、自然，并且有一定的趣味性，容易吸引受众。

### 1.2.4 口号：广告的广告

1．广告口号的含义

广告口号又叫广告标语，在广告宣传中有着特殊的地位和作用。广告口号是广告主所提供的产品、服务的优良品质和良好形象的体现，或是对广告主所倡导理念的言简意赅的概括。广告口号不是出现了一两次就弃之不用的广告语，而要在围绕同一产品或服务所做的广告中反复出现。在完整型的广告中，口号往往被放置在正文的末尾。广告口号在广告中起着举足轻重的作用，图1.21所示就是一则公益广告，海报中的文字主要运用“又鹅”组合在一起，在海报中是一个亮点。

图1.21　打击盗版食品的海报设计

2．广告口号的特点

广告口号具有相对稳定性。广告都希望在较长的时间内，通过反复宣传其广告口号，使之家喻户晓，深入人心。产品知名度的扩大，有时也可以是由著名的广告口号促成的。

广告口号具有易记易传的特点。广告口号简短明快，朗朗上口，便于人们记忆。人们对于这样的广告口号，只要一接触就能记住，便于传颂。例如“味道好极了”(雀巢咖啡)。

3．广告口号的类型

从不同角度，可以将广告口号做不同的划分。常用的广告口号有以下三类。

(1) 鼓动式：用鼓动式语言制作成广告口号，激励消费者去购买某种产品或接受某种服务。

(2) 赞扬式：广告口号突出产品的优越性，使消费者对产品产生好感。

(3) 情感式：用富有感情的语言进行渲染，使消费者在购物时产生美好的联想。

4．广告口号的作用

(1) 加深印象，即通过广告口号的反复宣传加深受众对企业、品牌、产品或服务的印象。例如，中国建设银行龙卡的广告口号“龙的传人用龙卡”，经反复宣传，已经深入人心。中国人都会想到自己是龙的传人，也就会对龙卡情有独钟。广告口号令消费者对某一产品、服务或企业的印象不断加深，帮助广告主在市场上扩大知名度。受众不可能忘记广告文案的全部内容，但却可能对广告口号兴致盎然，历久不忘。

(2) 长远促销。好的广告口号由于提示了产品个性和消费者需求的内在关系，能达到长远促销的目标。

(3) 树立形象。广告口号还可以用来传播企业(广告主)的精神、观念和宗旨，为树立企业的良好形象而发挥重要作用。例如，IBM公司的广告口号“四海一家的解决之道”，表现了企业为实现世界大同而做出的努力。

(4) 倡导观念。广告口号有能力改变受众的消费观念，甚至引导新的流行文化。有些产品的推广，就是有意识地培养受众的消费意识。

图1.22　水晶之恋海报设计

“女人更年要静心”，更年期购买保健品成了必需的选择。“水晶之恋，爱你一生不变”，买果冻不再是小朋友的专利，谁说大姑娘小伙子不能吃果冻呢，如图1.22所示。

## 1.3　广告文案写作的目标

### 1．心理性目标

(1) 将产品新的使用途径或服务以及新的构思传达给消费者。

(2) 产品必须与消费者能得到的最大便利联系起来。

(3) 告诉消费者，使用该产品的话不会产生任何麻烦。

(4) 将产品与消费者广泛认可的人物或符号联系起来。

(5) 将产品与消费者共有的心愿或理想联系起来。

(6) 将产品与一种独特的东西联系起来。

(7) 促使消费者回想起先前有过的经验。

(8) 表明该产品或服务如何满足基本需求。

(9) 利用消费者的潜意识需求。

### 2．行动性目标

(1) 鼓励消费者增加使用的次数。

(2) 鼓励消费者增加更换产品的频率。

(3) 劝说消费者购买非时令产品。

(4) 鼓励消费者试用某一产品的代用品。

(5) 向消费者推荐试用品。

(6) 让消费者前去点名购买该产品。

(7) 采取试样和其他形式的咨询。

(8) 欢迎消费者来商店浏览。

3．企业目标

(1) 表明公司富有公共意识。

(2) 搞好内部员工之间的关系。

(3) 增加股东对公司的信赖。

(4) 使大众理解公司是行业中的先锋。

(5) 吸引从业人员进公司。

(6) 表明公司的产品和服务范围广泛。

4．营销的目标

(1) 刺激对该产品的基础性需求。

(2) 确立对该产品的选择性需求。

(3) 使本公司的推销员热情高涨。

(4) 鼓励商家扩大销售本公司产品。

(5) 扩大本公司产品的零售网络。

总之，广告文案可以采取各种超乎想象的形式，但必须以广告目标位中心，只有能充分达到广告目标的文案，才是有效的、优秀的广告文案。

## 1.4 广告文案写作的步骤

文案写作不是先写标题在写正文最后到口号，实际上，广告文案的写作是和创意联系在一起的，文案写作的过程往往也是创意的过程。

1．收集资料阶段

广告文案创作的工作第一阶段是从收集资料开始。优秀的文案是以全面的调查和缜密的分析为基础而产生的。在这一阶段必须收集有关的所有资料。但是到目前为止，许多广告撰稿人还是很容易疏忽资料的收集工作，而只根据长期以来养成的经验和感觉来代替这样的调查。在广告的科学性日益提高的今天，用一个人的经验和感觉来正确地把握问题几乎是不可能的。所以资料收集作为文案创作的第一阶段，成为最重要的基础工作之一。在美国，市场调查作为市场营销的基础已发展成为一种传统。在日本，收集各种调查资料的必要性也正逐渐被重视起来。

广告文案的任务是向消费者说明商品或服务。所以，创作者首先要详细了解市场和自己的产品，了解哪些人会购买，何种动机导致他们购买，除此之外就别无他法，创作也无从谈起。

2．分析阶段

第二阶段可以说是评价阶段，是从收集的资料中导出结论的阶段。调查资料有旧的、新的，有重要的、不太重要的，建立一个体系是这一阶段的重要工作。分析从调查资料中获得的问题点，并从中提取该商品吸引顾客的重要卖点，从而引出产品的定位、广告的诉求等。卖点正是推销人员对顾客介绍商品的诉求点，是顾客从众多的商品中比较得出的值得选定该商品的优点。Selling Point 一般都译为“卖点”，狭义的是说该商品所具有的物理性质、构成、成分等；但使用该商品所得到的利益，即商品便利和使用乐趣就属广义的Selling Point 。

卖点必须与消费者的利益紧密相连，并且是在与其他商品比较后，形成能给消费者更强烈的印象和感动的诉求点。

因此，作为创作者必须以制作好这样一个“文案平台”为基础，重点放在与竞争对手商品的比较上，比较哪个卖点更有魅力，在当今的创意工作方面，这也是创作者能力方面的重要体现。

但是，在今天由于各家企业的研究进行得更充分，商品的品质趋于同质化，诉求点的感性因素也在增多。换句话说，消费者求助于广告的，不是简单的商品功能和品质，品质如何使消费者的生活方式和思维方式发生变化，也成了创意人员寻找卖点时要考虑的重要因素。即使品质和性能并无差异，把其他公司没有做在广告上的特长，作为自己公司商品的特长来定位，也不失为一种有效的方法。

总之，在这一阶段得到的产品概念和定位或者商品有魅力的卖点为走向下一个阶段迈出了关键的一步。不管怎样，卖点的决定无疑帮助我们找到了创作的方向。图1.23所示就是一个文字版式设计，广告文案在创作的过程中，要有序地进行，所以在前期很重要，搜集大部分的资料，进行文字版式的制作，因此创意十分突出。

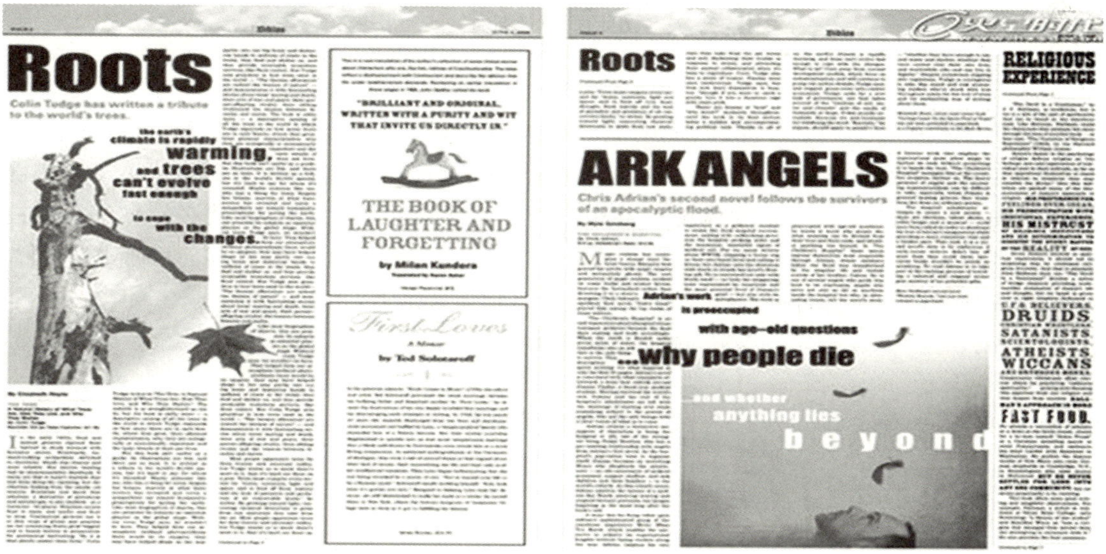
Roots
Colin Tudge has written a tribute to the world's trees.
the earth's climate is rapidly warming, and trees can't evolve fast enough to cope with the changes.
"BRILLIANT AND ORIGINAL. WRITTEN WITH A PURITY AND WIT THAT INVITE US DIRECTLY IN."
THE BOOK OF LAUGHTER AND FORGETTING
by Milan Kundera
First Loves
by Ted Solotaroff
Roots
ARK ANGELS
Chris Adrian's second novel follows the survivors of an apocalyptic flood.
Adrian's work is preoccupied with age-old questions ...why people die ...and whether anything lies beyond
RELIGIOUS EXPERIENCE
DRUIDS
SATANISTS
ATHEISTS
WICCANS
FAST FOOD

图1.23 文字版式设计

3. “孵化”阶段

根据第一阶段的调查和第二阶段的分析，产品概念和卖点确立之后，创作活动就进入了一个“发酵”和“消化”的阶段。在创作过程中，我们一定要充分运用潜意识。潜意识朝哪个方向不仅取决于创作人员的经验和才能，更取决于第一阶段和第二阶段调查研究的数量和质量。

进入思考阶段，在决定性的好点子找到之前，心情是格外沉重的，这是因为创作者潜意识中始终在不停工作的缘故。所以，进入“孵化”阶段，可以把题目搁置两三天让它充分地“发酵”，最终酝酿出理想的作品。由于这样一个“孵化”阶段过分地依赖于个人的潜意识。因此，创作人员一定要找到适合自己生活思维的规律与周期。

4．开发与决定阶段

在此阶段，急于一下子解决给予的题目，而好点子怎么也产生不了的情况非常多见。那是由于潜意识的“孵化”状态尚未成熟。构思创造阶段不能急躁。优秀的广告作品不是瞬间就能完成的，常常是即使费了很长时间也未必产生好的构思。但是，不管你当时认为这些构思是好还是坏，在此开发阶段产生的诸多想法有必要全部都记录下来，因为想法产生于潜意识中，又会回到潜意识中。

在这一阶段产生的诸多构思中选择最合适的一个，是这一阶段工作的主旨。对构思中的优缺点、可能和不可能使用的东西、崭新和平凡的东西逐一进行分析和评价。到这一步，再次确认已经形成的卖点和产品概念，并与构思相结合，看这一构思是否适用于广告目标，是否适用于目标消费者及媒体，与竞争对手商品表现相比是否有创造性，这些都需要严格地分析，以便对构思做出客观的评价。从诸多构思中选出一些优秀的，再从中决定一个最实用的，这就是写作过程的最终阶段。

## 本章小结

通过对本章的学习，初步了解到广告文案的概念和源流，广告文案人员自身的地位与应该具备的素质。广告文案写作的过程是创意的过程，但是如果创意独特，却与主题不相协调，主题得不到充分的体现，甚至出现干扰主题思想的现象，就必然转移人的注意力，或出现歧义，削弱广告的效果。因而，广告文案的写作与创意等应以广告主题为核心，所以本章的内容对于广告文案人员来讲是很重要的基础部分。

## 本章习题

一、填空题

1．人们对于广告文案的概括解释各不相同，比较突出的主要有两种：

其一为“________”的见解，认为广告文案是文学写作的一种；其二为“________”的观点，人文广告文案是“已经完成的广告作品的全部的语言文字部分”。

2．所谓广告文案，是指以________为主要表现形式，包括欲达到________的广告作品的语言文学。

3．从写作上看，一般的广告文案写作格式都具有一些共同的成分，包括________、________、________、________等。

4．________就是直接体现或一语点明广告主题的标题。________不直接揭示广告主题，而是以间接的方式宣传产品的特点和功能。可将二者组合成________，既包含直接体现出的内容，也包含间接方式表达出的内容。

5. ________又叫广告标语，在广告宣传中有着特殊的地位和作用。________是广告主所提供的产品、服务的优良品质和良好形象的体现，或是对广告主所倡导理念的言简意赅的概括。________不是出现了一两次就弃之不用的广告语，而要在围绕同一产品或服务所做的广告中反复出现。在完整型的广告中，往往被放置在正文的末尾，在广告中起着举足轻重的作用。

二、选择题

1. 广告标题具有多变性，这一点直观地体现在其结构上，它可以是几个字、几个词或者是由多个句子组成的文字。所以，标题的结构还可以分为以下几种？(　　)

A. 单词型　　　　B. 词组组合型

C. 句子型　　　　D. 多行式

2. 广告写作的目标主要体现(　　)几个方面。

A. 心理性目标　　　　B. 行动性目标

C. 企业目标　　　　D. 营销的目标

3. 从不同角度，可以将广告口号做不同的划分。常用的广告口号的类型包括(　　)。

A. 鼓动式　　　　B. 赞扬式

C. 情感式　　　　D. 联想式

4. 广告文案的写作是与创意联系在一起的，文案写作的过程往往也是创意的过程，主要包括哪几个阶段？(　　)

A. 收集资料阶段　　　　B. 分析阶段

C. “孵化”阶段　　　　D. 开发与决定阶段

三、思考题

1. 解析广告文案的概念？

2. 广告文案的正文类型有哪些？试举例说明。

3. 如何理解广告文案附文的含义与作用？

4. 在广告文案写作中，广告口号主要起到哪些作用？结合广告实例加以说明。

# 第2章 广告文案的主要表现

**【训练要求和目标】**

本章讲解的主要是广告文案创意的基本理论知识和它的产生以及方法、效果等方面的内容。

训练要求：

- 了解广告文案“创意”的含义、实质与作用、原则。
- 理解广告文案创意产生的过程，资料收集，选择并拼合资料。
- 掌握广告文案创意的思维方式、常见类型以及文化因素的运用。
- 了解广告文案创意的经济效果、社会效果、审美效果。
- 总结广告文案表现方法。

训练目标：

通过对本章的学习，了解广告文案主要的表现方法，选择好的广告主题，学会利用新颖、独特的表现主题，同时也学习到了广告文案的表现形式，就是广告创意。要求学会创意出好的广告文案创意，才能引起注意和兴趣，进行实践，达到理论与实践相结合的效果。

**【本章引言】**

找到正确的广告主题并不是广告文案构思的结束，而是为广告文案写作开了个头。撰写广告文案不仅要求主题正确，而且要求表现主题的形式新颖、独特。构思广告主题的表现形式，也被称作广告创意。创意接触的广告文案不仅能够吸引消费者，而且能让他们更好地了解广告主题或商品利益，因而也能收到更好的促销效果。本章将阐明广告文案创意的概念与本质，讲述创意的过程、方法与要求，此外还要分析文化因素对于广告创意的影响。

## 2.1 广告文案创意概述

广告创意究竟指的是什么？广告创意应该遵循什么原则？这是学习广告文案创意时必须首先解决的问题。

### 2.1.1 对“创意”的狭义定义

“广告创意”是目前广告界使用最多的专用术语之一，但对“广告创意”一词的解释和用法却存在着一些差别。有的人把它看作广告主题及其表现形式的构思，即广告主题的确定包含在广告创意之中；而在实际运用中，“广告创意”有时仅指确定广告主题，有时又仅指根据已经确定的广告主题构思广告的表现形式。因为确定广告主题和依据已定的广告主题构思广告的表现形式，是在策划的程序和内容上都有明显区别的两个阶段，而且目前广告界已公认“广告定位”是确定广告主题的基本方法，也就是说现在已经有“定位”一词来具体指称广告主题的确定，所以为了避免“创意”一词在使用时指称对象的混乱，本书的“广告创意”专指广告主题表现形式的构思。

广告文案创意是根据广告文案的主题构思广告文案的具体表现形式。比如，我们要为箭牌衬衫写一则广告文案，而这则文案的主题已确定为“该衬衫具有防缩的特点”，撰文人员进行文案创意时，就是要为“防缩”这个广告主题找到一种最好的表现形式，使消费者通过这种形式更好地理解并记住箭牌衬衫具有的防缩特点。美国广告大师乔治•葛里宾为此发挥丰富的想象，构思了一个人、马对话的故事，使其创意的广告成为世界广告文案的经典之作：乔•霍姆斯由于衬衫领子收缩窒息而死后变成了一匹马。有一天，这匹马遇到了生前好友，即该文案中的“我”。从谈话中乔得知箭牌衬衫经过机械防缩处理不会收缩，而且它还有独特的“迷淘戛”特适领。他非常激动，要回去告诉正需要这种衬衫的主人，以便得到更多他所爱吃的燕麦。

### 2.1.2 广告文案创意的实质与作用

广告文案创意的实质，是将广告文案的主题转换成一个意象或材料体系的过程，这个意象或材料体系只是广告文案人员头脑中某种形式的构想，将这个构想用文字符号固定下来就是广告文案。

广告文案的意象或材料体系能使广告文案的主题具体化。如果把主题比做广告文案的精神，那么意象或材料就是它的躯体。精神是躯体的主宰，但它必须通过躯体的活动才能被人感知。

广告文案意象或材料体系的形式是广告文案人员针对广告事物(企业、产品、服务)，这种重新组合的工作形式需要依靠广告文案人员丰富的知识、情感和想象力。

(1) 广告文案人员已知的油光产品材料特点如下。

①深灰色棉布最易收缩；

②箭牌衬衫经过机械防缩处理，深灰色棉布的也不收缩；

③箭牌衬衫有独特的“迷淘戛”特适领。

(2) 广告文案人员的生活经验如下。

①朋友之间常说知心话；

②衬衫领子过紧会使呼吸困难。

(3) 广告文案人员的知识如下。

①窒息会导致死亡；

②社会上存在着人死后变牛变马的迷信或神话；

③人们常用马拉牛奶车；

④马爱吃燕麦；

⑤提醒消费者认准商标很重要；

⑥免费奉送作陪能增加承诺的可信度。

上述材料、经验和知识原先是和其他材料、经验、知识一起，无序地存在于广告文案人员的头脑中，大脑接收到表现广告主题的指令以后，由于脑细胞积极活动的结果，它们突现出来，相互联系，并形成一个有序的表现主题的意象体系，这就是广告文案人员的创意。由此可见，能否发现统摄于某一观念之下的各种事物之间的联系，并将这些事物组合成一个新的意象或材料体系是广告创意的关键。广告创意的实质就是给人以强烈的视觉感受与相关信息的传达，如图2.1所示，是文字的编排设计，用文字的不同环绕方式来构成一个人的头像，一语双关，非常巧妙地结合在一起。

图2.1　文字设计

广告文案创意的基本作用是使广告文案的主题得到形象、具体的表现，并因此使广告文案具有感染力和说服力。

广告文案的主题是一则广告的核心信息，它使用一句话甚至一个词就可以概括。由于广告文案的主题通常是一个抽象的概念，所以必须借助创意，使其形象化、具体化，广告受众才易于理解和接受。美国广告大师威廉•伯恩巴克认为：“并不是你的广告说什么感动了观众，而是你用什么方法去说。” 比如，你想在电视广告中告诉观众公司的电话号码，直截了当地把号码说出来可能不会引起注意，但一个好的创意可以让人终生难忘。日本一家专售清洁用具的家庭服务公司，电话号码是100-100。该公司为告知这个电话号码所用的创意是让一对100岁的双胞胎姐妹与公司的电话号码挂起钩来，姐姐金说："我叫金，今年100岁。"妹妹银接着说："我叫银，今年100岁。"然后旁白补充一句："日本家庭服务公司的电话号码是100-100。"广告播出后，许多观众都牢牢记住了这家公司的名字及电话号码。

### 2.1.3 广告文案创意的原则

广告文案创意要围绕广告主题进行，任何游离广告主题的创意都会因为转移或分散了广告受众的注意力而削弱广告的宣传效果。广告创意并非不讲艺术性，不重形式美，但如果广告文案人员忽视了形式表现主题、艺术服务销售的创意原则，那么其作品充其量也只能供人欣赏，而不能促进销售。

罗瑟•瑞夫斯为了批评广告创作上分散注意力的错误做法，曾举出一个他认为"绝对要不得的广告"例子。有一次，他在纽约第五街的一辆公共汽车车厢外看到一幅很大的海报，海报上有一张绝世美人的照片。他认为那个金发女郎确实漂亮，并足足看了1分多钟。然而公共汽车开走以后，他才发觉自己完全不知道海报宣传的是什么商品。

李奥•贝纳曾以绿巨人牌罐装豌豆为例，指出了什么是夸张狂想、自我卖弄的广告文案。他说，一位喜欢夸张的广告文案人员可能醉心于这样的文字："在蔬菜王国中的大颗绿宝石。你从来不知道一颗豌豆能够这样：似露一般的甜蜜，如六月清晨那么新鲜并洋溢着丰富的豌豆的芬芳。这不是一般的豌豆，这是绿巨人豌豆。把它端到烛光照射的餐桌上，如果丈夫把你的手握得更紧更紧，一点也不足为奇。"李奥•贝纳又说，只会自我卖弄的广告文案人员也许会这样写下去："这种豌豆计划永远终止蔬菜战争。根据它的计划，你只要取得一盒丰富的绿巨人豌豆就可以了。它们是如此的甜蜜和娇嫩，即使家庭中最痛恨蔬菜的分子也会投降。到你熟悉的食品杂货店去买绿巨人吧，现在就去买。"上述两种写法都没有围绕正确的广告主题创意，它们没有突出商品固有的特点，而是一味地舞文弄墨，炫耀才华。李奥•贝纳围绕"新鲜罐装"这一主题创意，采用"月光下的收成"这一兼具新闻价值与浪漫气氛的标题，正文部分仅有几十个字："无论日间或夜晚，绿巨人豌豆都是转瞬选妥风味绝佳……从产地至装罐不超过3小时。"与之相配的画面是：收割机在朦胧的月光下收割豌豆的远景和一听豌豆罐头。罐头贴纸上，一个男子吃力地抱着一只足有半人多长的大豆荚。这则广告主题鲜明，表现形式充满诗情画意，因而使消费者过目不忘。绿巨人牌罐装豌豆很快在美国家喻户晓，销量节节上升，生产绿巨人牌罐装豌豆的明尼苏达流域罐头公司为了充分利用绿巨人牌罐装豌豆的声誉也索性改名为绿巨人公司。

以上事例说明，广告创意只有依附于正确的广告主题才有意义，否则，形式越精巧就越分散消费者的注意力，就越有损于广告的宣传效果。所以，广告文案人员的每一个构想，他所写下的每一句话、每一个字都应该有利于表现广告的主题或广告商品的特点。

1. 广告文案创意要新颖独特

广告文案创意的新颖独特指广告文案的表现形式是别人不曾用过的。文案创意力求新颖是为了引起消费者对广告的注意和兴趣。

目前，我们有些广告人员不在广告创新上下功夫，而且简单地抄袭或模仿国外或港台地区一些已有定评的广告作品。比如“人头马一开，好运自然来”是香港著名广告撰稿人黄露为法国名酒人头马白兰地写的一则广告词。因为它与香港人渴望走运发财的心态十分吻合，所以被当地广告界视为经典，并被厂家沿用了20多年。此后，河南新乡某厂在《中国青年报》上向全国公开征集“××”牌电视机广告词，被评为“优秀”广告词的就有“××一开，好运自然来”，这条“优秀”广告词见报后，引起许多读者的反感。如图2.2所示，一幅高跟鞋的广告创意海报，从海报中解读出，高跟鞋不仅是代表鞋子的美丽，更是体现气质的高度。

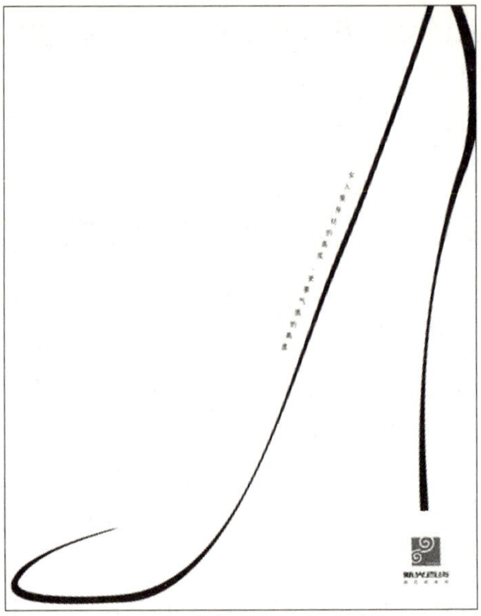
图2.2　高跟鞋海报设计

为了使创意新颖，就必须避开人们熟悉的套路而另辟蹊径，在创意方法上要倡导多向思维和逆向思维。西安南洋广告新技术有限公司在承接库利南珠宝公司的广告时，为了避免与其他珠宝广告的广告创意撞车，经反复研究，决定以讲故事的形式，用库利南钻石的来历，为库利南珠宝公司在消费者心中树立一个令人难忘的企业形象。

2. 广告文案创意不能违背受众的接受心理

广告文案创意要新颖，但新颖并不等于怪诞，因为怪诞的创意容易引起人们的反感，有时甚至会对产品的销售产生严重的不良影响。贝纳通集团曾在一则广告中以“患上了艾滋病”的美国前总统里根做广告画面的主角。该集团发言人在解释为什么用里根“患病”做广告的原因时说，这位前总统当年对艾滋病未予以重视因而导致了今日艾滋病的流行，所以假想他也患上了艾滋病。这则怪诞的广告发布后，引起了贝纳通集团遍及世界的经销商们的强烈抗议。特别是在德国，650家专卖店中就有150家的生意急剧下降，所以经销商们向法院起诉，要求总公司赔偿它们的经济损失。

我国深圳××领带服饰有限公司曾在一则广告中以“青海独特，与狼共舞”为广告词。中国人习惯于把狼当作凶恶与残忍的象征，而该广告的撰稿人却违背常理，要消费者钟情于狼，并“与狼共舞”，给人一种很不和谐的印象。如果消费者由此产生反感，那么广告就会事与愿违。

3. 不同类型的广告文案创意要有不同的特点

造型性广告文案是塑造形象让人感受的广告文案，构思这种文案要特别注意具体性、体验性和情感性。比如，日本有一种早餐叫马基汤，广告文案人员为它所写的文案采取了亲切的问候形式：“早上好！我是马基汤，您的先生出门时，用过早餐了吗？”形象生动的广告往往都能够以情动人，并使人印象深刻。如图2.3所示，是以生日快乐为主题的海报作品，就突出了以情动人广告文案特点。那么在设计的同时，我们既要符合受众者的需求，又要符合人们的心理。如图2.4所示，成都印象的海报设计，在设计的同时考虑到成都给人们印象最深的就是大熊猫了，所以海报是以熊猫为元素的设计。

图2.3 生日快乐海报

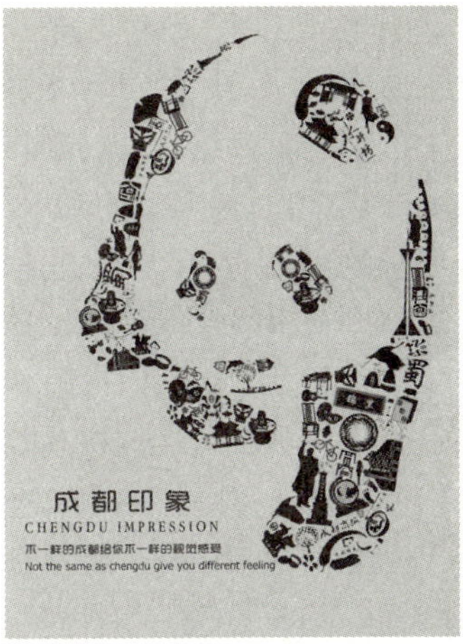


图2.4 成都印象海报设计

广告文案创意并非都要生动形象，有的广告主题也可用记述或说理来表现。记述性广告文案是通过陈述事实来使人理解广告主题的广告文案，说理性广告文案是通过讲明道理来使人理解广告主题的广告文案。构思这两种形式的广告文案要特别注意简明性、条理性或逻辑性。清楚直白的广告易于理解，适用于对企业或商品特征的介绍。

4) 广告文案创意要精练

广告文案创意的精练是指用较少的文字，生动形象或直接明了地表现广告的主题。因为广告传递的信息比较单纯，所以它的表现形式一般也比较简短。上述马基汤广告文字虽然不多，但形象生动，亲切感人；派克钢笔广告篇幅虽然短小，但特点突出，易懂易记。

广告文案的表现形式之所以要求精练，不但是因为精练的形式易于被人接受，而且因为广告常常受到媒体在时间或空间上的限制。15～30秒钟的电视广告，不可能安排较多的对话和旁白；版面有限的报纸广告，也容纳不了长篇的陈述或描绘。如图2.5、图2.6所示，都是以廉洁为主题的海报设计，两幅海报设计，彰显了为官廉洁的主要思想，海报设计的主题元素不多，采用了红色的背景，象征了政治，利用了时钟、手铐、数字等简单的元素，选用了大片空白，这样的设计方式给人以简洁、大方、易记的感觉。

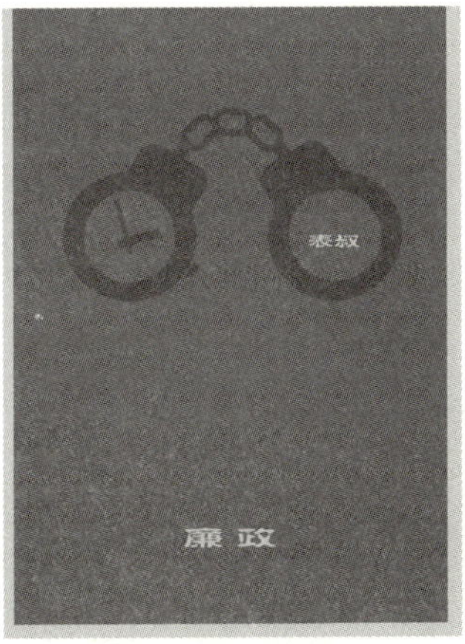


图2.5 廉政海报设计

图2.6 廉政海报设计

孔府家酒电视广告《回家篇》原有的文案比较长："千万里，千万里，我一定要回到我的家。我的家，我的家，永生永世不能忘，怎么说，怎么想，谁也不能没有这个家。孔府家酒，叫人想家！"后来删掉了中间一段，因为15秒钟的时间容不下这么多的内容。

文案创意的精练并不是说文字越少越好，而是说如果能用较短的篇幅很好地表现广告的主题，就不要用更多的文字。但是如果表现某一广告主图需要用较长的篇幅，而且经费和媒体也允许，那么即使文案较长也不能认为它不精练。《华尔街日报》的一则广告文案《出众的菲尔》长达2000字，该文案从广告界著名人物菲尔的经历、事业的开端一直写到菲尔对广告界一系列问题的看法，内容虽多，但都紧紧围绕"广告界有创造力的先驱"这一主题，目的是为了使《华尔街日报》受到广告公司经营者们的重视。

## 2.2 广告文案创意的产生

有时候，人们感到一个卓越的创意突然产生于脑际，就像眼前突然浮现出美丽的海市蜃楼，它令人欣喜，却又不可思议，于是便认为广告创意是一种神秘莫测的东西，但事实上海市蜃楼的出现可以有科学的解释，广告创意的产生也有其规律可循。

### 2.2.1 广告文案创意产生的过程

1．詹姆斯·韦伯·扬对创意的研究

美国著名广告人詹姆斯•韦伯•扬是最早研究广告创意的人，他指出，改进杂志销售的根本方法是由出卖版面转变为出卖创意。但他不知道创意如何产生，因而求教于詹姆斯•韦伯•扬。詹姆斯•韦伯•扬虽然想出过许多卓越的创意，但此前还没有从理论上探讨过创意的来源，因而一时无可奉告。但从此以后，他便潜心思考"如何得到创意"这个问题。经过深入细致的研究，詹姆斯•韦伯•扬认为，"创意完全是把原来的许多要素做新的组合"，把要素予以新组合的能力主要在于了解事物相互关系的本领。根据这个原理，詹姆斯 • 韦伯 • 扬把创意产生的过程分为五个步骤。

(1)收集原始资料——一方面是你眼前问题所需的资料，另一方面则是你平时只需不断积累储存的一般知识资料。

(2)用你的心智去仔细检查这些资料。

(3)进入深思熟虑的阶段，你让许多重要事物在有意识的心智之外去做综合的工作。

(4)实际产生创意。

(5)最后形成并发展此创意，使其能够得到实际应用。

2．广告文案创意的过程与步骤

广告文案人员一般都是根据广告策划小组拟定的广告主题或广告定位进行创意的，其具体过程如下。

1）广告文案的创意过程

(1) 广告文案在广告活动中的位置：市场调查⟶广告策划⟶广告创作⟶广告发布⟶效果测评

(2) 广告文案创意的内在程序：准备—→构思—→撰文—→修改。

(3) 对产品的理解与把握包括：认识产品的特性与功能、明确产品所处的生命周期。

(4) 创意定位论的提出者特劳特。

创意定位的方法：功能定位、品质定位、经济定位、外观定位、逆向定位、年龄定位、性别定位。

(5) 广告文案创意的过程与步骤对消费者心理的把握：把握消费者的内在需求、购物动机、接受心理。

2）广告文案的创意步骤

(1) 广告信息的梳理：文案撰写者根据前期的原形情报和市场调查的资料，结合广告策划的总体策略，从千头万绪的材料中整理出所需表达的广告信息来，这就是梳理信息。

(2) 广告主题：广告所要表达的核心思想，它是广告作品的统帅和灵魂。

广告主题的提炼必须符合的要求：

a. 一矢中的——准确

b. 入木三分——深刻

c. 独树一帜——新颖

(3) 广告文案的诉求方式有三种类型：

a. 理性诉求方式：通过说服、讲道理的方法，为消费者提供一些购买商品的理由，从而促使消费者购买该商品(或忠于该品牌)。理性诉求的文案重事实、重依据，重说理论据。

b. 情感诉求方式：通过感情的渲染，情绪的撩动，让消费者的心灵产生深深的震撼或产生积极向上的情绪反应，从而促使消费者购买产品，即通常所说的“以情动人”的手段。情感诉求最为典型的方法便是表现“人情味”，具体来说包括亲情、爱情、友情、乡情和同情。

c. 情理结合诉求方式：即感性诉求方式与理性诉求方式的结合应用。

(4)广告文案策划书

将上述内容整合起来，并添加辅修性的广告信息，确定所有的创意步骤，最终形成广告文案策划书。

### 2.2.2 收集资料

文案创意所需要的资料可以分为两类。

1. 特定资料

有关产品及销售服务对象的资料叫特定资料，它们一般是广告文案人员临到撰写广告文案之前才去调查搜集的，因为市场上的商品形形色色，一个广告文案人员不可能为所有的商品写广告，也不可能了解全部商品的有关知识。临时搜集有关产品及销售服务对象的资料并不会影响广告文案创意的效果，只要这种调查研究和搜集资料的工作是严肃认真、深入细致的，创意成功与否的关键在于广告主题或者广告定位、商品承诺本身是否正确，表现广告主题的形式是否卓越。李奥•贝纳曾经谈到，他们在做“盛泰飞铁路公司”“纯油公司”“布朗皮鞋公司”“伊尔文•威赛公司”“绿巨人公司”的广告代理之前，对铁路行业、汽油行业、鞋业、食品行业一无所知，但是通过学习与研究，他们为上述公司所写的广告文案都十分成功。

2. 一般资料

广告产品及广告以外的广泛学识与生活经验称为一般资料。一般资料是广告文案人员在日常生活中逐步积累起来的，这些资料对广告创意的产生起十分重要的作用。一个广告文案人员的学识越广博，生活经验越丰富，他脑子里产生优秀创意的机会就越多，因为广告文案创意常常是关于产品及销售对象的特定资料与广告文案人员脑子里存储的学识经验，围绕广告主题重新组合的结果。特定资料是有限的，而一般资料是无限的，如果把广告文案人员平时积累的学识与经验比作万花筒中的彩色玻璃片，那么万花筒里放的玻璃片数目越多，它构成美丽新花样的可能性就越大。在广告文案创作的过程中，材料收集的部分是极其重要的，在创意的时候我们可以以李维斯服饰海报设计为例，如图2.7所示。

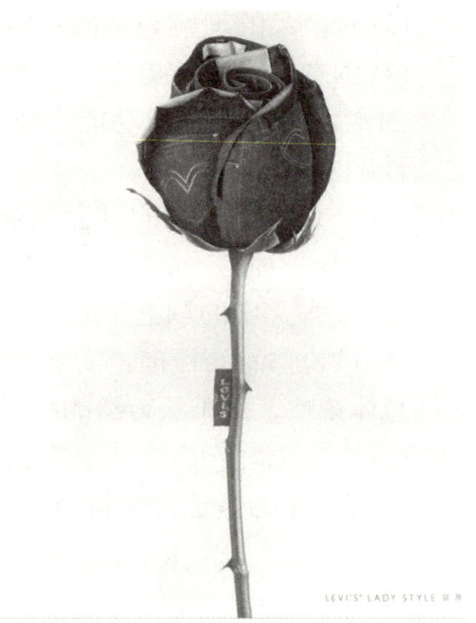

图2.7　李维斯服饰海报设计

### 2.2.3　选择并拼合资料

选择和拼合资料就是对临时收集到的特定资料和平时积累起来的一般资料进行分析，看看哪些资料组合起来能够更好地为表现广告主题服务。比如，台湾爱达广告公司为阿迪达斯两色底皮面超级篮球鞋撰写的一则题为“捉老鼠与投篮——两色底皮面超级篮球鞋”的广告文案，就是围绕“篮球员动员理想的篮球鞋”这一主题选择了如下材料。

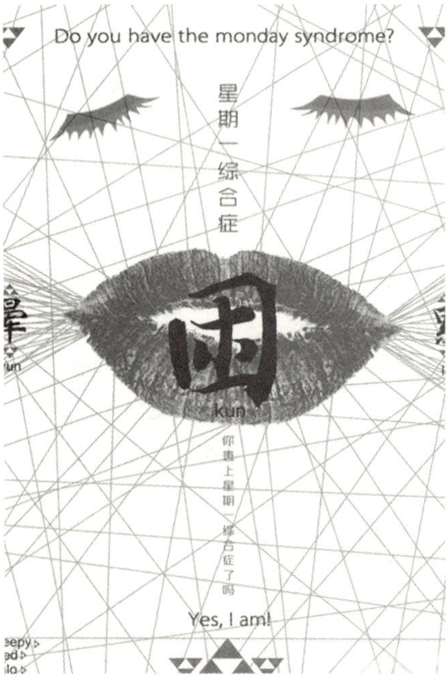


图2.8　困的海报设计

(1)一般材料有猫捉老鼠的过程及猫掌的特点：“猫在捉老鼠的时候，奔跑、急行、回转、跃扑，直到捉住老鼠的过程，竟是如此灵活敏捷，这与它们的肉垫脚掌有密切的关系。”还有篮球运动员投篮的连续动作及篮球鞋的作用：“一位杰出的篮球运动员，能够完美地演出冲刺、切入、急停、转身、跳投到进球的连续动作，这除了个人的体力和训练外，一双理想的篮球鞋，是功不可没的。”

(2)特定资料是阿迪达斯两色底皮面超级篮球鞋的材料与构造：“它有独创交叉缝式鞋底沟纹”“它有7层不同材料砌成的鞋底”“它有特殊功能的圆底吸盘”“它有弯曲自如的鞋头和穿孔透气的鞋面”。

上述资料通过广告文案人员的联想和想象紧密地组合在一起，便形成了一个卓越的创意。猫捉老鼠离不开脚掌，与篮球员动员投篮不可没有理想的篮球鞋这两个资料用“同样的”3个字连接起来，就构成了一种类比的关系。根据阿迪达斯两色底皮面超级篮球鞋的材料与构造分析其作用是："冲刺、急停、不会滑倒""弹性好，能缓解与地面的撞击""可密切配合急停、转身跳投""能避免脚趾摩擦挤压，维护鞋内脚的温度，穿久不会疲劳"。以上述优点作为依据而推断出的结论就是："新推出的阿迪达斯两色底皮面超级篮球鞋，即刻就获得喜爱篮球运动的人士的赞美。"在文案中，这个因果关系是以倒装的形式表现出的，即先写结果，然后由结果追溯原因。如图2.8所示，我们可以直接看出海报的意图，在错综复杂的线条里反映出人们的思绪，利用嘴和眼睫毛等简单的元素，使海报更加有创意性。

这里需要说明的是，在研究材料的阶段，理想的创意，即旧要素令人满意的新组合通常不会立刻出现，而是要经过一个由不完整到完整，不清晰到清晰，不满意到满意的过程，因此广告文案人员不要满足于脑子里最早出现的创意，也不要对不断追求新组合的探索感到厌倦，而是要积极进行多种表现形式的比较与选择，并且把脑子里出现的每一个创意，不管完整与否，都用文字记录下来，以免失去稍纵即逝的灵感。在这些记录下来的不太完整、不太清晰的创意中，或许就是一个是将要形成的完美创意的雏形。

1．让拼合资料的工作在潜意识下进行

有时候，你在显意识下努力构想一种能充分表现主题的好形式，但这种努力并不能当时就得到一个满意的结果，甚至于在尝试着将已有的资料做各种形式的拼合时把脑子绞得一团糟。这时你不必心急或绝望，因为许多人的经验证明，暂时中止你的努力，让大脑轻松下来，并去做一些能使你心情愉快的事，比如，种花、遛鸟、散散步、打球、听音乐、看休闲的文章，甚至躺下睡觉……在此之后或就在这个过程中，一个好的创意可能会突然降临。尽管这种说法初听起来显得很神秘，但实际上是有道理的，因为显意识的努力暂停以后，大脑潜意识的活动并没有终止，各种事物在脑子里留下的印象还时时可能发生关联，而眼前接触的、表面看来与创意无关的事物也可能参与到组合的形象中，或者成为形成新组合的催化剂。虽然对潜意识活动的研究还没有达到可以用科学方法加以测定的程度，但这种活动肯定是存在的，是有规律的，而不是神秘莫测的。

广告创意的突然来临就如同作家灵感的突然产生一样。灵感的出现只是一刹那之间的事，而灵感之所以会出现则是不断思考或长期积累的结果，所以潜意识拼合资料的阶段只能存在于显意识拼合资料的阶段之后，也就是说，广告文案人员在文案创意时不愿开动脑筋，而只是期盼着灵感的突然到来，那是很不现实的。阿基米德在入浴时发现"比重"的原理，牛顿看见苹果落地发现"万有引力"定律，这些看似轻易得到的收获，却是平日不断思考的结果。

2．审查并完善已经得到的创意

不管创意是在显意识的努力下产生的，还是在潜意识的活动中浮现的，这个创意还必须经过认真地审查，看看根据它写成的广告文案在现实中能否对销售对象产生感染和说服的作用。如果现有的创意还不够理想，那就要进行修改，使其臻于完善。审查创意的工作可请同行或销售对象来做，他们提出的建议可能会丰富这则创意，使被你忽视但确有价值的东西凸现出来。审查创意可依据上文讲述过的广告文案创意的五个原则进行，即看它是否能够很好地为表现广告的主题服务？是否新颖独特？是否适合受众的接受心理？是否有不同的特点？是否精练？

## 2.2.4　广告文案创意产生的原理

广告文案创意实质上是广告文案人员为满足表现广告主题的需要，将脑子里存储的资料重新组合成一个新的形象与材料体系的过程，所以广告文案创意的原理，也就是根据广告主题将旧资料组合成新体系的原理。

1．联想是广告文案创意的点金术

如果把资料比作铁，把创意比作金，那么联想就是点铁成金的法术，因为广告文案人员脑子里存储的资料不通过联想就不可能形成新的组合，也就是不可能产生文案的创意。

1) 联想的四个规律

心理学的研究发现联想有四个规律，这就是接近律、对比律、相似律和因果律。

(1) 接近律即指时间或空间上接近的事物容易使人发生联想，比如，雄鸡叫可能使人联想到太阳升起，煤气灶可能使人联想到抽油烟机。

(2) 对比律即指性质或状态相反的事物容易使人发生联想，比如，钢铁的坚硬可能使人联想到棉花的松软，乌龟慢爬可能使人联想到兔子飞奔。

(3) 相似律即指性质或状态上相似的事物容易使人发生联想，比如，雄浑的音乐可能使人联想到高山瀑布，漫天大雪可能使人联想到满园梨花。

(4) 因果律即指有因果关系的事物容易使人发生联想，而联想的线路可以由因到果，也可以由果到因。比如，运动可能使人联想到饮料，世界著名影星使用的香皂可能使人联想到它的高品质。

2．联想规律在广告文案创意中的运用

在广告文案创意的过程中，有意识地利用联想的规律来加速资料拼合的过程可节省时间，多出创意，给选择创意以更大的空间。

3．联想必须紧扣广告主题

广告文案创意中的联想不是无目的地自由联想，而是为表现广告主题并受其控制的联想。就拿《捉老鼠与投篮——两色底皮面超级篮球鞋》这则广告来说，篮球鞋之所以能与猫脚掌发生关联，而不能与布鞋、袜子、汗臭等发生关联，是因为这则广告的主题是：“篮球运动员理想的鞋。”又比如，“像母亲的手一样柔软舒适的婴儿鞋”这则广告之所以把母亲的手与婴儿鞋在柔软舒适这一点上联系起来，而不把蚌壳与婴儿鞋在形似这一点上联系起来，也不把婴儿袜与婴儿鞋在距离接近这一点上联系起来，是因为这则广告的主题是“母爱”。

1) 广告文案创意的来源

围绕广告主题，通过联想和想象所产生的意象或表意资料是广告文案创意的来源。

(1) 作为创意来源的意象。意象是意和象的统一体，意即广告的主题，象即广告的形象，意象也可以说是包含着主观情感或观念的感性形象。

生产罐装汤汁的美国营铃公司曾推出过这样一张广告招贴，招贴上画着三个可爱的小女孩。第一个手持蜡烛的女孩说：“我困啦，我要睡觉啦！”第二个小女孩拉着第一个女孩的上衣说：“慢，等一会儿！你闻，什么香味？”第三个女孩正在开启罐头，汤汁的香味扑鼻而来。广告语是：“它以一种灿烂的火花般感觉吸引着孩子们！”这则广告的“意”是罐装汤汁对孩子们有巨大的吸引力，它的“象”是临睡前还想喝罐装汤汁的三个女孩，“意”与“象”融为一体，就形成了卓越的创意。

作为创意要素之一的形象，可以分为记忆形象和想象形象两种。记忆形象是指感知过的事物在脑海中的再现。想象形象是指由记忆形象加工改造成的新形象，这个新形象不是直接感知过的。想象形象有些是现实生活中可能存在的，有些是现实生活中不可能出现的。记忆的形象、想象的可能存在的形象和想象的不可能出现的形象，都可以与广告主题融合成为创意。

2) 作为创意来源的表意资料

许多实例证明，文案创意的来源不只是意象，它还包括表意的资料。一个创意可以完全由意象构成，也可以由意象与表意的资料合成，还可以仅仅由表意的资料构成。

作为创意基础的资料体系大致可以分为以下3种。

(1) 记叙性资料体系。

(2) 说理性资料体系。

(3) 记叙性和说理性相结合的资料体系。

在众多的广告创意案例中我们也不难发现，创意来源是存在一定的原理的。在咽喉片的产品广告中选择了冰棍为主要元素，亮点在冰棍杆上，咽喉的火夸张地把冰棍杆烧煳了，这样才能突出药品的药效，如图2.9所示。

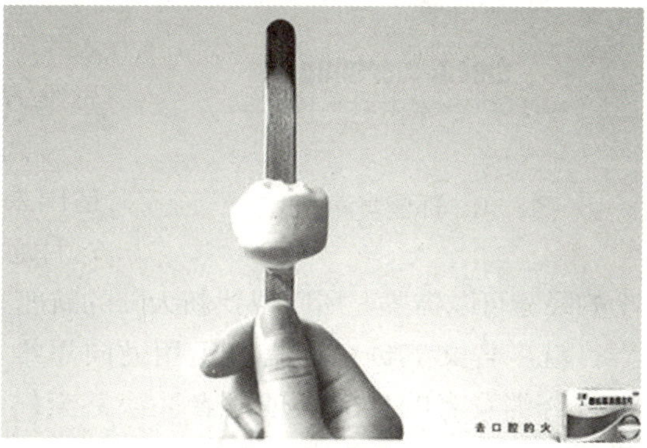

图2.9　草珊瑚含片海报设计

## 2.3　广告文案创意的方法

广告文案创意从狭义上讲就是广告主题表现形式的构思，如果广告文案人员能够自觉地按照一定的方式、方法进行这种构思，或者在构思的过程中借鉴某种基本的创意类型，其文案的创意就可能事半功倍。

### 2.3.1　广告文案创意的思维方式

广告文案人员在构思文案的表现形式时，不着自觉与否会遵循一定的思维方式。由于这些思维方式各有特点，各有所短，所以创意时可以根据具体情况进行选择或者综合运用。

1．顺向思维

顺向思维即顺着人们习惯的思路，从正面入手对某一事物进行深入分析研究的思维方式，这种方式也叫作垂直思考法。

因为顺向思维是在前人已经找到的方法或已经创造出来的形式的基础上进一步地修改改善，所以运用这种思维方式可以少走弯路，降低风险。但由于在起点、方向和大部分进程中重复了前人的老路，所以要想有重大的新发现或新发明也是很困难的。

就广告文案创意而言，运用顺向思维能较快地为广告企业或广告商品找到一种基本上还说得过去的创意，但这个创意很难有它的新颖独特之处，而且搞不好还会成为明显

图2.10 环保类海报设计

的模仿或抄袭之作。如果这种模仿或抄袭被反复使用，那就会使受众大倒胃口，广告的宣传效果也会因此而大打折扣。一般来说，广告界的新手在没有把握的情况下可以运用顺向思维，但在使用这种思维方式的时候要尽量做到比前人更加完美，或者使其同中有异。谈到环保，我们不禁就会想起地球，想到地球上的生物。图2.10所示的这幅海报，图形语言运用了地球以及上面的生物，这就是以顺向思维来思考设计的例子。

2．逆向思维

逆向思维即离开人们习惯的思路，从反面或侧面入手对某一事物进行全新分析研究的思维方式，这种思维方式也叫作水平思考法。

因为逆向思维是摆脱前人已经找到的方法或已经创造出来的形式，而寻找新的方法或新的形式，所以运用这种思维方式可能会有新的发现或发明。但由于没有成功的经验可以借鉴，所以寻找新大陆的航船有可能在未到达目的地之前就触礁翻沉。

就广告文案创意而言，运用逆向思维有可能产生新颖独特的创意，但标新立异如果不符合消费者的接受心理或者冲淡甚至转移了既定的广告主题，这样的创意就不能叫作新颖，而只能称之为离谱或怪诞。

一般来说，有一定经验的广告文案人员希望有所创新，或运用顺向思维进行广告创意已经走入死胡同，这时就应该运用逆向思维。运用逆向思维要有抛弃习惯的勇气和不怕挫折的精神。

由于广告创意的重要原则之一是新颖独特，所以对于广告文案人员来说，掌握逆向思维方式比掌握顺向思维方式更重要。下面举例说明运用逆向思维进行广告文案创意的常见形式。

1．正话反说

商业广告文案通常都是正面介绍产品的优点或企业的长处，也就是正话正说。既然是逆向思维，就要打破正话正说的常规，所以正话反说就成了运用逆向思维创意的一种方法。所谓正话反说，就是从表面上看，文案说的是商品的缺点或企业的短处，但从总体效果上讲，它表现的还是商品的优点或企业的长处。美国底特律本巴赫公司曾为大众车撰写过这样一则文案：“大众车的检查员因仪表上的小储藏柜里有一道划痕而拒绝接受该车。”

这则广告的配图是位于标题“次品”两个大字上方的一辆小汽车。把一辆大众车说成“次品”从形式上看是揭短，而实际上这则广告表明了制造厂家对于产品质量的高标准和严要求。

2．坏话好说

如果广告的本意是批评或揭短(多见于公益广告)，表现形式也是直接地批评或揭短，那么这就是坏话坏说。由于坏话坏说是一种习惯，所以运用逆向思维就要坏话好说，也就是名为摆好，实为亮丑。

3．转换对象

按照习惯的思维方式，商品或企业广告都是就商品说商品，就企业论企业的。运用逆向思维，就要打破这种定式，把论说的对象转换到别的事物上去。当然，这另外的事物必须是与广告商品或广告企业密切相关的，并且文案要起到言在此而意在彼的作用。也就是说，看起来不像广告的一段文字，实际上正是某商品或企业的广告语。如图2.11所示，是一幅节约用水的海报设计，在图形语言中，把雨伞的手柄的部位处理成水龙头，和雨伞造型相结合，这样雨伞能让人们想到水，水龙头还能让想到什么，每一滴水都被收集起来，进而号召人们要节约用水，这种转换对象的设计手法也是很好的图形语言提取手法。

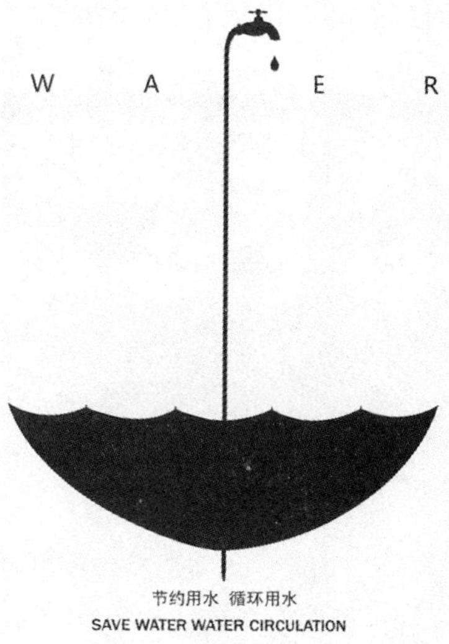

图2.11　节约用水的海报设计

4．转换角度

人们习惯于从正面入手研究问题，撰写广告文案也多采用正面介绍的形式。打破思维定式，运用逆向思维，就会发现转换角度，不走直线走曲线，不攻正面攻侧翼，有时会收到意想不到的效果。

英国著名广告商盖洛普博士曾为波多黎各设计过一个旅游广告，画面是一个空房间，醒目的只有一把挂在墙上的大提琴，其文案部分是：“为什么如此诱人的波多黎各旅游房间竟空无一人？去欣赏一下吧！”

这则广告没有正面介绍波多黎各的旅游景点，而是从旅游空间空无一人这个侧面暗示，诱人的波多黎各使得旅游者倾巢而出。

另有一则汽车广告，也采用了侧面宣传的手法：“如果谁发现“奔驰”牌汽车突然被迫抛锚，本公司愿奉献奖金1万美元。”

此广告的言下之意是，“奔驰”牌汽车质量过硬，突然被迫抛锚的事几乎不可能发生，否则公司没有胆量悬赏发现者。在这里，侧面宣传比正面宣传更有力量。

这里需要指出的是，运用逆向思维创意的形式远不止以上四种，也就是说，在进行逆向思维的时候，不要被以上四种形式束缚手脚，而应该在不落俗套的原则下做多方面的探讨或尝试。此外，运用逆向思维产生出来的某种创意，开始是新鲜独特的，但套用的人多了，这种创意也就变成了一种常规或习惯，于是摆脱这种习惯，采用更新的广告表现形式又成了广告文案人员的新课题，所以广告创意的求变创新是没有止境的。

### 2.3.2　广告文案创意的常见类型

广告文案创意是根据产品特点、针对广告对象、围绕广告主题进行的，因为广告商品形形色色，广告对象千差万别，广告主题各有不同，所以广告文案创意，即表现主题的文案形式也是层出不穷的。这里归纳出九种类型供广告文案人员参考，但不要把它作为一成不变的教条。

1) 直陈型

它是直接陈述广告企业或广告商品的优点或特点的创意类型。这种创意不需借助感性形象、积极修辞或故事情节，而是直截了当、有条不紊、朴实无华地叙述有关企业或商品的事实。这种形式的文案看起来并不需要广告文案人员发挥什么想象力，内容仅源于商品本身，但通常隐含撰稿人对广告商品的情感或评价，文案中不易察觉的策略往往能大大加深受众对于广告企业或广告商品的印象。图2.12所示是一则节能环保主题的海报，海报的主标题“低碳、节能、环保”，这就是直接陈述式广告文案的实例。

图2.12 节能、低碳、环保海报设计

2) 暗示型

它是用引导暗示的方法来表现广告主题的创意类型。运用这种创意的要点是设下悬念，引起兴趣，不点明主题而把想象的余地留给广告受众。比如，英国著名作家毛姆以征婚形式刊出的推销小说的广告就是一个很好的例子：“本人喜欢音乐和运动，是个年轻而又有教养的百万富翁，希望能与和毛姆小说中的女主角完全一样的女性结婚。”

3) 故事型

它是通过讲故事或叙述事情的经过来表现广告主题的创意类型。

4) 摹状型

它是通过描写与广告企业或广告商品相关的事物来表现广告主题的创意类型。

5) 对话型

它是通过任务对话来表现广告主题的创意类型。

6) 证言型

它是通过引用或转述商品使用者、专家、权威等对商品的评价来表现广告主题的创意类型。

7) 物证型

它是通过讲述商品获奖以及取得荣誉称号等事实来证明企业先进、商品过硬的创意类型。

8) 推理型

它是通过讲明原理或道理来证明企业或商品具有某种优点或特点的创意类型。

9) 抒情型

它是通过直抒胸臆或间接抒情来表现广告主题的创意类型，间接抒情即通过叙述、描写、议论来抒发感情。

以上9种广告文案创意的类型大体上是按照表达方式的不同来划分的，如果按照修辞手法的不同来划分，又有对比型、衬托型、拟人型、比喻型、夸张型等。为了避免重复，这方面的内容将在本书第5章“广告文案的语言”中论述。

### 2.3.3 广告文案创意中文化因素的运用

1．广告与文化

广义的“文化”指人类在其发展过程中所创造的物质和精神产品的总和；狭义的“文化”仅指人类的精神产品，如哲学、科学、文学、艺术、道德、教育形态、宗教信仰、价值观念等。

广告是人类创造的一种精神产品，所以广告也是一种文化。由于广告受到哲学、科学、文学、艺术、道德、教育形态、宗教信仰、价值观念等的影响和制约，所以我们把广告文化看作一种亚文化，而把广告文化具有影响和制约作用的文化叫作主导文化。如图2.13所示，耐克鞋的海报在设计中直接地选用了鞋底的印记作为主图形，这也是展现企业文化与广告之间的直接关系，负形与正形均要突出企业形象。

图2.13 耐克鞋海报设计

无论是主导文化还是亚文化都具有民族性，比如，东西方文化之间就存在着明显的差异。大体上讲，东方文化的价值观重在内部的超越，人的价值主要通过“内省”“克己”来表现，儒家倡导的“修身，齐家，治国，平天下”强调的就是道德规范的自觉性。西方文化的价值观重在外部的超越，上帝是价值的源头，人们一方面用宗教来对照时间的罪恶，另一方面又用它来催人向上。东方人的心理结构以“仁”“务实”“忍耐”为基本内容，西方人的心理结构则以“人本”“认知”“行为”为基本内容。东方人对家乡有深厚的眷恋之情，西方人则强调自由与冒险。

一个民族的主导文化会影响到该民主的广告文化。美籍华人杨朝阳教授认为：“中国人注重广告的产品内容，讲实证。其文化背景是道——佛——儒家伦理宗教行为，有宿命论色彩，有整体取向，关系建立在实证上。”

当然，不管是主导文化还是广告文化，它们都不是一成不变的，文化会随着时代的变迁而发展，不同民族之间的文化也会由于交通、通信的发展和经济文化往来的增多而相互影响与融合，所以在研究一个民族的广告时，既要看到其受传统文化影响的一面，又要看到它与外来文化融合的一面。

2．民族文化在广告文案创意中的作用

在广告文案创意时恰当运用民族文化有助于创造消费者喜闻乐见的广告表现形式，可使广告易于被诉求对象理解和接受。广告都有特定的对象，也就是广告的受众是居住于某一地区或属于某个民族的特定的消费者。为了使广告在特定的广告对象中引起好感，产生共鸣，广告创作者就必须了解广告对象的文化心态和构成。

如果面对中国的受众做广告，广告创作者就要研究中国受众的风俗习惯、伦理道德、价值观念、语言习惯等。只有在了解中国文化对广告受众影响的基础上进行创意，广告才能为中国消费者理解和接受。外商针对中国人所做的成功的广告，大都是根据中国受众的文化心态进行创意的。如图2.14所示，作品表现了一部手机的界面设计，3个不同的界面分解呈现了不同的元素，体现了不同的功能，界面的元素符合人们应用的习惯和所需的功能，运用的色彩更加体现了科技的先进。

图2.14 手机界面设计

日本丰田公司向中国市场推销丰田汽车时，在《人民日报》上刊登的大幅广告只有两句广告语："车到山前必有路，船到桥头自然直。"这种形式的广告，其目的有二：一是为了求得中国受众在文化心态上的认同；二是为了形象地说明丰田车畅销各地，很受用户的欢迎。这则广告的成功主要得力于广告文案的创意者对中国文化的熟悉和理解。

有一年春节期间，美国可口可乐公司面向中国受众推出了一个迎合中国习俗与文化背景的电视广告。广告一词出现的画面是：红瓦墙的闽南式建筑，穿中国衫的小男孩，从电车上跳下的回乡的游子，一人用毛笔在巨幅红布上书写巨大的"福"字，可乐在杯中泛着泡沫以及同时迭现的贴春联、烹佳肴、亲朋团聚畅饮等场面，最后是广告语："当团聚的时刻，挡不住的感觉。"这则广告把中国传统的佳节思亲融入可口可乐的广告主题："挡不住的感觉"之中，收到了很好的效果。

宝洁公司汰渍洗衣粉广告中"汰渍三块五"、杭州"娃哈哈"儿童营养液广告中"喝了娃哈哈，吃饭就是香"的创意，都是比较受人欢迎的。究其原因，也是因为它们符合中国人讲究实惠的传统文化心态。

以上事例说明，适合广告受众文化心态的广告文案创意，会因得到消费者的认同而获得成功；违反广告受众文化心态的广告文案创意，会因引起消费者的反感而招致失败。

我国国内广告文案创意中常用的文化因素有如下几种。

1) 求吉利

办事求吉利的民族心理在广告文案创意中表现得十分明显，其中最直白、通俗的字眼就是"顺"和"发"。"东新商住大厦6•6封顶大顺"是一则报纸广告的通栏标题，标题下面，与文案照应的满满一盘红鸡蛋是大吉大利的象征；“恭喜发财迎新岁，常年好运金利来”，这则金利来领带广告在新春佳节之际推出，它在向消费者恭贺新禧，祝其好运的同时，也使“金利来”这一品牌得到了广泛的传播。类似的广告语还有很多，比如，“踏上轻骑，马到成功”“人马头一开，好事自然来”“恒源祥，发羊财”“今夜星光灿烂，明日万事如意”等。这里需要提及的是，在创作这类广告时要注意剔除传统文化中庸俗、迷信的部分。

2) 仁爱

敬老爱幼历来是中国人引以为豪的美德，时至今日，它仍被人们视为道德的规范。正因为如此，以敬老爱幼作为情感诉求的广告才会频繁出现。上海浩业房地产有限公司在一则出售公寓的广告中，用动情的话渲染了父母对儿女的养育之恩，写道：“望着他们的白发一天比一天增多，脸上的皱纹记载着不断的辛苦和操劳，我们又能为他们做些什么？——力所能及地为父母颐享天年尽一份孝之心吧……余山风景区的天享公寓为您创造了这个机会。”在这之后才是关于公寓位置、结构、价格等情况的介绍。

在威力洗衣机的一则电视广告里呈现出这样一组画面：一条小溪、一座山村、一位晾衣服的老妈妈，她使人想起自己辛苦了一辈子的母亲。这时响起一个女性充满柔情的画外音：“妈妈，我又梦见了村边的小溪，梦见了奶奶。妈妈，我给您捎去一样好东西。”接下来，画面上一辆卡车把洗衣机送进了小山村，妈妈的脸上露出了欣慰的微笑。广告最后点明，这是“献给母亲的爱”。

以上是包含敬老文化因素的广告文案创意，下面再看看以爱幼作为感情诉求的例子。我国台湾地区的一则人寿保险广告曾使人们的心灵受到父辈之爱的强烈震动。这则题为“智子，请好好照顾我们的孩子”的广告，用了大约80%的篇幅来记叙一次空难。在简短地交代了空难发生的时间、地点、遇难人数以后，文案突出了以下内容：发生爆炸后，飞机坠毁之前在空中盘旋了5分钟。“500多位活生生的人在这最后的5分钟里面，除了自己的安危还会想到什么？”“在空难现场的一个沾有血迹的袋子里，智子女士发现了一张令人心酸的纸条。”“为人父、为人夫的谷口先生写给妻子的最后叮咛：智子，请好好照顾我们的孩子！”在如此牵动了广告受众的情感之后，广告才在结尾处落到人寿保险上：“走在人生的道路上，没有恐惧，永远安心，如果有保得信与你同行。”这则广告获得了台湾第5届时报广告最佳杂志金像奖。

以父母之爱作为情感诉求的广告还有很多，比如，“祛痱一滴灵”用过的广告语就有“母爱情深——给最爱的宝宝”“宝宝的成长只有一次，现在就为他的健康选择最好的——祛痱一滴灵”等。

3) 恋家

思乡恋家的传统观念在广告文案创意中也常有表现，比如，中国大陆在国际上首次获得CLIO广告大奖的作品《家•中国人的故事》就是围绕“家”来创意的。广东白马广告有限公司为深圳“锦绣中华”和“中国民俗文化村”设计的这本旅游推广纪念册共有3卷《话说家园》，第二卷是《热爱家园》，第三卷《走出家园》，作品用一个通俗简单的“家”字，表现出深厚的文化寓意。

4) 科技

含科技进步因素的广告文案创意近几年来也时有出现，比如，成龙为小霸王学习机做的广告“过去我是靠拳头打天下，今天我的儿子要用‘小霸王’打天下”就是一个典型的例子。

北大方正集团曾做过这样一个电视广告，其广告语是：“古有毕昇，今有方正。”广告中先后出现的画面是：古代，毕昇用活字排版印刷的情况；今天，北大方正集团电子出版系统工作场面。强烈的对比使人们对现代高新技术留下了深刻的印象。这个广告还有更深的文化蕴意，那就是北大方正的高新技术是在继承我国优秀文化的基础上创新发展起来的。

5)享受

中国人历来节俭为美德，20世纪60年代人们常唱的一首歌就叫《勤俭是咱们的传家宝》，而西方人比较追求人生享受，美国《生活杂志》的一则广告就是：“享受生活从这里开始。”尽管如此，享受生活的观念自从对外开放以来对许多中国人产生了影响，并且在广告文案创意中表现出来。王子沙龙的车身广告“王子的沙龙，王子的享受”曾被电车载游遍了武汉三镇。类似的例子还有：“皇太子T恤衫并非皇家独有”“酒类极品、王者享受”“林河酒，XO的享受”“春兰空调——高层次的追求”“青岛海尔，选择一次，享受一生”等。应当指出的是，过分地宣传贵族气派、帝王享受、高档追求不合中国国情，也不利于精神文明建设。

由于受到西方文化的影响，独立、竞争等观念也在广告文案创意中所表现，梵洁诗护肤霜的一则电视广告借一位少女的口说：“长大了，再不用看别人的脸色了。脸面上的事情还是要问自己。朋友在心间，‘大宝’天天见。”凤凰自行车的一则路牌广告“独立，从掌握一辆凤凰自行车开始”，这都是抓住现代青年人希望发展独立个性的心态进行广告文案创意的。

实践证明，文化认同高的广告创意更容易被消费者接受，因为在进行广告文案创意时应该研究受众心理，注重文化。民族文化中真、善、美的东西要继承，外来文化中先进与科学的东西要吸收，这样做不但能提高广告的促销效果，而且能够弘扬民族文化，并推动人类文明的发展。

## 2.4 广告文案创意的效果

广告文案的效果是指广告文案期望达到的目的，也是指文案传播以后所得到的效果，即在社会消费者产生的反响。首先，广告所面对的社会大众既有其自然属性，又有其社会属性，既有其物质需求，又有其精神需求。因此广告的效果既带有物质性，又带有精神性。

### 1. 广告文案的经济效果

文案的经济效果是指文案对社会的经济结构及消费者个体的经济生活所产生的影响。广告文案本身就是社会商品经济发展的产物，它是为商品经济的发展服务的。文案的积极经济效果应该表现在能够推动整个社会的经济发展进程，能够提高消费者的物质生活水平，能够改变消费者乃至整个社会的消费观念、消费结构、消费层次等方面。考虑广告文案的经济效果要以“社会整体经济”概念作为核心和出发点，而不应该只顾自身经济利益。

2. 广告文案的社会效果

广告文案的社会效果是指文案对社会文化道德和人们的思想意识形态所产生的影响。广告的内容和其运用的手法以及选择的媒介都带有社会意识形态的烙印。因此，必然会将这种烙印反映给接收对象。所以，在实施广告活动中，提倡什么、鼓励什么、采用什么手段等，都要考虑到可能产生的社会效果，使广告文案的诉求对象能够理解、赞许和认可，这样广告的宣传活动就可以获得坚实的社会基础，文案的影响力才能最大限度地发挥出来。

3. 广告文案的审美效果

按照美的规律所创意出的风格独特、品味高雅的广告作品，对陶冶人们的情操，净化人们的心灵，塑造人们的品格，美化人们的生活，推动社会的进步，有着其他艺术作品不可替代的作用。广告文案是在现实应用基础上的艺术创造活动，因此与功能相联系是它的审美性特征，文案的艺术性和审美体现为它是一种“文字语言艺术”。从应用角度看，文案是通过形象语言传达出来的，所以它具备了审美特征，体现了文案作为美的形式的特点。

广告文案审美要坚持理论与实践相联系、美学与科学相沟通、艺术与技术相渗透的原则，综合运用美学、文学、新闻学、心理学和色彩学等多种研究理论，从文字、语言、图形、色彩等不同角度探讨现代广告文案中的艺术效果、审美情调、氛围创造和风格特征等美学问题。文案审美的任务在于阐明如何使用美学理论去指导文案实践，从而美化人们的生活与心灵，提高人们对广告作品的审美能力和判断能力。

## 本章小结

通过本章的学习，了解了广告文案主题表现的基本理论知识，主要有广告文案创意概述、广告文案创意的产生、广告文案创意的方法、广告文案创意的效果。找到了正确的广告主题并不是广告文案构思的结束，而是为广告文案写作开了个头。在本章学会了表现主题的形式新颖、独特。同时也学习到了广告文案的表现形式，就是广告创意。我们要学会创意出好的广告文案创意，这样才能引起消费者的注意和兴趣，而且还能让消费者更好地理解广告主题或商品，因而也能收到更好的促销效果，所以广告文案的创意对于一个广告人来讲是极其重要的。

# 本章习题

一、填空题

1．“________”是目前广告界使用最多的专用术语之一，但对这一词的解释和用法却存在着一些差别。有的人把它看做广告主题及其表现形式的构思，即广告主题的确定包含其中；而在实际运用中，“________”有时仅指确定广告主题，有时又仅指根据已经确定的广告主题构思广告的表现形式。

2．美国著名广告人________是最早研究广告创意的人，他指出，改进杂志销售的根本方法是由出卖版面转变为出卖创意。

3．________曾经谈到，它们在做“盛泰飞铁路公司”“纯油公司”“布朗皮鞋公司”“伊尔文•威赛公司”“绿巨人公司”的广告代理之前，对铁路行业、汽油行业、鞋业、食品行业一无所知，但是通过学习与研究，他们为上述公司所写的广告文案都十分成功。________曾以绿巨人牌罐装豌豆为例，指出了什么是夸张狂想、自我卖弄的广告文案。

4．东西方文化之间存在着明显的差异。大体上讲，东方文化的价值观重在内部的超越，而西方文化的价值观重在外部的超越，东方人的心理结构以“________”、“________”、“________”为基本内容，西方人的心理结构则以“________”、“________”、“________”为基本内容。

5．外商对华所做的成功的广告，大都是根据中国受众的文化心态进行创意的。面对中国的受众做广告，广告创作者就要研究中国受众的________、________、________、________等。只有在了解中国文化对广告受众影响的基础上进行创意，广告才能为中国消费者理解和接受。

二、选择题

1．广告文案创意的步骤有(　　)。

A．收集资料　　B．特定资料　　C．一般资料　　D．选择并拼合资料

2．联想的4个规律是(　　)。

A．接近律　　B．对比律　　C．相似律　　D．因果律

3．广告文案创意的思维方式包括(　　)。

A．顺向思维　　B．逆向思维　　C．转换对象　　D．转换角度

4．广告文案创意的常见类型有(　　)。

A．直陈型　　B．故事型　　C．物证型　　D．抒情型

三、思考题

1．广告创意指的是什么？广告创意应该遵循什么原则？

2．詹姆斯•韦伯•扬的创意是什么？他对创意产生的过程是如何理解的？

3．广告文案创意的常见类型有哪些？

4．举例说明我国国内广告文案创意中常用的文化因素。

# 第3章 广告文案写作方法

**【训练要求和目标】**

本章主要讲解的是广告文案写作的方法以及各种方法的含义、实例证明等方面的内容。

训练要求：

- 了解关注受众法的含义、写作方法、广告案例。
- 学习扭曲变形法的含义、写作方法、广告案例。
- 掌握超现实法的含义、写作方法、广告案例。
- 研究荒诞法的含义、写作方法、广告案例。
- 着重理解幽默法的含义、优点、广告案例。
- 重点了解反讽法的含义、写作方法。
- 学习巧用汉字法的含义、写作方法。
- 总结写作方法合理运用。

训练目标：

通过对本章的学习，需要掌握本章的写作方法，进行延展性的学习，通过实践认识到广告文案写作并没有固定的模式，重点学习广告文案写作要求。在创作过程中，灵活把握，综合运用，可以为广告文案创作提供更广阔的空间。

**【本章引言】**

广告文案写作并没有固定的模式。成功有效的广告文案必定是创作者在深入市场的前提下，辛勤劳动的结晶。尽管广告文案创作没有一成不变的格式，但仍然有章可循。我们通过研究中外5000则广告文案，加上自己的写作经验，总结出极其有效的写作方法。一篇优秀的广告文案，在写作方法上往往有多种特点的，是两种以上特征的有机结合，是共同使用几种写作方法的产物。我们在具体的创作中，要注意灵活把握，综合运用。

## 3.1 关注受众法

1．含义

写作广告文案时，必须像对待日常生活中的亲友一样对待消费者，与他们交谈，倾听他们的意见，向他们展示爱，投注感情。在进行文案写作时，要时时提醒自己：把消费者当成自己的亲友，至少当成活生生的人，以人性化的笔法写东西。

2．写作方法

(1) 使用人性化的措辞。就是说，使用具有谈话语调的句子，向读者摆出问题并解释说明。不论你是卖宝丽来，还是卖比萨饼，都应明白一点，消费者希望看到能够理解他们、娱乐他们、欣赏他们、对他们有帮助、有提示作用的广告。

(2) 用“你”或“您”而不是“一个人”。应避免使用这样的句子：“由于华纳供热系统的问世，一个人能节约10%的供热支出。”而应该说：“你可以节约10%的供热支出。”

(3) 向消费者讲述你的产品时，要以人类利益或个人价值作为广告诉求点，而不是仅仅指出“为了什么原因”。

(4) 要用这样的词语点缀你的广告——众所周知又符合身份的人物名字、专有名词、人称代词以及其他指人的词，如母亲或妈咪。

(5) 将体贴和感情注入内容里。

3．精彩实例及简评

如图3.1所示，作品是索尼手机的网站设计，网站的背景选用灰蓝色为主要色调，体现了科技的前卫性，巧妙的文字信息更加彰显了产品的高端属性，使受众会更加信任该品牌。

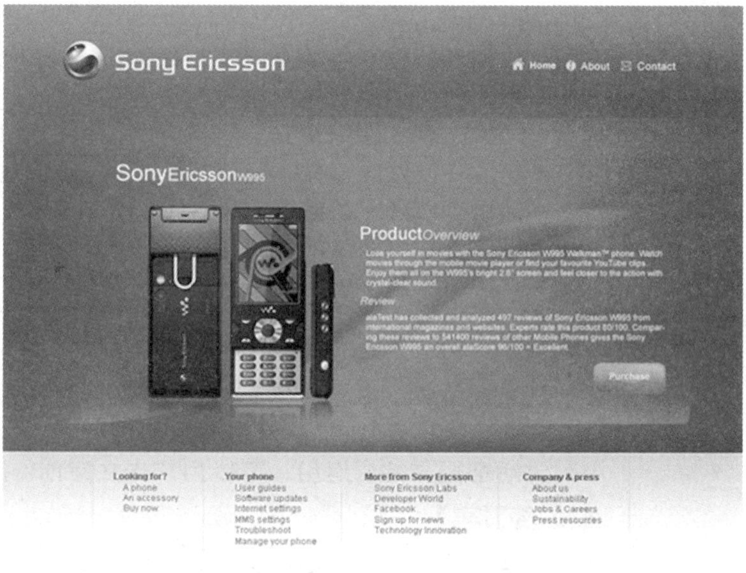


图3.1　索尼手机网站设计

## 3.2 扭曲变形法

1．含义

扭曲变形法是指在广告文案写作过程中，不按事物的本来面目予以表现，而是通过歪曲其外部形态，以此来吸引受众，提高注意力。

2．写作方法

(1)比例变形是将模特人物自身的外部形态结构关系进行歪曲处理，使它伪常态，来引起消费者的惊奇感，进而对广告及产品激发高度的注意。

(2)人物变形可以将人变成动物。如著名的表现主义作家卡夫卡的《变形记》，推销员格里高尔一天早上发现自己变成了一只巨大甲虫。这种变形手法，对广告文案创作也有深刻的影响。

3．精彩实例及简评

如图3.2所示，是一幅僵尸世界大战的主题海报，海报将人物与战争元素进行抽象组合，利用了正负形同构原理。使得海报面貌趣味横生，引发人们强烈的好奇感，达到了吸引读者的目的。

图3.2 僵尸世界大战的海报设计

## 3.3 超现实法

1．含义

用超现实法创作广告文案，侧重于表现人物非理性的梦幻和下意识，挖掘不易流露出来的深层心理世界。

2．写作方法

这种艺术手段通过展示隐蔽的心理世界，使广告文案的表现领域更广阔和更深刻。由于触及人的深层心理，追求在非理性中展示出理性的诉求，而且新颖独创可以对消费者产生很大的吸引力。

3．精彩实例及简评

戒烟的广告已经层出不穷了，如图3.3所示，同样也是戒烟的广告，这则广告的亮点是把香烟变成一个线段式的图形，用来衡量一个吸烟人的寿命长度。进而警示人们不要把生命浪费的吸烟上，所以海报的主语拟定为“有多少生命可以燃烧”。

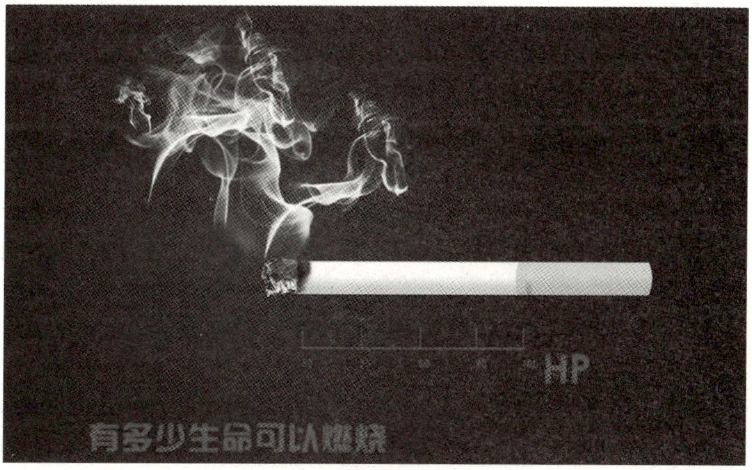

图3.3 戒烟的公益海报

## 3.4 荒诞法

1．含义

荒诞法是现实主义广告文案最重要的创作方法之一。荒诞是不合道理和常规的，不可调和的，不可理喻的，不合逻辑的。除了反常规组合之外，荒诞性的另一个特点在于它的非逻辑和反逻辑性。由于人们对那些合乎常规逻辑的东西看得太多了，因而对那些不同凡响的、反传统的东西就特别青睐。

图3.4　手抄报的海报设计

2．写作方法

要想创作出效果好的荒诞广告文案，其方法大致有两种：一是让题材呈现出反常规的组合，如金项链在酒坛子上，晾衣绳上的小木夹吊起了大奶牛；二是语无伦次，使之具备非逻辑性的特征。当然，将两种方法结合在一篇文案中也屡见不鲜，这些都需要灵活地予以运用。

3．精彩实例及点评

如图3.4所示，作品是一幅手抄报展览海报设计，图形语言以一队士兵为主，黑色马和白色马彼此交叉出现，骑马的长官与士兵整齐划一，整体风格颇具版画卡通色彩，也是采用荒诞的方法来进行图形语言提取，效果十分突出。

## 3.5 幽默法

广告大师波斯迪曾说："巧妙地运用幽默，就没有卖不出去的东西。"

根据一项调查，早在20世纪80年代，以幽默为风格的广告案例在美国已经占广告案例总量的42%，今天这个数字还在增加。著名的戛纳广告节获奖作品也大多以幽默见长。

幽默是语言的润滑剂。它用独特的构思和想象力，润滑了广告沟通渠道，把快乐带给了观众，把效益带给了广告主。

1．含义

"幽默"一词，汉语大辞典上给出的解释是：有趣、可笑而意味深长。也就是说，幽默一定是有趣可笑的，而有趣可笑的不一定都是幽默。关键就在这"意味深长"上，让人笑过，乐过之后，还能有回味和咀嚼的东西。幽默与挠痒痒、哗众取宠之间的根本区别就在于，前者是富有智慧，能给人以启迪或思考；而后者则完全没有内涵，笑过之后，什么也没留下。幽默法就是采取真正的幽默来创作广告文案的方法。

2．优点

幽默法在广告界愈来愈受重视。麦克科伦•施德曼研究机构对50个电视广告进行了调查。在对各种创意不同的广告效益测试中，引人发笑的幽默广告明显胜过名人广告而成为广泛流行的广告形式。相比较而言，用幽默的方法制作广告，以轻松愉快、引人发笑的方式，遮蔽了广告直接劝说、敦促购买的功利印象，克服了消费者对广告的怀疑与抗拒心理，使他们在对喜剧的美感享受中不知不觉地接受了广告诉求，从而变被动为主动，自愿地去购买广告产品。

从美学观点来说，幽默是一种智慧，而不是一种技术。看看古今中外的幽默话语，可以发现幽默还有自己的语言规律。

3. 写作方法

(1) 颠覆思维方式。老人像孩子，孩子像大人，庄重的人说调皮的话，调皮的人换上庄重的表情，该对称的不对称，该协调的不协调，该出现悲剧结尾的，却出现了喜剧结尾……人们的思维定式被打破，巨大反差最容易导致幽默效果的产生。

(2) 恰当的修饰与夸张。修辞技巧与幽默技巧密切相关。如果运用出奇，恰如其分的修辞就能够创造出幽默的效果。夸张是广告人经常使用的一种幽默方法。被夸张了的某种事物或情景，总之会和现实中的这一事物或情景有着天然的落差，而幽默就从这一落差中获得了势能。

(3) 语带双关。有些词语或句子，用在特殊的语言环境中能使其一语双关，产生幽默的效果。

(4) 拟人。让没有生命的物品有了生命，让不会说话的东西说起了话。这种充满想象力的修辞手法也是幽默的来源。

运用这种方法进行创作，首先，要侧重于构想出妙趣横生、引人发笑的典型化细节；其次，运用各种幽默语言自身的规律达到出人意料的幽默效果；再次，要让消费者在大笑中将注意力集中到产品上来，万万不能让笑声淹没了广告产品，其奥秘就在于所选笑料都必须隐或显地围绕着广告产品。如图3.5所示，作品选用了幽默的方法来进行创意，海报的主题是“快是慢的基础”，意在表现当今的生活节奏特别得快，图中时针和分针分别用咖啡和打高尔夫球的剪影人形代替，用幽默式的方法对创意进行了淋漓尽致的表达，作品效果形象生动、栩栩如生。

图3.5　时间的海报设计

## 3.6 反讽法

1. 含义

反讽的概念来自希腊文，原意指喜剧中一种“佯装无知者”的角色类型，即在对手面前假装糊涂，说话傻里傻气，但最后却总是证明真理还是掌握在他的手上，从而使对手大出洋相之类的人物。在历史发展过程中，它的含义逐渐发生了一些变化，获得了“讽刺”“嘲弄”等新称谓。反讽法，就是以这些手段来创作广告文案的一种方法。

2. 写作方法

在用反讽法创作广告文案时要有意制造语义之间的矛盾，强化它们的张力，使其与那些陈腐老套、平铺直叙的文案拉开距离，显得出类拔萃、卓尔不群。反讽法是现当代

图3.6 保护小动物的海报设计

图3.7 传统筷子包装设计

设计师常用的一种设计手法。如图3.6所示，作品中用一幅对立矛盾的图形来吸引观众，和平鸽与枪支是如此冲突的两个方面，意在呼吁人们要保护与我们共同生存的小动物。

## 3.7 巧用汉字法

1. 含义

这种方法就是利用汉字的某种特点或从语言的特性来进行广告文案写作的方法。我们知道，汉字是世界上最具独特性的，无论是形、音还是义都是如此，这就为人们利用汉字进行广告文案创意提供了广阔的空间。

2. 写作方法

根据汉字的特点，可以将这种写作方法分为3类。

(1) 利用读音，是指利用汉字相同或相似的读音进行巧妙组合。

(2) 利用字形，是指根据汉字的结构特点(如偏旁、部首等)和广告文案主题的联系进行创造的创意。

(3) 利用字义。汉语中的字义与字形有着密切的联系，有的与读者有一定的关联。在下面的作品中，主题是“传统筷子”，运用了红色，意味着传统的味道，作品的整体面貌既有文字又有图片，做到了图文的完美结合，如图3.7所示。

# 本章小结

通过本章的学习，让我们知道广告文案的写作并没有固定模式。在这里需要说明的是，一篇优秀的广告文案，在写作方法上往往是两种以上特征的有机结合，是几种写作方法共同使用的产物。在具体的创作中，要注意灵活把握，综合运用。再结合自己的经验总结出极其有效的写作方法。运用多种写作方法可以为广告文案创作提供更广阔的空间。

# 本章习题

一、填空题

1．________是指在广告文案写作过程中，不按事物的本来面目予以表现，而是通过歪曲其外部形态，以此来吸引受众，提高注意力。

2．著名的表现主义作家卡夫卡的《________》，推销员格里高尔一天早上发现自己变成了一只巨大甲虫。这种变形手法，对广告文案创作也有深刻的影响。

3．________是现实主义广告文案最重要的创作方法之。这种创作方法是不合道理和常规的，不可调和的，不可理喻的，不合逻辑的。除了反常规组合之外，它的另一个特点就在于它的________和________。

4．广告大师________曾说："巧妙地运用幽默，就没有卖不出去的东西。"

5．________研究机构对50个电视广告进行了调查。在对各种创意不同的广告效益测试中，引人发笑的幽默广告明显胜过名人广告而成为广泛流行的广告形式。

二、选择题

1．幽默法写作方式主要体现(　　)几个方面。

A．颠覆思维方式　　B．恰当的修饰与夸张　　C．语带双关　　D．拟人

2．巧用汉字写作方法包括(　　)。

A．利用读音　　B．利用字形　　C．利用字义　　D．利用字组

三、思考题

1．结合实例分析关注受众法的含义及写作方法。

2．结合实例分析扭曲变形法的含义及写作方法。

3．结合实例分析超现实法的含义及写作方法。

4．结合实例分析巧用汉字法的含义及写作方法。

# 第4章 传统媒介广告文案写作

**【训练要求和目标】**

本章主要讲解的内容是传统媒介广告文案写作基本理论知识。

训练要求：

- 整理搜集来的报纸杂志广告以及广播广告，分析出传统媒介广告文案的基本特征。
- 分析各类传统媒介广告文案，总结出传统媒介广告文案的写作特点。
- 大量阅读传统媒介广告文案，归纳传统媒介中广播广告类型。
- 分析各类传统媒介广告文案示例。

训练目标：

通过对传统媒介广告文案的基本特征、写作特点、广告类型的了解和学习，使学生能够掌握广告文案写作技巧，具备广告文案写作能力以及分析传统媒介广告文案示例的能力。达到能独立完成传统媒介广告文案的写作的目的。

**【本章引言】**

在传统的大众传播媒体中，报纸杂志的历史最为悠久，其所发布的广告也同样如此，报纸以至整个印刷媒介的特点是通过书面语言传播。同时，书面语言又必须适宜媒介广告特点，才能使广告文案收到最佳的传播效果。作为传统媒体之一的广播电台，早在20世纪20年代广播媒体诞生伊始，就成为与报纸并驾齐驱的重要新闻传播媒介，与此同时，广播广告作为一种独立的广告形式开始登上历史的舞台。虽然电视出现后，广播受到了一定的冲击，但是由于其传播快捷、收听方便、设备便宜，仍旧拥有相当多的听众，所以仍旧是重要的广告媒体。近年来，随着我国私家车、公交车和出租车的迅速增加，交通电台的广播广告量也急剧增加。所以，我们对报刊广告文案及广播广告文案进行深入的研究，发现它们的创作规律和传播规律，无论是对于广告文案创作水平的提高，还是对强化传统媒介广告效果，无疑都有着十分重要的意义。

## 4.1 传统媒介广告文案的基本特征

传统媒介是相对于网络媒体而言的，包括报刊、广播、电视3种传统媒介。本章主要针对报刊和广播两大传统媒介进行学习。

### 4.1.1 报刊广告文案的基本特征

在大众传播媒体中，由于各媒体所使用的传播符号、传播方式的不同，就使得媒体刊播的多种作品存在着很大的差异。报刊广告文案作为这些作品中的一种重要类型，与广播、电视广告文案以及其他类型的作品有着相当大的区别。报刊广告文案的基本特征主要体现在以下几个方面。

1．重视标题

标题是标明文章、作品等内容的简短语句。常言道：看书先看皮，看报先看题。标题的好坏对于决定一篇文章或作品成败的作用不容小视。一般来说，广播、电视广告文案是不用标题的，而报纸杂志广告则十分重视标题的创作。一个好的标题在3秒钟之内就能抓住读者的眼球，吸引读者的注意，给人留下深刻的印象，进而可以有效地促进消费，展现了广告不仅可以传递信息的作用，而且达到了促进消费的目的。举世闻名的“广告教父”大卫•奥格威曾经指出：“标题是大多数平面广告最重要的部分，它是决定读者是不是读正文的关键所在。”标题对于报刊广告的重要意义，由此可见一斑。

新动力街区的房地产报刊广告，如图4.1所示。夺目的“领袖城市中央生活”的广告标题闯入读者的视线。吸引读者，给读者一种想要迫切了解这是个什么样的生活胜地的心理欲望。这与读者的心理向往统一，产生了心理共鸣，引起了阅读者想继续深入了解更详细信息的欲望。

图4.1 新动力街区房地产报纸广告

可见，采用精心锻造的具有高度浓缩性的标题，可以引起消费者的注意，并激发购买广告产品的浓厚兴趣，从而导致广告效果的最佳化的出现。这正是报刊广告文案区别于广播、电视媒体广告的基本特征之一。

2．可有很长的文案

广播媒体由于没有画面，其有声语言、音响、音乐稍纵即逝。在具有逼真的动态画面，兼具有声语言、文字、音乐、音响的电视媒体的强大冲击下，其处境日渐窘迫，加上长盛不衰的报纸媒体的猛烈夹击，导致其影响力日渐削弱。所以，广播媒体不能播发很长的广告文案，否则不仅广告没有人收听，而且其受众会呈进一步衰减之势。

至于电视媒体，当前虽有很大的传播优势，但它的广告只能比广播更短。因为正由于它的优势才导致广告播出费用昂贵，又因其昂贵而使电视广告越趋短小。目前30秒广告已成为主流，因此电视媒体广告就更不可能出现长文案。

但报纸媒体却不一样，随着新闻竞争、广告竞争的加剧，报纸的版面越来越多。又由于广告主的日益成熟，除了追求及时、短期广告效果，他们还将注意力放到企业形象广告上，不惜重金购买报纸的整版或半版版面，发布全文字性的较长的广告文案，以求得在社会上树立良好的企业形象。这正是企业获得长期广告效应，源源不断地取得巨额经济回报的重要手段。

如图4.2所示，在传统的四大媒体中，广播电视媒体一般不可能发布长文案。唯有报纸(或杂志)可能刊播，可见报刊广告中有长文案的存在，正是报刊文案的又一重要特征。试看下面的例子。

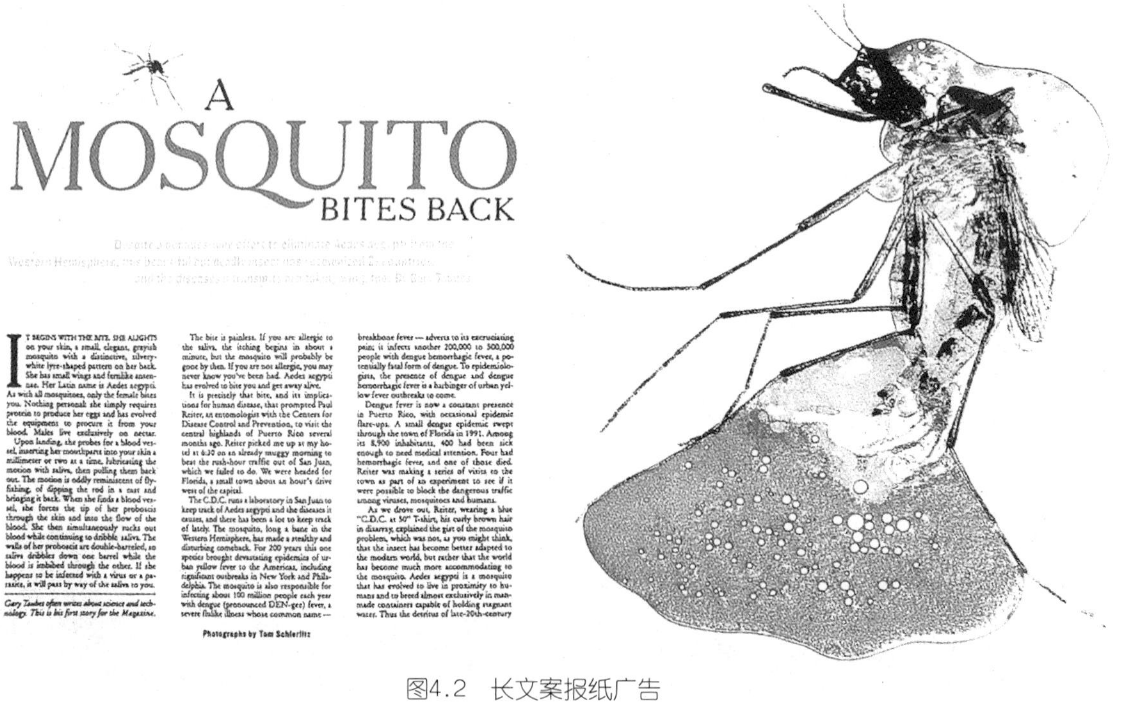

A MOSQUITO BITES BACK

IT BEGINS WITH THE BITE. SHE ALIGHTS on your skin, a small, elegant, grayish mosquito with a distinctive, silvery-white lyre-shaped pattern on her back. She has small wings and fernlike antennae. Her Latin name is Aedes aegypti. As with all mosquitoes, only the female bites you. Nothing personal: she simply requires protein to produce her eggs and has evolved the equipment to procure it from your blood. Males live exclusively on nectar.

Upon landing, she probes for a blood vessel, inserting her mouthparts into your skin a millimeter or two at a time, lubricating the motion with saliva, then pulling them back out. The motion is oddly reminiscent of fly-fishing, of dipping the rod in a cast and bringing it back. When she finds a blood vessel, she forces the tip of her proboscis through the skin and into the flow of the blood. She then simultaneously sucks out blood while continuing to dribble saliva. The walls of her proboscis are double-barreled, so saliva dribbles down one barrel while the blood is imbibed through the other. If she happens to be infected with a virus or a parasite, it will pass by way of the saliva to you.

*Gary Taubes often writes about science and technology. This is his first story for the Magazine.*

The bite is painless. If you are allergic to the saliva, the itching begins in about a minute, but the mosquito will probably be gone by then. If you are not allergic, you may never know you've been had. Aedes aegypti has evolved to bite you and get away alive.

It is precisely that bite, and its implications for human disease, that prompted Paul Reiter, an entomologist with the Centers for Disease Control and Prevention, to visit the central highlands of Puerto Rico several months ago. Reiter picked me up at my hotel at 6:30 on an already muggy morning to beat the rush-hour traffic out of San Juan, which we failed to do. We were headed for Florida, a small town about an hour's drive west of the capital.

The C.D.C. runs a laboratory in San Juan to keep track of Aedes aegypti and the diseases it causes, and there has been a lot to keep track of lately. The mosquito, long a bane in the Western Hemisphere, has made a stealthy and disturbing comeback. For 200 years this one species brought devastating epidemics of urban yellow fever to the Americas, including significant outbreaks in New York and Philadelphia. The mosquito is also responsible for infecting about 100 million people each year with dengue (pronounced DEN-gee) fever, a severe flulike illness whose common name — breakbone fever — adverts to its excruciating pain; it infects another 200,000 to 300,000 people with dengue hemorrhagic fever, a potentially fatal form of dengue. To epidemiologists, the presence of dengue and dengue hemorrhagic fever is a harbinger of urban yellow fever outbreaks to come.

Dengue fever is now a constant presence in Puerto Rico, with occasional epidemic flare-ups. A small dengue epidemic swept through the town of Florida in 1991. Among its 8,900 inhabitants, 400 had been sick enough to need medical attention. Four had hemorrhagic fever, and one of those died. Reiter was making a series of visits to the town as part of an experiment to see if it were possible to block the dangerous traffic among viruses, mosquitoes and humans.

As we drove out, Reiter, wearing a blue "C.D.C. at 50" T-shirt, his curly brown hair in disarray, explained the gist of the mosquito problem, which was not, as you might think, that the insect has become better adapted to the modern world, but rather that the world has become much more accommodating to the mosquito. Aedes aegypti is a mosquito that has evolved to live in proximity to humans and to breed almost exclusively in man-made containers capable of holding stagnant water. Thus the detritus of late-20th-century

Photographs by Tom Schierlitz

图4.2 长文案报纸广告

## 广告案例

### 休斯飞机公司《科学/视野》广告文案

标题：科学/视野

正文：休斯飞机公司采用先进的蒸汽注入法帮助解决了工业碳氢化合物对土壤和地下水造成污染的问题。采用这种方法，不必挖掘土壤就可以处理掉碳氢化合物。其方法是，先把蒸汽注入地下……这种补救方法是休斯公司采用现有技术解决环境污染的众多实例之一。

现在，一旦遇到自然灾害，即使最偏僻的边远地区，也能直接进入公司电话网，这是因为有了休斯公司制造的便携式卫星地面站……休斯公司设计的网络有99.5%的可靠性和可用度，是替代常规通信系统的理想手段……

无污染车辆即将投入批量生产。通用汽车公司生产的电动游览车，就是采用了休斯公司制造的高可靠性、低成本的功率变换器和充电系统来供电的。这种变换器将直流电转换为交流电来启动汽车、改变汽车的速度。休斯公司的工作涉及许多与环境有关的领域，从开发无污染的汽车到研究无污染的生产工艺。为通用生产的游览车提供配件只是众多实例中的一个而已。

研究音质的人们现在可以采用休斯公司3D音响增强系统。这是一种独立的高保真元件，到现在为止，获得专利的这种声音回响系统仅用在部分SONY和GE/RCA的电视机中……新的激光器可以帮助美国陆军检测和识别战场上的化学剂。休斯公司生产的激光器应用于固定地点、车辆和飞机上……除了军事上的应用，激光技术还可运用到环境保护中，如监测工业上的化学辐射和市区污染等。

## 案例解析

上面案例是美国著名的FICB广告公司为休斯飞机公司撰写的一篇长文案，发布时没有配任何画面。休斯公司刊发这一长文案，其目的在于向广大消费者澄清一种误会，表明休斯飞机公司虽然名称上冠有“飞机”二字，其实并不生产飞机，而是从事高科技的研究开发工作，比如新式激光器、3D音响增强系统、便携式卫星地面站等。由于休斯飞机公司不惜以巨资刊登介绍自己研究开发的高科技新产品，让广大消费者对该公司及广告产品获得了深刻的认知度和美誉度，从而为公司的可持续发展提供了极为有利的条件。

总之，类似休斯飞机公司《科学/视野》这样的长篇广告文案，一般只能由报纸杂志媒体来发布，可见发布长文案也是报纸杂志媒体的基本特征之一。

3．文图互补

除了小块的分类广告以外，报刊广告文案较少以独立的形态存在，一般要与静态图形(手绘、电脑绘图、摄影图片等)配合使用，以达到互相补充、相得益彰的强化效果，这就是文图互补的真正本质所在。

奥美广告公司的经验告诉我们，“如何创作具有销售效果的广告”，其中很重要的一点就是将“一张照片附说明的人，比阅读广告正文的人，平均多出两倍”。美国著名广告专家路克•苏利文曾在《广告人的路克福音》一文中指出：“让图像说话，文案尽可能简洁，我认为人们不喜欢看长篇大论，同样地，别把你的主要卖点埋在文案中，尽量提出一个好标题。在机场翻杂志的读者平均2秒钟要翻一页，如果你能让他们停下来注意你的标题或画面，你的广告就成功了。”这表明，报刊广告万万不可忽视图像的作用，要让它与文案巧妙结合，才能实现优势互补、吸引消费者注意广告产品并付诸购买行动的基本目的。如日本某电冰箱广告就是一个典型的成功案例：图片部分是一冷藏室门敞开的豪华气派的电冰箱，冷藏室上下层分别陈放着一块露出红瓤的西瓜、一条鲜鱼。如果仅仅只有这张图片，消费者还是不能明白广告的主题之所在，但将旁边8个大字的标题“西瓜与鱼，和平共处”浏览之后，才真正理解力它的诉求重点：广告产品在冷藏食物时，可以互不串味，鱼不会使西瓜变腥，反过来，西瓜也不会使鱼变甜。在这幅广告里，我们看到图片中的西瓜与鱼的直观形象加深了消费者的印象，因为直观形象刺激力较强，易于记忆，但仅靠它们是无法表现广告主题的，于是写出“西瓜与鱼和平共处”，对图像进行补充说明，让消费者能从中领悟到广告的诉求重点。

在伊利畅轻酸奶报纸广告中，如图4.3所示，用牛奶制作的广告主题文字，周围用一些生活中给人轻松娱乐感觉的活动项目的代表图片来修饰广告主题标题。整个广告画面和谐、轻快，给人一种心情轻松自然的感觉，似乎一天的工作压力和紧张的心情都被这张轻松的画面带走了。这个图形文字的标题更清晰地表达出了这款饮品的特点。整个画面充分体现出伊利畅轻酸奶带给你的“轻生活，一身轻”的独特体验。使欣赏者心情放松，即使还没喝到这款饮品。

图4.3　伊利畅轻酸奶报纸广告

由此可以发现图与文之间的互补关系，如果有图无文，消费者一般难以领会广告的主题意义；如果有文无图，消费者虽可以理解广告的诉求重点，但由于缺乏直观形象，对文案形成注意就比较困难。如果两者和谐地结合在一起，则是珠联璧合，使广告效果大大增强。

将报纸广告文案的上述特征与广播、电视媒体广告比较一下，就不难发现：广播广告无图可言，电视广告一般是以动态形象的连续运动构成一个完整的境界来表现主题的，不像报纸广告那样以静态图形与静态文字对应陈列，相互补充，相互强化。所以，文案静态图片的对应互补，是报纸广告文案的又一重要特征。

### 4.1.2 广播广告文案的基本特征

广播中广告信息的特点在传播上是靠声音来表现的，这与报纸媒体中的文稿用印刷品形态来传递信息形成了强烈的对比。也就是说，广播广告的文稿是以时间性的形态存在的，报纸和杂志的广告是以空间性的形态存在的，这便是两者的最大差异。广播广告比起其他任何媒体，更能看出其语言的优势。报纸媒体的设计和电视的视觉性活动，须结合文稿才能领会广告的含义。但是，在广播广告中，虽有音乐效果起很大作用，但成为其中心的是语言。因此广播的广告文案写作必须全部从这一特点开始。

广播广告的特点首先在于以声音为主的个体性的诉求。因此，有人说广播广告必须要有会话。的确，在社会生活中，会话是交流与沟通最理想的形式，广播广告就具有这样的特点。但是，广播广告绝不是会话本身。虽然两者都是靠声音传递的，但会话是互相交换意见的途径，这是会话与广播广告的最大差异。在会话过程中，常常要根据对方的态度来改变谈话的方式，用适合特定气氛的形式来进行交流。但是，利用大众媒体的广告在传递中是不可能进行交流的，内容是早已定好的，这里有通过改变来传递意见的障碍。也有人说会话是有效的生活语言，是理所当然的事，而广播广告却应该全部把会话作为目标以外的问题。

“街头听到一段对话，不经意地蹦出来的一句话，有时竟会是你梦寐以求想说的话，就一定把它立刻记录下来。在他人说的生动语言中，隐藏有极优秀创意的种子。”这是美国著名的广告大师李奥贝纳的经验之谈，如图4.4所示。在会话中发现有用的构思对广告文案创作者来说是非常重要的。

图4.4 李奥贝纳

广播广告这种直接诉诸消费者听觉的传播方式，决定了广播广告文案具有不同于报刊广告文案、电视广告文案的基本特征。具体来说，广播广告文案的独特性表现在以下几个方面。

1．语言悦耳，适应收听要求

广播广告文案一开始是写在纸上的，但最终还得用有声语言作为传播的基本手段，这就决定了广播广告文案一般只用“言语”，而“语言”则相对使用得较少。

瑞士结构主义语言学大师，现代语言学的重要奠基者费尔迪南·德·索绪尔(Ferdinand De Saussure 1857—1913)(图4.5)曾经指出：“语言和言语活动不能混为一谈，它只是言语活动的一个确定的部分，而且是一个主要的部分。它既是言语机能的社会产物，又是社会集团为了使个人有可能行使这机能所采用的一整套必不可少的规约。整个看来，同时跨着物理、生理和心理几个领域，它还属于个人的领域和社会的领域，我们没法把它归为任何一个人文事实的范畴。相反，语言本身就是一个整体，一个分类的原则。”在他看来，语言虽然是言语的工具，又是言语的产物，但两者之间质的差别却是不容忽视的。语言具有普遍性、抽象性和既定性特征，而言语则是个别、具体和独创性的东西。法国美学家、现象学美学的主要代表人物米盖尔•杜夫海纳则从艺术的视角对此做了进一步的探讨，他指出：“另一端是超语言学领域，在这个领域里，系统是超意义的，它们能使我们传达信息，但没有代码，或者说代码越是不严格，信息就越是糊涂不清，意义于是成为表现。”在我们看来，艺术似乎是超语言的最佳代表。杜夫海纳在这里所说的超语言，就是与语言相对的“言语”，而语言艺术所使用的物质媒介就是“言语”而不是“语言”。广播广告作为一种实用艺术，也不可避免地会以使用“言语”为主。

图4.5　费尔迪南·德·索绪尔

广播是纯粹的听觉媒体，这是广播与其他媒体最根本的差异，这种特性给广播带来了形象性差的欠缺。但是，综合运用人的声音、音乐和音响也使广播能够做到声情并茂，其感染力强于平面媒体。

广播广告的有声语言传播的特性，要求文案尽量用容易理解的口语，不能使用过于书面化的语言，避免使用过长的、复杂的句子、生硬字词、容易引起歧义的同音多义字词。

广播广告只能以声音激发听众的想象，因此文案必须生动形象，能够让听众通过想象在头脑中形成画面。枯燥、乏味、呆板、没有“表情”的语言无法与听众沟通，而丰富的语气和情感，则能够将听众带进广告所营造的情境和氛围当中。试看下面的例子。

**广告案例**

## 肯德基广播广告文案

正文：(背景音乐：“甜甜的”渐起)

男声(有一点痛苦)：喂，老师，我今天肚子疼，想请一天假。

女声(流露出一些关切的语气)：行，明天记得带作业哦。

(老师刚说完，从电话另一边响起一阵奇怪的类似亲吻的声音)

女声(疑问但又有一点责备的语气)：干什么呢？

男声(尴尬而又慌张的声音)：噢噢，没什么，没什么，老师再见。

(挂电话声)

男声(欢快而幸福的声音)：肯德基最新推出鸡柳汉堡，挡不住的诱惑，好吃听得见，　嘛(类似亲吻的声音)

(背景音乐渐渐消失)

**案例解析**

这则广播广告文案，人物所说的话类似于日常口语，生动鲜明，让消费者不仅听得懂，而且觉得鲜活有趣，乐于接受广告的诉求主题，效果相当不错。想到广播广告，然后我们就从声音开始联想，想到生活中有许多声音比较相似，容易引起人误会，从而产生幽默的效果，吸引别人的注意力，这则广告就利用了这一点：一个学生给老师打电话请假，同时在吃东西，美味的诱惑让人随时都想咬上一口，发出的拌嘴声就像亲吻一般再增加搞笑效果的同时也充分说明了汉堡的可口诱人。这比让观众看到美味诱人的汉堡照片更有说服力，如图4.6所示。这是充分利用人的想象空间，通过声音让人们展开联想。这种方式的成功就在于利用声音来展开联想，正如100个人眼里有100个哈姆雷特一样，100个听众脑海里有100个美味的汉堡。这则广播广告利用这种幽默的令人产生联想的方式把汉堡的美味特点表现得惟妙惟肖，在短短的广告播出时间里就抓住了消费者的注意力。

图4.6　汉堡

2．力求即时理解

广播是一种非持久性媒体，传播内容稍纵即逝，不留痕迹。因此广告必须将信息一次传达到位，让听众马上就能理解，并形成印象。这要求文案集中于重要信息，突出品牌和主要利益点，并做富有吸引力的传达。

3．信息语言的简明

信息无法保存的特点也决定了广播广告不适合传达复杂的解说性信息，不适合做深度诉求。广播广告文案应选择单纯明确、只需简单说明，无须深入解释的信息，比如只突出品牌、只告知产品的一个容易理解的鲜明特性，或者承诺一个明确的利益。

4．声文并茂

广播广告文案一般要与音响、音乐结合起来，扬长避短，以多元的艺术境界来强化它对广大消费者的吸引力，使他们对广告产品高度关注，最终实现促进产品销售额大幅度增长的广告目标。试看下面的例子。

**广告案例**

**新君威汽车广播广告文案**

正文：(汽车开门、关门、打火、启动的效果音)

(按秒表、加速效果音，男音起，由平静到兴奋)

男A：1、2、3、4、5、6、7、7.7

(按秒表的效果音，男音兴奋而感觉到不可思议)

7.7秒、百公里加速只要7.7秒

(汽车涡轮增压加速、动感飞驰的效果音)

男B：新君威2.0T，大涡轮增压，百公里加速只要7.7秒

新君威2.0T，7.7秒百公里加速，动感在握，势不可挡

**案例解析**

新君威汽车公司发布的这则广播广告文案，运用多种音响与有声语言相配合。如汽车开门、关门、打火、启动的效果音。这一系列的声音营造出一辆动力十足的汽车，正准备极速出发的画面。这一系列的声音配合着男音和秒表的效果音，更是突出了汽车的高性能。随后出现汽车涡轮增压加速、动感飞驰的效果音。汽车动感十足，飞速行驶的艺术氛围，同时给人以想象，使人感受到了驾驶飞驰的汽车，享受速度的快感。这比平面广告给消费者带来的感受更为直接，如图4.7所示。这则广告中一系列声音互相配合，使广告主题得到了有力的表现，从而创造出一个极具感染力的艺术境界。

图4.7　君威汽车平面广告

广播广告文案还经常与音乐结合起来，共同完成塑造形象、渲染气氛、增强美感愉悦功能、强化广告诉求力量的艰巨任务。这种音乐包括选用古典名曲、现代名曲，如帕格尼尼、巴赫、海顿、勃拉姆斯、肖邦等人创作的经典作品，还有专门为该广告创作的器乐曲或歌曲，如舒尔美席梦思广播广告，作者在文中描述了它的优良品质，又创作了一首歌曲来进一步突出广告诉求重点，由于有声语言与音乐的和谐配合，因而取得了相当显著的促销效果。

5. 吸引不专注的听众

诉诸消费者听觉的广播广告文案不同于报纸广告文案。报纸广告需要给消费者一个视觉的冲击。比如一个有创意的标题或是一幅有创意的图片，抑或是一段有趣的广告文案，都能吸引住读者，如图4.8所示。收听广播只需要使用听觉，听众有时是一边从事其他活动一边收听广播。在收听同一频道时，听众无法像读报纸那样自主选择内容，但可以随时调整投注在广播上的注意力——遇到感兴趣的内容，注意力会比较集中。这减弱了听众对广播广告的抵触但也增加了广播广告到达诉求对象的难度。因此，广播广告必须运用音乐、音响、语气、语调、情境、情感等一切可能的手段，增加趣味性和吸引力，广播广告文案的第一句话还要起到抓住听众的作用。

图4.8　广州日报

**广告案例**

**兰州啤酒的广播广告文案**

| | |
|---|---|
| 叫一声哥哥你慢些走， | 喝一杯咱的兰州啤酒。 |
| 人生路上手挽手， | 高高兴兴朝前走。 |
| 好啤酒，好啤酒， | 兰州啤酒最风流。 |

**案例解析**

兰州啤酒的这则广播广告文案是由甘肃人民广告电台制作的。这则广播广告文案用歌词的方式来做。其曲调悠扬动听，歌词通俗顺口。即使对广告有成见的人，对悦耳动听的歌声也不会有或极少有抵触情绪。加上这则广播广告文案句式整齐，押韵，易学易记，故能起到很好的宣传效果。

6. 娱乐性和私密性

广告文案对广播媒体环境和听众特性的配合，有几点需要特别注意。

(1) 广播是一种偏重娱乐的媒体。听众收听广播的主要目的是娱乐和满足个人的兴趣及爱好，广播内容总体上趋向于轻松、娱乐，广播广告也应该尽量做到轻松、有趣，这样才能抓住听众的听觉。

(2) 为了吸引稳定的听众群体，大部分广播节目都针对特定对象，每期编辑特定内容，并且有鲜明的风格。如流行音乐节目，主要面向年轻听众，风格时尚、活泼；健康节目主要面向中老年听众，风格比较朴素。选择不同节目播出的广告，应该配合节目的不同风格，以满足不同听众的收听需求，不致招来反感。这就和平面广告一样，针对不同受众群体，用不同的表现形式和色彩画面等，来吸引受众的注意。如图4.9所示，这幅宣传六·一儿童节的海报，利用卡通画的形式和丰富鲜艳的色彩来满足儿童的心理需求，这样才能达到有效的广告宣传效果。

图4.9　六·一儿童节海报

(3) 广播是一种个人化的、私密性比较强的媒体。广播有时以家庭共同收听为主，有时则以个人收听为主，这使广播广告更适合感性的诉求手法。

7．有效地配合音乐、音响

广播广告可以采用人的声音、音乐、音响3种听觉符号。音乐和音响可以为人的声音提供背景，避免广告单调乏味；可以增加广告的现场感，帮助营造广告所需要的氛围、情境、风格及体现品牌个性，从而增强对听众的感染力；可以推进广告信息的展开、帮助突出重要信息；还可以有效促进听众的想象活动。

8．适当的篇幅

如果不考虑背景音乐和音响，按照每分钟150字的普通速度，30秒广播广告最多可容纳75个字的文案；5秒广告可容纳15个字。

这仅是基本规律，写作文案时还应该考虑品牌个性和具体表现形式的要求。有些品牌要求舒缓、优美的广告，有些则希望以快节奏显示品牌的动感个性。在表现形式方面，要考虑播出时要求的语气语速、音乐和音响的使用方式。有些表现形式要求广告保持比较快的节奏，如对话式；有些则需要比较慢的语速，如内心独白式。那种由播音员急匆匆从头读到尾，不给听众一点反应时间的广告，很容易引起听众的反感，也就难以达到好的广告效果。

9．文案的脚本

广播文案完成后，要根据对作品的整体构思，加上音乐、音响效果要求、角色分配、语气语调的描述，形成完整的“广播广告脚本”，提供给制作部门，作为录制广告的根本依据。脚本通常也由文案人员完成，所以文案人员还应该对广播广告制作技术有一定的了解。

广播广告脚本有分栏和不分栏两种形式。分栏式脚本将音乐、音响效果、角色分配、语气语调要求按照出现的时间顺序列在左侧，将文案正式内容列在右侧，与左侧标明的时间顺序和表现要求相对应。不分栏的脚本直接按照时间顺序列出表现要求和文案内容。

10．广阔的体裁域

广播广告文案既可以运用报刊广告、电视广告文案的一般体裁，如说明型、论述型、文学型(诗歌、散文、小小说、戏剧、文学等)，而且能大量运用报刊、电视媒体广告中出现频率较少的曲艺文学样式来创作文案，全国性的曲艺形式如快板书、相声、评书等，地方性说唱文学如苏州评弹、河南坠子之类。报纸、杂志是无声媒体，刊登曲艺文学式广告文集，效果出不来，故一般不用此类体裁；电视因其为视听综合性媒体，所以有时用一点，但数量很少。这是由于电视广告收费昂贵，时间短了(30秒、15秒等)讲不完，时间长了费用太高又不合算，而且效果也不比其他样式好。但广播广告收费低，制作简便，即使较长的快板广告也不需要很多广告费，并且又为某些消费者群体所喜闻乐见，故经常被广播广告创作人员选用。总之，广播广告文案由于可以兼收并蓄，又有自己独有的体裁，所以它的体裁域较之报刊、电视媒体要宽广得多。

## 4.2 传统媒介广告文案写作的特点

### 4.2.1 报纸广告文案写作的特点

由于报纸媒体基本上每天都会有，时间性非常强，信息量大，所以对报纸文案写作要求非常严格。下面介绍报纸广告文案写作的特点。

1．在内容上表现出趣味性和接近性

报纸是大众传播媒介，其在编辑方面内容繁多，容易导致读者对广告的注意力分散，加之版面限制，会造成统一版面的广告拥挤不堪。另外，报纸在印刷质量上比较粗糙，色彩感差。而且报纸在内容上众口难调，其影响时间短，阅读效率低。因此，报纸广告的文案应考虑到大多数受众的文化水平和接受能力，使他们在阅读时不发生任何困难。

下面是一则劲跑饮料广告案例，如图4.10所示，有趣的创意画面和直观的拟人的形象的广告标语，使广告的诉求点表达得淋漓尽致，并且不乏趣味性。给人带来愉悦的心情，在同类商品里看过这则广告的受众肯定会倾心于这款饮品。其创意场景都是生活中常见的标志和设施，给受众一种自然的不陌生的接近感。

图4.10　劲跑饮料系列广告

这一则饮品广告文案运用一般读者均能理解的语言简洁而有趣地描述了这款饮品的显著特征：劲跑给人强劲的动力，喝了劲跑使人精力充沛，缓解疲劳。文案标题“有劲！你就使劲跑！”，并且结合有创意的广告图片，形象、简洁的标题，便于引起读者注意。

文案的接近性就是受众对宣传对象比较熟悉或是宣传的表达方式是人们生活中比较熟悉的表达交流方式、比较熟悉的生活场景或事件等，或有某些相似点而产生的感情上的接近。比如，伊利纯牛奶的广告，其用喝牛奶过程中发出的一系列的象声词来做广告文案。这是我们每个人都体会过的，对每个人都不陌生。这则广告就在喝牛奶的动作、声音和感受上与受众产生了共鸣，使人们感到不陌生。这就充分地体现了广告文案的接近性在一则广告宣传中的重要性。

报纸作为一种大众传播媒介总是向受众传递一些贴近生活的信息。因此，报纸广告要在心灵上使消费者感到一种乐趣和放松，这就要求广告文案和图形要有趣味性。同样报纸广告文案要在情感上与消费者产生情感的心理共鸣，所以报纸广告文案又要具有接近性。报纸广告为引起消费者的兴趣，利用在内容上表现出的趣味性和接近性，来适应大多数消费者的口味。

下面是美国广告大师乔治•葛里宾为美国旅行者保险公司所制作的保险广告。

**广告案例**

**美国旅行者保险公司所做的保险广告的文案**

标题：旅行者保险公司

正文：当我28岁时，我认为今生今世我很可能不会结婚了。我的个子太高，双手及两腿的不对称，常常妨碍了我。衣服穿在我身上，也从来没有像穿到别的女郎身上那样好看。似乎绝不可能有一位护花使者会骑着他的白马来把我带走。

可是终于有一个男人陪伴我了。爱维莱特并不是你在16岁时所梦想的那种练达世故的情人，而是一位羞怯并笨拙的人，也会手足无措。

他看上了我不自知的优点。我才开始感觉到不虚此生。事实上我俩当时都是如此。很快地，我们互相融洽无间。我们如果不在一起就有怅然若失的感觉。所以我们认为这可能就是小说所写的那类爱情故事，以后我们就结婚了。

那是在4月中的一天，苹果树的花盛开着，大地一片芬芳。那是近30年前的事了，自从那一天以后，几乎每天都如此不变。

我不能相信已经过了这许多岁月，岁月载着爱维莱特和我安静地度过，就像驾着独木舟行驶在平静的河中，你并感觉不到舟之移动。我们从来未曾去过欧洲，我们甚至还没去过加州。我认为我们并不需要去，因为家对我们已经是够大了。

我希望我们能生几个孩子，但是我们未能达成愿望。我很像圣经中的撒拉，只是上帝并未赏赐我以奇迹。也许上帝想我有了爱维莱特已经够了。

唉！爱维莱特在两年前的4月故去。安静地，含着微笑，就和他生前一样。苹果树的花仍然充满了甜蜜的气息。而我则怅然若失，欲哭无泪。当我弟弟来帮助我料理爱维莱特的后事时，我发觉他是那么体贴关心我，就和他往常的所作所为一样。在银行中并没有给我存很多钱，但有一张照顾我余生全部生活费用的保险单。

就一个女人所诚心相爱的男人过世之后而论，我实在是和别的女人一样地心满意足了。

### 案例解析

乔治•葛里宾(图4.11)自称这是他“写过的最好的广告”。

这是一个没有标题的广告。广告上有一幅女人的照片，她看上去有60多岁，站在走廊上仰望着月光，似乎在追忆着一段往事……广告文案就是由老妇人娓娓讲出的一个故事。

乔治·葛里宾认为，一则广告文案的成功与否在于：“这个标题是否使你想去读文案的第一句话？而文案的第一句话是否能使你去读第二句？并且使你看完整个文案。一定要做到使读者看完广告的最后一个字再想去睡觉。”上述这则保险广告文案的成功之处，正在于此。

图4.11　乔治·葛里宾

这则没有标题的广告，并没有离奇曲折的情节，却引人入胜，一下子就把读者引入一个平凡而动人的故事中。这是一个极其平凡的婚姻故事。整个文案在诉说着一个女人对自己婚姻生活的满足，对已故丈夫的感激之情、眷恋之情，以及一个丈夫对妻子的体贴和爱。这份体贴和爱则既表现在平时的温存，更表现在一张足够支付妻子余生全部生活费用的保险单上。整个故事充满了温馨和爱意，具有很强的感染力。

整个文案从头至尾都在讲述一个故事，而没有一丝广告味。即使在文末推出宣传的主题内容时也是恰到好处，水到渠成。人们在接受这个故事的同时，很自然地就接受了广告的宣传，对旅行者保险公司留下深刻的印象。

乔治•葛里宾认为，文案创作人员应像躲避瘟疫一样躲避陈词滥调、索然无味。这固然是缘自广告自身对创造性的要求，另一方面，考虑到报纸这一大众传播媒介自身的特点，报纸广告文案自然也必须充分考虑读者面对大众传媒表现出的接受心理。有些广告之所以不易引人注目，广告文案的平淡乏味是其中的重要原因。

2．力避“制式”的陷阱

现代报纸已是一种成熟的大众传媒，报纸信息的制作和传播已形成相对固定的模式。这使得报纸的产品几乎成为一种“制式”产品，即有固定的要素、固定的风格、固定的结构、固定的形态。报纸广告文案恰恰就是要力避“制式”的陷阱，避免成为类似生产流水线上制作出的产品。报纸广告文案不是对广告的某些固定要素的组合或拼装，而是创造的产物。因此，报纸广告文案始终要求不拘一格，别出心裁。

中国香港《大公报》1965年3月4日、8日、13日，用3个整版的篇幅，刊登了一则交易广场商业大厦征集入伙的广告，构思巧妙，扣人心弦。第一天，映入人们眼帘的是一个套红的特大的“？”，为读者设置了悬念。然后在问号的下面，逐步推出：“那一座商业大厦具有……最显赫的地位……最理想的商业环境……最先进的设备……最完善的设施及管理”，层层深入，环环相扣。3月8日，《大公报》上的这则商业大厦广告突然改为套红的特大的“✓”，下面是提问“阁下办公室是否享有……”。3月13日的广告，又改为套红的特大的“$”，下面是另一内容的提问：“齐备下列条件，应值多少？”这种出人意表的创意和表达设置了层层悬念，令读者的思考步步加深。

下面是几则手表广告的文案。

**广告案例**

**东方手表报纸广告文案**

标题：东方手表

正文：东方手表屹立东方

咦，我的表怎么不走了？

原来是忘记上弦了——我的表无自动，

今天是几号？今天又是星期几？

我实在无记忆——我的表无日历。

黑夜中，我始终形成不了时间概念——我的表无夜光。

朋友，您想使以上的问题得到完美的解决吗？请选用东方表。东方表的全自动功能将给您带来更舒适的享受，将给您带来快节奏的生活，将使您更具东方人的魅力。

东方表，日本一流产品。她以质优、价廉、走时精确而闻名，可同瑞士表比翼齐飞，是东方的一颗闪亮的明珠。

东方表，造型美观、大方，品种齐全，更是少男少女青睐之物。

东方表，时代高科技的结晶。

东方表，屹立东方。

**浪琴手表报纸广告文案**

标题：浪琴女表

正文：浪琴新貌，纤秀无比，雅丽过人

时尚潮流，讲究纤秀，精致女装表，焉能后人？浪琴新推出的石英款系女表，就是时代的尖端产品，更加纤薄秀丽，款式繁多不一，表面别致出众。

精装镀金表壳，配以鳄鱼皮名贵腕带，时髦华丽极了。

纤纤玉腕，若无浪琴名表，不足以显其动人的风采。

讲究仪表，浪琴不可少。

**中国台湾精工手表报纸广告文案**

标题：中国台湾精工手表

正文：恰当地表达自己真挚、温馨的爱情；

不仅仅是一份勇气，更是一种艺术。

象征永恒的精工手表，

是高贵的爱情标志，

也是天长地久的爱情魅力。

在我们生命中的某些时候，

爱情，应该是看得见的。

**瑞士劳莱克斯手表报纸广告文案**

标题：瑞士劳莱克斯手表

正文：不戴劳莱克斯简直是发疯

我决不会不戴上Rolex表就登山，登山者不戴上一块可以信赖的走时准确的表简直是发疯。

**瑞士雷达手表报纸广告文案**

标题：瑞士雷达手表

正文：每5个瑞士人就有一位佩戴雷达手表

瑞士乃著名的手表王国，生产的手表在世界久负盛名，雷达表就是最有代表性的一个品牌。

在瑞士，雷达一向稳占最畅销、生产量最多的领导地位，每5个瑞士人就有一位佩戴雷达表。在日本，它也是进口量最多的瑞士手表，其受欢迎的情况可想而知。

雷达石英男女装表，是先进科技与完美艺术的新结晶，表镜配用层叠式无框钻石水晶玻璃，坚硬璀璨，熠熠生辉，防水、防震、防尘，性能卓越佩戴在腕上，处处显示出主人的出众风采。

## 案例解析

手表是人们日常生活中必需的计时工具，上述5则广告文案均在这平凡的事物中找到了独到之处。

东方表广告首先从实用、便利、省心这一角度出发，先以自问自答的方式开始真实自然地说出“我”的手表的缺陷：要上弦、无日历、无夜光。接着便趁热打铁，自然而然地介绍了东方表的完美功能，使消费者不禁为之心动。其次，广告将产品定位成日本一流产品，可与瑞士表媲美，既是借名牌宣传自己，同时也可以满足消费者的求名心理。广告把侧重点放在少男少女身上。因为，年轻人更关注产品造型上的美观大方。最后，广告以口号式的语言再次强调产品的高质量：“东方表，时代高科技的结晶”，并点出整则广告的主题：“东方表，屹立东方。”口号简洁、易记，使人印象深刻。这种广告风格在20世纪80年代以前颇受消费者欢迎。

图4.12　浪琴手表报纸广告

如图4.12所示，浪琴女表广告则把宣传重点放在手表的款式上，以满足女性消费者把手表款式新颖与否作为购买标准的心理。广告首先以“纤秀无比，雅丽过人”作为对浪琴女表的高品质定位，暗示浪琴女表的款式能体现女性魅力，增加风采。文案中写到“精装镀金表壳，配以鳄鱼皮名贵腕带”，真是又时髦又华丽。广告既夸耀了自己的产品，又恭维了消费者。

精工手表广告是中国台湾情人节时推出的一则手表广告。因此，这则广告文案的诉求对象是情侣们。广告文案是诗体形式，营造了一种浪漫温馨的气氛以情动人。首先，广告制造了一个悬念以吸引消费者注意。文案中以肯定的语气表示爱不仅需要勇气，更是一种艺术。广告随即对精工表进行定位：是永恒的象征，是高贵的爱情标志，也是天长地久的爱情魅力。这样，广告语已经开始对消费者进行巧妙的诱导。广告至此，并没有明说希望消费者购买，而是宕开一笔，就爱情的虚实发表了独到见解，这正是广告的高明之处。“在我们生命中的某个时候，爱情，应该是看得见的。”广告暗示消费者，在情人节这样特别的时候，精工表就是使爱情看得见的最好礼物。这则广告创造了一个良好的艺术氛围，然而又意在言外，一切尽在不言中。

图4.13　莱因霍尔德·梅斯纳尔

瑞士劳莱克斯手表广告所配的图片是世界著名登山运动健将，被称为“山峰先生”的莱因霍尔德•梅斯纳尔(图4.13)单身一人登上南枷珀巴特峰用自动照相机摄下的留影。广告将手表和名人联系在一起，给人以最优秀的手表的心理暗示，以此打动上流社会人士。广告文案中使用了一种夸张的语言表达，凸显名人对事物的强烈态度。该则广告文案中使用的夸张式的语言其实也是给劳莱克斯手表以高品位定位，然后利用名人效应打动消费者。

同是瑞士名表，雷达手表则以新闻式标题吸引消费者。正文以朴实的语言陈述事实，并用确切的数字来证明雷达表在瑞士这个钟表王国的地位。为增强说服力，广告又以日本为例来说明雷达表在国外的受欢迎度。最后广告详细介绍了雷达石英男女表的外观、性能等。这则广告文案大量使用陈述句，语言朴实，给人以真实可信之感。

上述几例文案的成功再一次说明尽管报纸广告的生产过程带有大众传播产品一般具有的“制式”特点，但它恰好就应成为广告文案经常出新、富于创意的原动力。否则，一则广告很容易淹没在大量似曾相识的信息海洋中。

3．必须保证受众实现一次阅读

现代社会的一个典型特征是信息渠道的日益丰富和信息的泛滥过剩。尽管报纸为受众提供了保存信息、反复阅读的机会，但在现实的传播环境中，受众的生活节奏日益加快，受众的接受心理已发生了巨大变化——从消极被动地接受传媒提供的信息转变为主动积极地寻求信息。除非是他们需要的或感兴趣的信息，一般的信息将无法进入他们的阅读视野，根本不会引起他们的注意。即使是能引起受众注意的信息，受众对报纸的阅读方式也决定了受众对报纸信息是采取略读的方式，而不是首先进入详读。因此，报纸广告文案应力求做到引人注目，表达明确，让受众一次接触即留下深刻印象。试看以下例子。

广告案例

## 龙凤珍馔广告文案

1)
标题：清醇的，不只是龙井
正文：龙凤珍馔，你给清醇的感受
龙凤珍馔小笼汤包
采用国际领先的精湛生产工艺
在纤薄上等的面皮中灌入
经过特殊加工的混合鲜肉汤汁
轻吮一口
香醇浓郁的汤汁立刻溢满唇齿
幼滑口感与味觉来一次完美的贴近
细细品味更能了解馅的精致丰富
有了每一口都是难以形容的鲜美绝伦
龙凤珍馔小笼汤包的100%原汁原味
等你来深情感受！
2)
标题：无瑕的，不只是珍珠
正文：龙凤珍馔，给你无瑕的口感
龙凤珍馔水饺
完美品质足以媲美无瑕的珍珠
精选上等猪后腿肉
采用精湛横纹直切制作工艺
只为保留馅的原味多汁
近20种上等配料，更添无暇口感
纤薄的外皮包裹着至上美味
轻咬一口，唇齿间漫溢绝伦鲜香
味觉质感完全被提升到完美境界
一种无瑕的口感
在龙凤珍馔水饺里，你可切实拥有！
3)
标题：鲜美的，不只是鱼翅
正文：龙凤珍馔，给你鲜美的享受
龙凤珍馔小笼汤包
采用国际领先的精湛生产工艺
在纤薄上等的面皮中灌入
经过特殊加工的混合鲜肉汤汁
轻吮一口

香醇浓郁的汤汁立刻溢满唇齿
幼滑口感与味觉来一次完美的贴近
细细品味更能了解馅的精致丰富
有了每一口都是难以形容的鲜美绝伦
龙凤珍馔小笼汤包的100%原汁原味
等你来深情感受！

4)

标题：珍贵的，不只是钻石
正文：龙凤珍馔，给你珍贵的品位
龙凤珍馔水饺
完美品质足以媲美无暇的珍珠
精选上等猪后腿肉
采用精湛横纹直切制作工艺
只为保留内馅的原味多汁
近20种上等配料，更添无瑕口感
纤薄的外皮包裹着至上美味
轻咬一口，唇齿间漫溢绝伦鲜香
味觉质感完全被提升到完美境界
一种无瑕的口感
在龙凤珍馔水饺里，你可切实拥有！

## 案例解析

如图4.14所示，这则龙凤珍馔广告标题分别为“清醇的，不只是龙井”“无瑕的，不只是珍珠”“鲜美的，不只是鱼翅”“珍贵的，不只是钻石”。这种类比手法的标题，使读者不由自主地想看一看下面的产品介绍，感受一下味觉的鲜美。加之这些创意图片的配合，那种美味不仅仅是停留在优美的语言描述上，更是在视觉上给人一种美味的享受。这样的文案保证了消费者的一次性阅读，并且精彩、准确、形象地将产品的诉求点阐释的淋漓尽致。

图4.14　龙凤珍馔系列广告

4．控制长句和数据

虽然报纸使用的书面语言可以使用复杂的语法结构，而且也可以运用数据、表格等使广告信息更加准确、明晰，但受众对报纸的接受心理决定了受众对于“困难的阅读”会退避三舍，对广告信息的注意更是建立在随意性阅读的基础之上。因此，报纸广告文案中的长句、复句、生僻词语、数据、表格等应使用得当。有这样一则房产广告，标题是：“有可以看见大海、高尔夫，而又安静优雅的中心城区吗？”副标题是：“阳光带•海滨城，全新城区、开放景致，感受新世纪理想滨海生活。”画面上是一片蓝天白云。这样拖沓、缺乏节奏的语言使广告文案给人的印象无疑只能是模糊的。试看以下例子。

**广告案例**

### “松下”彩电97新品“画王大野100Hz”的报纸广告文案

标题：“松下”彩电97新品“画王大野100Hz”

正文：未来境界的生动体现

画王大野100 Hz：以数码科技完善视听文化

高画质的图像：宽屏辉聚显像管

画王大野100Hz采用的宽屏辉聚显像管与Panasonic高清晰度彩色电视机的显像管相同，备有DAF动态聚焦电子枪使聚焦准确，画面清晰；碧明磷光体使色彩高度还原，亮度更高，对比鲜明。

数码科技的全新领域：100Hz数码扫描

与通常1秒钟50张图像的扫描速度相比，100Hz数码扫描方式将扫描速度提高了一倍，实现了更加流畅、稳定的画面感觉，令长时间的欣赏轻松舒适。

全数码图像处理：

先进的全数码图像处理技术应用于画王大野100Hz，实现了从基本频带到色彩解调的全数码化。从而排除闪烁干扰，提高对比度和色彩再现精细度。

质感丰富的立体声系统：四维重低音音响系统

画王大野100Hz屏幕上方的Kelton式重低音喇叭屏幕两侧的多梦柱形喇叭，加之屏幕下方的中央喇叭可再现强劲、清晰的立体声，声音输出功率达50W，具有十足的临场感。

DSP数码式音效式选择：

画王大野100Hz应用DSP数码式音效选择功能，可根据不同声效感受体育场、音乐厅、电影院的逼真音响效果，创造身临其境的感受。

日新月异的观赏系统：数码多视窗

数码检制系统可轻松实现两个不同频道的同时欣赏；屏幕还可分割为12个或16个小画面任意观看和选择，静止功能可随时静止所需的图文信息。

**案例解析**

这一广告文案对受众进行了密集的“术语轰炸”，相信会让普通受众望而生畏。尽管当代科技社会的消费者对科技术语的排斥感已大大降低，但过多的专业术语仍会让大多数消费者产生阅读困难。这一点是文案撰稿人必须想到的。

5．兼及文字与画面

报纸是一种视觉媒介，尤其是在印刷技术发展迅速、纸张品质精良的情况下，报刊广告中文案和画面几乎具有同等重要的地位。因此，在写作报纸广告文案时，要充分考虑文案和画面的配合以及文案与画面的比例。一些特定的广告信息用画面表达比用文字表达更有效果时，文案应给画面留下更大的空间。

如图4.15所示，完美丽人瘦身减肥茶整个广告创意将杯子拟人化，意在表现服用瘦身减肥茶对减肥瘦身有很明显的效果，就连装有减肥茶的杯子都有很明显的瘦身效果。这种夸张的手法，充满了想象力，文案其实是杯子的独白感受，读来令人忍俊不禁。

图4.15　完美丽人瘦身减肥茶系列广告

完美丽人瘦身减肥茶的这幅平面广告，图文并茂，画面与文案相得益彰，融为一体。采用大面积蓝色调背景。运用大面积空白，而在画面的中央，有一个装有瘦身减肥茶的杯子，装有减肥茶部分的杯子都向里收缩，表示用过减肥茶后成功瘦身。广告语是“有效瘦身”，简单、直白，并加之与杯子的形象创意造型相结合，使整幅广告极具震撼力。这则广告充分考虑文案和画面的配合以及文案与画面的比例，明确地表达了该广告的诉求点。对于一些特定的广告信息，用画面表达比用文字表达更有效果时，文案应给画面留下更大的空间。这种广告文案与画面的结合，可以有效地刺激受众的消费欲望。

### 4.2.2　报刊广告文案写作技巧

1．标题要醒目

广告标题是统领整个广告，传达最重要的广告信息的简洁文字。广告标题位于广告的醒目位置，通常选用比其他部分大的字体。其作用是捕捉受众的注意。平安保险的广告标题“谁说办业务还要去柜台？平安寿险，多渠道专业服务随心享受”。在满眼的近乎熟视无睹的广告中，这则广告标题脱颖而出。这则广告标题中包含了醒目标题的3个必备要素：锁定广告主题，创造对话环境，提供利益承诺。以上三点都表明报纸广告标题的制作靠的是策略制胜。

图4.16　中国平安保险报纸广告

在现代报纸中，标题的作用越来越重要。如图4.16所示，平安保险公司的报纸广告，有一个醒目的具有吸引力的标题来为其进行广告诉求宣传。由此可看，报纸标题也日益新颖和醒目。而在报纸媒介上刊登的广告正处于各种醒目标题的包围之中，如果没有醒目的标题，受众的目光就会转向他处，这是很自然的接受过程。假如标题制作缺少上文中提到的3个要素也难以使受众顺利接受。

2．*故事性的内容更容易吸引读者*

普通的报纸读者一般对故事性的内容更感兴趣。尽管广告是在推销一种观念，但不能用说教的方式。广告大师乔治·葛里宾为箭牌防缩衬衫写的广告文案《我的朋友乔•霍姆斯/他现在是一匹马了》，这则广告创意奇特。作者用丰富的想象构思了一个人与马对话的童话故事。人由于衬衫领子收缩窒息而死，变成了马。它在向人诉说自己的遭遇时知道了箭牌衬衫的特殊优点，即经过机械处理不收缩，还有一种独特的特适领，于是高兴得要去告诉老板，以求得更多的燕麦饲料。整个文案因为较强的故事性而变得颇为有趣，又在展开故事时层层诱导，真正做到了从标题开始就吸引读者直到看完最后一个字再想睡觉的效果。文案把箭牌衬衫的特点一一穿插在故事的对话中，绘声绘色地加以叙述。读者在阅读故事的同时不知不觉接受了广告宣传。乔治·葛里宾的成功建立在对商品和消费者的充分了解的基础上。他认为：“写文案的人应该对商品有深切的了解——不仅仅是他对广告实体上的特点——而且要知道哪一类人去买它以及什么样的动机使得他们想去买它。”正因为他对产品的性能烂熟于心，故事中的对话才会写得如此自然贴切；正因为他对消费者受衣领收缩之苦有深切体会，把握住了人们的购买动机，才会构思出人因为穿了收缩后的衬衫窒息而死变成马的童话。

**广告案例**

### 壳牌报纸广告文案

标题：让我们为她守住光明

正文：这个小姑娘长大以后，世界会是什么样子呢？很多专家认为，她会生活在一个能源紧缺的世界。地球人口今天已经达到70亿，预计到2050年还会进一步增加到90亿。因此，如果我们希望为她守住光明，就需要开发所有可能的能源资源。在壳牌，我们正在探索更为多元化的能源组合。我们生产更为先进和高效的燃油和润滑油产品；我们携手巴西的合作伙伴，以可再生的甘蔗为原料，生产生物乙醇；我们还为全球40多个国家和地区供应天然气。用于发电时，天然气的二氧化碳排放量大约只有煤炭的一半。

让我们用创新开启更多能源。

**案例解析**

如图4.17所示，壳牌这则带有故事性的报纸广告，就通过壳牌要为一个小女孩儿守住光明的故事，引出了壳牌投放这则广告的目的。其目的就是壳牌要为当今这个能源紧缺的世界开发出新能源资源。侧面地宣传了壳牌在开发新能源资源方面的技术和能力，以及壳牌的品牌地位。如果没有这样的故事做引导，广大的消费者不会愿意把自己的注意力停留在壳牌要开发新能源的宣传上，因为人们即使每天都在消耗能源资源，但是这些能源的形成和被利用的过程总是很复杂也很不容易理解，所以，人们不愿意关注开发新能源的事情。但是，今天壳牌把开发新能源资源的宣传与要为一个小女孩儿永远地守住光明的故事联系在一起，这样的故事很贴近生活，会使读者联想到自己，或是为什么要为小女孩儿守住光明产生好奇，勾起大众的同情心，从而就会关注这则广告。

这就是故事性广告文案的独特之处，故事可以吸引读者，与读者产生共鸣，从而达到了广告的诉求目的，促进了消费行为的发生。

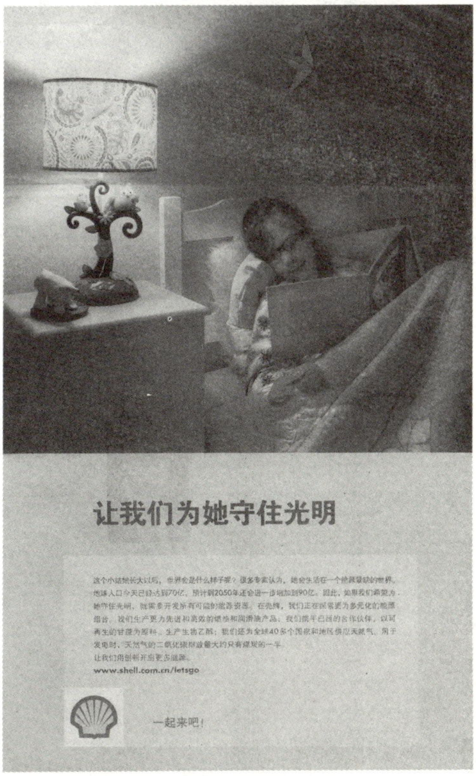


图4.17　壳牌报纸广告

3．正文的长短把握得当

报纸广告文案的长短并没有一定之规。如果广告中介绍的产品特点很多，事情很复杂，就可以使用较长的文案。一般来说，看了标题还继续看文案正文的读者通常就是对广告产品较感兴趣的潜在消费者。根据产品的特定要求，文案可以不厌其烦。大卫•奥格威为波多黎各所做的招商广告是长文案的代表作，被大卫•奥格威称作是他生平所写的最有效果的广告。这个广告给“波多黎各”带来了许多新工业。

广告文案的长短并不是衡量、评价广告文案优劣的标准。行于所当行，止于所当止，关键是符合宣传产品的特定需要和受众的接受心理。如图4.18所示，这两幅报纸广告都有一定篇幅的广告文案，但是其成功之处就在于，即使文案较多但是都围绕主题进行宣传，并且文案内容详细明确，起到了很好的宣传说明作用。

图4.18　正文长短得当的报纸广告

**广告案例**

**法国雪铁龙汽车广告文案**

标题：法国雪铁龙汽车

正文：你猜，法国的“第一夫人”是谁？

法国“第一夫人”与您同行。

**案例解析**

这则广告紧紧抓住消费者的求名心理，以“第一夫人”这一特殊的社会用语指代雪铁龙轿车，暗示了雪铁龙轿车的名流地位，满足了消费者渴望追求身份地位的心理。它没有在产品的有形价值上做文章，而是表现了产品对于消费者的主观价值，而且，惜墨如金点到即止，产生意犹未尽的效果。

如图4.19所示，恒生漆的这则广告画面简约，大胆留白。其背景用绚丽的色彩，给人以丰富的激情，充满了活力感。从恒生漆盒中长出郁郁葱葱的植物处在整幅画面的右下角，占整个版面的1/4，其他3/4都是空白。这一系列的广告创意突出地表现出了恒生漆对环境无污染、健康的广告诉求点。这种大胆的留白给人们的视觉产生了强烈的刺激。广告刊登出之后，抓住了受众的眼球，刺激了消费。

图4.19 恒生漆平面广告

可见在高额的广告费用基础之上的大胆留白，并不是浪费版面，更不是错误。这种手法相反引起了强烈的刺激，吸引了受众，提高了受众消费欲望。在信息爆炸日益加剧、信息渠道日益增加的今天，越明快、干脆、简洁、单纯的信息就越容易被受众注意和记忆。人们的生活节奏日益加快，广告文案创作也表现出简单、明确的趋势。

广告为了追求醒目的效果，总是将版面用文字或画面占满，这样做往往适得其反。由上面几个案例显示，不要使广告文案或图片占满所有的广告版面。图片受众面对太多的文字容易产生心理上的压力。满满的广告空间易使人产生压抑感，而适当的留白反而能衬托主体，使主体更加鲜明、醒目，效果往往更好。但是也不能一味地为了简洁、醒目，使广告版面空洞没有内容。所以说要将广告文案版面的长短把握好，控制在最佳的状态上，这样才能起到完美的宣传效果。

4. 文案应直截了当做出承诺

倘若是通过赠品促销的文案，就必须将赠品写在正文中靠前的部分，而不应转弯抹角。承诺应避免唱高调，华而不实，而应向人们提供有用的咨询和服务。曾有几种减肥产品在报纸上做了内容近似的“减肥加旅游”的广告，如“奎科减肥成功中大奖，百人轻松游香港”“喝中国的宁红，游我们的香港”“喝宁红，成功减肥泰国游”“康尔寿减肥泰国游”等。减肥产品不约而同地在广告中承诺减肥成功中奖旅游，但市场反应并不热烈。最主要的原因可以说是广告中的承诺对消费者来说并不是他们真正需要的。因为减肥者购买减肥产品的目的很单纯，就是减肥。尽管减肥和旅游之间可能有某种程度的间接联系，但这种联系还不足以成为有志减肥者的购买动机。另外，中奖促销的方式屡见不鲜但获奖概率极小，可能性及可信度不高，以此作为利益承诺反而容易使消费者有一定的抵触情绪。总之，直接、有用的利益承诺才是消费者真正需要的。法国苹果联合会所做的一则广告，画面左边是一瓶护肤品，右边是一个红苹果，两者并列在一起。广告语是：“左边：一个很好的护肤品(每公斤约4500法郎)；右边：另一个很好的护肤品，而且口味更佳(每公斤约10法郎)。总之，吃苹果吧。”通过对比，文案说出了苹果物美价廉的特点以及消费者可从中获得的收益，因而很有影响力。

最简单而直截了当的承诺就是直接将广告产品的促销价格清晰地表现出来。如图4.20所示，这样直接的消费信息，更会引起消费者的注意，即使这款产品不一定是读者必须要买的。当看到这种促销价格和原价与潜意识记忆的价格之间有明显差距时，便会促使消费者购买心理的产生。所以，这种商家的承诺是最直接、最简单也是最常用的一种宣传方式。

图4.20 家具产品报纸广告

5. 用日常交谈语言去写

应避免站在内行的角度推介产品，使用不必要的专业术语。过于专业的语言会使阅读者感到厌烦，给人一种生硬的感觉。虽说专业术语比较有说服力，但是缺乏感情色彩。过多地使用专业术语缺乏接近性和趣味性，不易吸引消费者的眼球。用日常交谈语言去写，往往会给读者一种亲切感，会产生共鸣，在很轻松的环境中就能领会到广告的诉求点。

如日本理光传真机的广告语。

**广告案例**

**日本理光传真机的广告文案**

标题：日本理光传真机

广告语：远在天边，近在眼前。

**案例解析**

传真机的最基本功能就是把远处的文件资料传到眼前，广告借用这条俗语的内涵把产品的特性完全体现了出来。俗语本身的节奏感又揭示了传真机快速逼真的特性。

又如四通打字机广告语：“不打不相识”，巧妙、谐趣、形象，可谓妙手天成。

荷兰坎兴顿•特伯公司为自己生产的鼠标器做的广告是这样的：“坎兴顿•特伯鼠标器，世界上跑得最快的‘老鼠’。”这则广告语与画面上占满空间的一只怔怔发呆的花猫相映成趣，突出了该产品性能好、反应快捷的品质。

法国汤姆森电器公司为其洗衣机所做的一则广告运用了夸张的语言：“相信这台洗衣机，您就有9个指头是多余的。”广告暗示人们，只需要用一个手指头控制汤姆森洗衣机的程序键，人们就可以轻松洗衣了。语言虽夸张却又贴切、适当。

广告文案中要力避文字游戏。文字游戏的关键在于卖弄技巧，而文案的最高境界应是大巧若拙。

广告文案最难能可贵的品质是创新、独特，文字游戏式的文案虽然独特却未在消费者心里创出新意，这本身就是一种创造力的浪费。

### 4.2.3 广播广告写作撰写原则

广播媒体在传播广告信息时，所使用的手段仅限于诉诸听觉的符号(如有声语言、音乐、音响)，这就决定了我们在撰写广播广告文案时，必须充分考虑到它的符号特征，努力扬长避短，才能创作出真正有推销力的优秀作品。以下内容将介绍广播广告写作的基本原则。

1．动听性原则

广播广告与报纸、杂志广告不同，报纸杂志广告可以利用其精美或极富创意的画面来抓住读者的眼球，如图4.21所示。而广播广告则不具备这样的优势。

图4.21 创意海报

广播广告无画面、无文字，广播广告的声音具有稍纵即逝的特点，完全靠诉诸听觉的符号传达产品或服务信息，广播广告必须有最动听的听觉符号，才能抓住消费者的注意力，实现促销效果。广播广告听众往往一心两用，注意力不是特别集中。这种收听的随意性决定了这样的情况：听到平淡无味的广告，就会换台或关上收音机，使传递的信息量损耗极大；收听到生动活泼的广告，就会放下手中的活儿，很有兴趣地仔细收听，使传递的信息量充分被收听者所接受。由此说明，广播广告的活泼生动是何等重要，它直接关系到信息的传递效果。所以广播广告一定要用适宜听的原则来设计制作。可听性是声音作用于人的感官产生听觉，引起感受的程度。声音越鲜明，听觉感受越深，可听性越强。试看以下例子。

**广告案例**

**台湾水莲山庄广播广告文案**

正文：(鲤鱼跃龙门篇)

您听过鲤鱼跳跃的声音吗?

这是清晨一点的金龙湖畔，请您侧耳倾听。

多少人一辈子没有听过这种声音，住在和信水莲山庄，这个声音将回荡在您的睡梦里。天天鲤鱼跳龙门，就在和信水莲山庄。

(夜猫子篇)

您听过夜猫子的声音吗?

这里是夜里十二点的金龙湖畔，请您侧耳倾听。

如果您希望晚睡，住在和信水莲山庄，您将不会寂寞。和信水莲山庄，夜深人静，鸟比人忙。

(莲花篇)

您一定看过莲花开放，但是您听过莲花开放的声音吗?

这是清晨六点的金龙湖畔，请您侧耳倾听。

没错，这是一群早起的蜜蜂，正叫着莲花，叫她快开门。和信水莲山庄，愈早起床，人愈健康。

**案例解析**

台湾水莲山庄广播广告，在“动听”上做得十分出色：一方面，在内容上突出鲤鱼跳跃、夜猫子、莲花开放的声音，“请您侧耳倾听”；另一方面，又将优美的有声语言与音响结合起来，让读者在获得听觉的美感愉悦过程中，体验到水莲山庄宁静优雅的自然之韵。所以，广播广告文案撰写的“动听性原则”，指的就是要善于选择那些音感优美而又强烈的语汇，将它与动人的音响、音乐有机融合，给消费者造成一种强烈的听觉美感。

2．具体的原则

人们最初对事物的印象往往是从感性开始，然后后再上升为理性。一般来说，具体的事例要比概括的叙述、抽象的议论来得生动形象，好听好记，印象深刻。请看连云港台制作的这则广播广告文案，整篇广告将发电机的功能作用、使用的燃料、性价比、品牌、厂家等都进行了细致的描述。通篇用事实说话，有说服力。给消费者可靠的信赖感。

**广告案例**

**鲁成牌发电机组广播广告文案**

正文：男：正抗旱，停了电。
女：农民急得团团转。
男：夜自习，停了电。
女：校长摇头把气叹。
男：医院手术停了电。
女：病人生命多危险。
男：不要急，莫慌乱。鲁成牌发电机组送来电。
女：电灯亮，水泵转，病人生命得安全。
男：鲁成牌发电机组真是好，又耐用来又方便。
女：柴油做燃料，物美价又廉。
男：能孵蛋，能磨面，能充电，能电焊。
女：带着电机溜溜转，帮您致富多赚钱。
男：鲁成牌发电机组何处买？
女：曲阜电机厂生产。

3. 简明单一原则

大多数听众把广播广告当成背景媒体，听广播与其他行为如开车、做家事、锻炼身体等是平行发生的，很少完全投入其中，而且广播主要通过听觉传播，没有视觉参与。听广播的非专注状态再加这单一的听觉传播，要求广播广告文案一定要简明单一，用极其单一的诉求和极富冲击力的创意，将主题钻入听众脑海，使其牢牢记住。

**广告案例**

**新科空调广播广告文案**

正文：为幸福而来，中国著名品牌——新科空调。
舒适、清爽、新鲜，您的空气优化专家。
好品质，好生活，新科空调。

**案例解析**

以上是上海广播电台交通频道，每天上下班黄金时间连续投放的15秒广播广告。其没有背景音乐，只有一个浑厚有力的播音演员的诉说声音。这个声音以一种高远有力的和宣告天下的音效感觉，非常有说服力和清晰地将这款新科空调的特性表达出来。没有其他的修饰性的语言和音效，简短、明快。

图4.22　低脂牛奶广告

广播广告严格受时间限制，一般为30秒，长一点的为60秒，而正常的播音速度为每分钟180字，除去为音乐和音响留出空间，还要对重要信息进行必要的重复，留给文案人员发挥的空间并不大，这也是目前优秀的广播广告作品寥寥无几的一个重要因素。为了在有限的时间进行整体气氛的营造，人物的语言该舒缓就要舒缓，该从容就得从容，不能为了在有限的时间里将要说的说完，匆匆忙忙如吵架，要注意节奏和抑扬顿挫，给听众一定的反应时间来理解广告内容。文案人员必须惜字如金，使用的语言要简短、明快，切忌冗长、复杂。这就类似平面广告中留有空白的做法。如图4.22所示，这幅康乐低脂牛奶的平面广告，在单色背景的衬托下，只有一个瘦了身的奶瓶和脱掉的瓶贴以“瘦身搭档”的标题来配合。这鲜明的对比，无须其他的修饰。非常清晰明了地传达了脱脂牛奶的广告诉求点。给受众传达了鲜明的创意，证明了简明单一不代表简单无内容。

4．营造情境、激发联想的原则

人从外界接收信息80%～90%通过视觉获得，广播媒介通过听觉来传递信息，无法向听众展示商品的直观形象，无法像平面广告那样通过画面与文字的配合产生直观的视觉刺激，存在着极其明显的缺陷，如图4.23所示。但广播广告并非一无是处，它有其自身独特的感染力。声音符号传播的信息是不完整的、模糊的，正因为不完整、模糊，所以听众会参与其中，产生丰富联想，赋予广播符号更多的内涵，将声音转化为更丰富、更完美的形象，创造出其他媒介无法再现的情境和美丽世界。广播的感染力还来源于声音

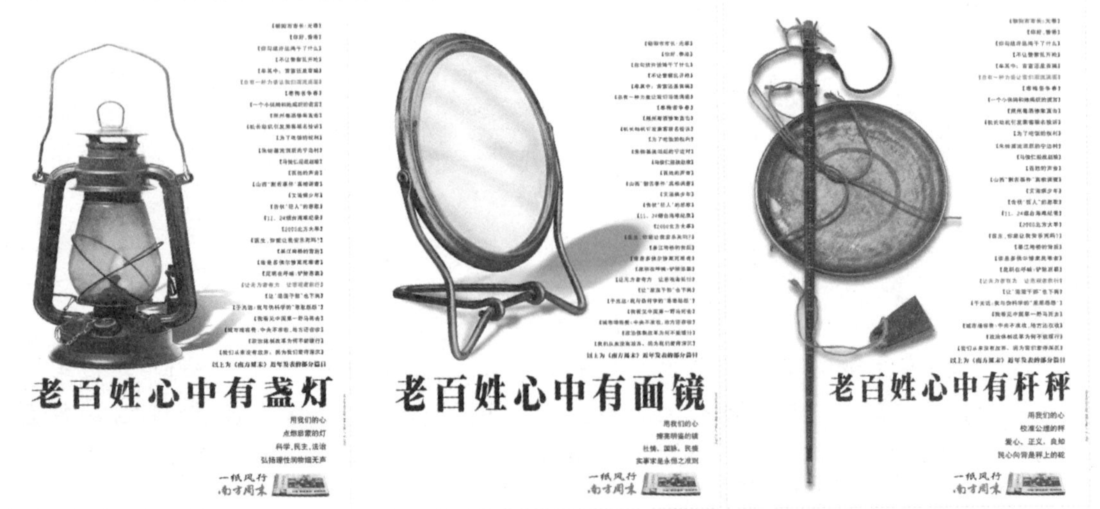


图4.23　南方周末报

的丰富性和形象性，声音通过节奏强弱、长短、疾缓，渲染不同的情感气氛和场面，引起人的情绪波动，通过形象化的语言的调动，让声音插上想象的翅膀，营造一个梦想的世界。所以广播广告的效果在一定程度上取决于人们的想象，因此在创意中应留给人们以想象的余地，使人们的想象力尽量发挥出来，广播广告虽然有缺乏形象力的弱点，但可以充分调动起语言、音乐、音响的造型功能，运用声音蒙太奇，使广播广告不但听得见，而且“看得见”。另外，还可以激发人类通感这种心理联想活动，使广告产品不仅听得见，而且闻得到、尝得到、摸得到。

**广告案例**

**摩力克窗帘广播广告文案**

正文：(音效：拉窗帘，开窗声)

女声：拉开时尚生活之窗，阳光洒满一屋真情。

男声：真情像美妙音符般，流淌在温暖大家庭。

女声：这就是“摩力克”每天与太阳共同托起的光明。

男声：著名品牌之摩力克窗帘、窗纱，绽放浪漫、时尚、高贵、古典艺术魅力，给现代家居增添无限温馨。

女声：愿“摩力克”走进每个时尚家庭！

合：摩力克，心之窗！

**案例解析**

这则广播广告文案运用形象化的语言、简练的句式，营造了诗一般的美丽画面。浪漫、温馨、幸福让人不禁想置身这样阳光明朗、装饰时尚的温馨之家中。此则文案的音乐与音响、语言配合得当，天衣无缝，有一种韵律感和音乐美。不仅给读者带来了听觉上的享受，还营造了一种温馨浪漫的氛围，给听众一次心灵上的旅行。

**广告案例**

标题：宁波茶馆广播广告

正文：现在时兴喝早茶，其实无非是下馆子，没有丝毫喝茶的韵味。喝茶啊，就要讲究清静。坐着传统的仿古太师椅，捧着精致的宜兴紫砂壶，闻着上等龙井的诱人茶香，听着动人的丝竹馨月，看着满堂的书画精品，这才能细细品味中国茶文化的独特雅韵。这也就是宁波茶馆给人的感觉。宁波茶馆，有空来坐坐。

**案例解析**

这则广告将喝茶时的闲情雅致，茶的清香，乐曲的舒缓优雅，满堂的书画精品陶冶描绘得淋漓尽致。仿佛听众此刻已经坐在了宁波茶馆里体验这独特的雅韵。激起人的联想，营造了一个优雅的环境氛围，给人独特的感受。使人有种要急切感受这种优雅、安静的想法。这比看到广告栏中那些似曾相识的宣传茶文化的海报给人的刺激来得更直接，感受更强烈，如图4.24所示。

图4.24　茶文化海报

因此广播广告文案要利用广播广告的优势，营造立体化情境，激发听众的想象，使语言形象化，要运用好形容词和名词，两者具有很强的描摹情境的功能。“枯藤老树昏鸦，小桥流水人家，古道西风瘦马，夕阳西下，断肠人在天涯。”这一首词极尽形容词和名词写景状物之能事，仿佛一幅画面跃然纸上。写广播广告文案也要如此，充分发挥中国汉字的优势，从中国古典文化中汲取营养，使广播广告极具感染力和表现力。

5．亲切性原则

广播广告怎样让人们爱听大有学问，使用亲切感人、热情体贴、甜润柔和的语言，必然会缩短与听众之间的距离，使人感到愉快并强化传播效果。如“蜂花液体香皂”广告文案的开头：“听众朋友，您想使自己的皮肤保持光滑柔嫩、爽洁舒适吗？您想使自己的头发保持光泽柔软、富有弹性吗？请您使用上海制皂厂生产的新型洗涤用品蜂花液体香皂……”此广告一开始就用两个设问句，提出一个听众关心的“护肤养发”的问题，听起来让人感到舒服亲切。

日本著名心理学家斋藤定良先生曾经指出：“根据测定各式各样CM的印象，来研究CM的效果，得到几个有趣的结论。根据常识，通常认为有效的CM一定要有趣，但经过实际研究结果，有趣有印象的CM，未必能刺激购买欲，甚至有人批评有趣的CM是一种游戏。当然，‘有趣’这个形容词，其含义因人之解释而异，但有趣的CM常会偏离本题却是事实。再者，新奇的CM欠缺亲近感，甚至给人不良印象，可是具有亲近感的CM却能带来印象，对购买者意欲有强烈的作用，进而产生好感，有助于激发的功用。亲近感、好感的程度愈高，CM反复的次数就愈多，那么被强化的兴趣也越深。其次，以CM的形式观之，有歌唱形式、背景音乐形式、对话形式和直接形式等，经客观测验结果，歌唱及背景音乐形式是柔和、亲近、令人好感的CM，其他各种形式各有其不同的感受。一般消费者则喜好健全、温柔、明朗的CM，此一结论，已成定则。”应该指出，斋藤定良先生的上述论断，具有明显的二重性：一方面，他的见解是不无偏颇之处的，比如他认为有趣的、新奇的CM缺乏推销力，就失之于武断，因为没有趣味的、陈腔滥调的，平庸无奇的广告(包括广播广告文案)，不可能引起消费者的注意，当然也就不会有任何广告效果。反过来，如果广告新奇而又妙趣横生，就会吸引消费者对它产生极为深刻的印象而取得出色的促销效益。另一方面，他对亲近感的重视，又确实很有价值，尤其是对于广播广告文案的创作来说，更有不容忽视的意义。请看下面的例子。

**广告案例**

**深圳广电集团广播广告文案**

正文：左边点儿，左边点儿，唉！过了。往右，再往右。不对，不对，不对，再回去一点儿，就一点儿。唉！不是上面。下，下，再下一点点。

投广告就像挠痒痒，要找准地方。深圳广电集团广播广告部，我们知道您的需求。

嗯，就这儿！就这儿！

**案例解析**

深圳广电集团广播广告文案完全运用日常口语进行演说。语气自然，创意点幽默有趣。整篇广播广告文案与老百姓没有距离感。运用投广告与挠痒痒都要找准地方才能解决问题的共同特征，将深圳广电集团广播广告部的宣传信息很自然地传达给广大听众。

6. 节奏自然、重复有度的原则

通过字、词、句的恰当控制，使广播广告的节奏和谐，张弛有度。

在字的运用上要适当地押韵，一般在句子的末尾使用韵母相同或相近的字，同时字的声调要平仄结合、抑扬顿挫、起伏有序；在词的运用上要多用发音响亮的词，这样使广播广告读起来朗朗上口、悦耳动听。

句式也能产生节奏感，句子的长短、句式的整散都要注意，在原则上多用短句，短句简洁凝练，容易上口，同时适当地注意句子的对称和排比，使句子更为紧凑、有气势。

广播广告是时间媒介，传递信息转瞬即逝，广播广告没有标题，听众的收听行为是非专注的，很难使听众完全投入其中。因此，广播广告要对主要信息进行适当的重复，如主题、口号、品牌名称等，唯有反复强调，才能加深听众印象。广播广告一般要求在30秒内重复品牌名称3次，才能在听众脑海中形成一定的印象。而商品名称在广告中应做巧妙的重复，使听众听清记牢产品名称或商标等重点诉求。重复的形式有多种，可用歌声反复吟唱，或用顺口溜、快板等形式重复，还可用特定情境中的人物对话来重复品牌。重复中要注意自然、顺畅、巧妙，不要有生硬的感觉。醒目饮料广播广告文案，以对话形式对商品名称重复了8次之多，给人的印象特别深刻。

**广告案例**

**醒目饮品广播广告文案**

正文：学　生：爸爸，我要参加“醒目晨光夏令营”了。

爸　爸：好样的，儿子，希望你成为运动场上最闪亮的醒目仔。

众学生：醒目仔，加油！醒目仔，加油！

学　生：我就是冠军，我就要醒目！

旁　白：醒目——充满美妙气泡的苹果口味，带给你新鲜充满活力的感觉；醒目——点燃你想象与勇敢的激情。

学　生：够爽，够醒目！

**广告案例**

**谭鱼头私家侦探篇广播广告文案**

正文：(神秘的背景音乐——)

男(侦探口吻)：黄太太，你让我们调查的情况，报告已经出来，请过目。

女(高傲地)：哼，还有必要看吗？我不信凭我的厨艺管不住他的胃？

(翻阅报告的声音)深南中路2038号？

男：黄太太，准确地说，你的厨艺确实十分精湛，但你丈夫也确实每周4次去了深南中路2038号，谭鱼头爱华店。(餐馆的嘈杂场景垫底最后一句)

女：嗯？谭鱼头？深南中路2038号是谭鱼头爱华店？(惊讶)

男：是的，谭鱼头——辣而不燥、鲜而不腥、入口窜香、回味悠长。啧啧……啊……

(男子表现滋味无穷，自我陶醉的状态，最后加搞怪的特效)。

男(诱惑地)：谭鱼头，让你管不住的味(胃)！(混响)

**案例解析**

这则案例运用小品式的广播广告文案写作类型。在这有趣的故事当中巧妙地反复提到谭鱼头饭店名称和饭店的地址。这则广播广告的故事本身就很有趣，很吸引人，给人带来乐趣的同时留下了深刻的印象。激起了人们迫不及待想去尝试的消费欲望。但是这则广播广告文案还多次提到“谭鱼头”店面和“深南中路2038号谭鱼头爱华店”的地址，这不仅给人留下了深刻的印象还说明了详细的地址。

7. 便于记忆

要用各种手法，使广播广告听来便于记忆。可使用押韵、对仗、四字格、广告歌、前后照应等手法，对语言文字按照人们最佳记忆规律排列组合，听起来清清楚楚。例如，速效救心丸的广播广告文案。

**广告案例**

**“速效救心丸”广播广告文案**

正文：(心病还得心药医)

天津第六中药厂速效救心丸，一片爱心，让病人安心、舒心、省心，全家好开心！

(广告歌声)

“速效救心丸，一片爱心，让病人安心、舒心、省心，全家好开心。”

天津第六中药厂速效救心丸，一片爱心！

**案例解析**

江苏台制作的“速效救心丸”广告，语言简练、鲜明，中间配上广告歌，使人把“救心丸”与“爱心”相连。从人的心理情感上引人产生共鸣，给人留下深刻印象。

8. 对比的原则

恰当地运用对比的方法，可以突出产品的优点和效果，在比较中印象更为深刻，这也是广播广告创作中的一个有效方法。试看下面的例子。

**广告案例**

**宁红减肥茶广播广告文案**

正文：去年体重86，今年体重68，要问奥秘在哪里，呵呵，常饮宁红减肥茶。

**案例解析**

大连台制作的“宁红减肥茶”广告，将喝茶前与喝茶后的体重相比，用清晰的数字差距激起了人们对“宁红减肥茶”的需求欲望。这种鲜明的数字对比写作方式，对广告的宣传和引起受众的注意起到了非常大的作用。

这种对比原则的广播广告文案写作方式，在对比中能更明确地表现出所要宣传产品突出的卖点。这种对比形式会使得海报传达效果十分突出。图4.25所示的广告通过中西方两个儿童的童年趣事的对比，来突出中西方文化和教育方式的不同。这种对比效果明显，引发人们的思考，给人留下深刻的印象。这与广播广告文案的对比手法有着相同的宣传效果。

图4.25 “我的童年”海报

广播广告文案写作除了以上介绍的基本原则外，还有其他技巧：①口语化。这就要求在广告文案撰写时多用口语词汇，少用书面语，除非特殊需要，尽量不用文言词汇，将单音字改为双音词，多用短句，多用语气词。②利用声音创造特色。③写出情趣，写出幽默。④写声音不要写画面。

## 4.3 传统媒介中广播广告类型

广播广告可以依据不同标准分成很多的类型，例如根据广告主购买方式的不同，可分为联播广告、插播广告、报时广告、提供节目广告等；根据时长分类，可分为60秒、30秒、15秒、5秒等；根据广播广告节目内容，可分为分类广告、特约广告、专题广告、公益广告、插播广告等；根据呈现状态分为录播广播广告和直播广播广告。

广播广告表现形式是由广告内容决定的，由于广播广告内容具有多态性，广播广告表现形式也就多种多样，很难将现实生活中丰富多彩的广告形式完全归纳在内。广播广告文案分为以下几个类型。

### 4.3.1 日记体

日记体就是用日记的题材和形式进行广告诉求的宣传。这种类型大多描述的是借虚构的广告产品使用者所见、所闻、所作、所为、所思、所感，来表达自己在生活中使用某产品产生美好的切身体验。形式活泼、行文自由、不拘一格，读起来亲切有味，如临其境，有很强的感染力和可信度。试看以下例子。

**广告案例**

### 纪念改革开放三十年系列之我的三十年广播广告文案

正文：1978年，我8岁，和山村里的小朋友一起做着游戏。1988年，我上高中，从收音机里知道了奥运会。1998年，我参加工作了，通过电视通宵达旦观看法国世界杯。2008年，我带着儿子在北京国家体育场鸟巢亲历了北京奥运会的开幕。

旁白：三十年，改变的不仅仅是我们的角色，也改变了世界的焦点。

**案例解析**

这则纪念改革开放三十年的广告，就是一个典型的日记体广告。这是以一个20世纪70年代出生的人的经历为线索。描述他经历的国家的各大历史性重大事件。描述他当时的状态及他的所做、所闻、所感。简单真实，有感染力。让听众有种回到那个年代，亲身又经历了一番当时事件的感受。

## 4.3.2 直陈式

直陈式又称直截了当式，由一位或两位演播人员进行的，直截了当地把产品、服务或企业的广告信息以语言播报形式传递给消费者的一种广播广告文案表现形式。这是广播广告中见得较多的一种广告形式，也是最基本的表现形式。这一类型的广告在表现上最为简单，以平、快的方式传达信息，简明、直接、时效性强，能将广告信息明确无误地进行传播，对关键信息可以做强调与重复，同时制作费用也比较低廉。但是这类广告形式比较单调，难以引起听众强烈的兴趣或好奇心，如果在遣词造句上不够活泼，容易流于平淡、枯燥，因此就很难在听众心目中形成记忆。直陈式广告文案写作看似简单，实则对广告语言的要求极高，要求诉求准确、主题突出、清晰有力。这类广告不宜过长，播报上应节奏明快，口吻轻松，减少消费者的枯燥感。为了拉近与消费者之间的距离，广告可以多使用“您”“你”这样的第二人称进行播报，让消费者感觉播音员是在与自己交谈。在语言风格上，这类广告可以多做突破，尝试用新鲜的风格来冲淡形式上的单调感。为使这类广告更具生动性，一般会配上背景音乐，有时会加上音响，以加强广告的感染力。

**广告案例**

### 夏威夷电话公司广播广告文案

音效：电话接通声

正文：播音员：喂，我是丹尼，你知道这些天打国际电话，比平时更物有所值，你知道夏威夷电话公司公布了一项用户累积计划。每打一次国际电话，每一分钟，你的电话账单上就会积上10分，还有其他一些好东西。所以，如果你往国外打电话，一定要用夏威夷公司的。好好利用他们的用户累积计划。

**案例解析**

这则广告将播音员设计成正在打国际电话的普通用户。对听众来说，听广告就像听到播音员在跟自己讲电话一般通俗亲切。播音员在语速、语调的处理上张弛有度，感染力强，弥补了直陈式广告平淡枯燥的不足。广告刻意使用了一些看起来浪费时间的语言，比如说："你知道"这样不能传递广告信息的语言就出现了两次，其目的就是为了口语化，获得听众的好评。广告中"夏威夷广告公司"和"用户累积计划"都出现了两次，而且都是在被强调的情况下出现的，这种适当的重复有利于人们记忆。

直陈式广告文案由于形式单调，因此要充分调动思想的魅力和语言的感染力，以创意新颖和语言的简洁凝练取胜。

### 4.3.3 对话式

由两名或两名以上的演员或播音员采用生活中常见的对话方式、问答方式，传递广告信息，向消费者展现产品或服务的特色、性能、利益承诺以及消费者的反应、获奖情况等。由于广告信息以一种聊天的方式呈现，有问有答、轻松自然，没有直陈式广告的严肃刻板，而且可以很自然地将产品重要信息如品牌名称进行多次重复，不会引起听众对广告的反感。在实践中，这种广告形成了一定的模式：一种为介绍说明式，由两人一搭一唱，将产品特色呈现出来；另一种为问题解决式，一人遇到某一问题，另一人提出解决问题的办法。这种方式失去了新奇性、独特性，生活气息浓厚，但吸引力有限。因此在对话的创作上，要写出新意和特色，使广告喜闻乐听。

**广告案例**

**1062车主宝典(航班查询篇 )广播广告文案**

正文：豆豆(欢快，跟着音乐一起哼唱)：你知道我在等你吗？你是否真的在乎我？啦啦啦啦……

母亲(惊慌)：豆豆，你还在唱什么？都什么时候了？还不快出门？

豆豆(音乐还在继续)：妈——你喊什么？吓死人了！

母亲(着急)：豆豆呀豆豆！你说你才多大呀，就这么健忘？今天不是你好姐妹姗姗从北京飞过来吗？都三点了，你怎么还不去接机啊？

豆豆(慢悠悠)：妈，看把你急的？我早就查过了，飞机晚点两个小时啦。

母亲：谁说的？不是三点到吗？

豆豆(手机按键声)：你看，我从1062车主宝典上查询的！

男标音：1062车主宝典，不用行不通！

**案例解析**

这是为1062车主宝典做的告知性广告，它并没有将1062车主宝典是以一款实时路况查询功能为主的超小型免费手机软件，兼有打折优惠、天气预报、新闻资讯、违章查询等。这一系列信息用直截了当的方式表现，而是充分利用广播通过声音传播的特性，通过母女对话的一个生活场景，由此产生了戏剧性和喜剧感，将广告说得趣味十足。显得更自然，更亲切，更具有生活气息，更能引发消费者对广告及广告产品的好感。

### 4.3.4 广播节目式

广播广告如果以广播媒体某一节目形式出现，就称为节目式广播广告文案表现形式。试看下面的例子：

**广告案例**

**提醒刷牙的广播广告文案**

正文：早上好啊！听众朋友。起床以后您刷牙了吗？用的是什么牙膏啊？我告诉您，中华牙膏有果香的浪漫，用了以后会有清新的感受，您试试看。(傍晚昆虫的叫声)亲爱的听众晚上好，临睡前可别忘了刷牙啊，装了假牙的朋友，睡前取下您的假牙，浸泡在美加净假牙清洁液中，明天早晨您又有一副清洁一新的假牙了。晚安！

**案例解析**

这是一则广播节目式的广播广告文案。这则广告文案巧妙运用广播节目按时间段播出的特征与这广告按时间提醒的特点相联系，顺理成章地将广告宣传信息自然地表达出来。这种特殊的广告广播宣传形式非常新颖，给听众留下了深刻的印象。

### 4.3.5 现场新闻式

这是一种利用新闻现场报道的方式，将新闻事件与传播广告信息十分自然地结合在一起，使广告具有较高的可信度和说服力。试看下面的例子。

**广告案例**

**“沈阳红药”广播广告文案**

正文：辽宁人民广播电台，听众朋友们，现在我们在沈阳市人们体育场内向您转播辽营队同东宝队的足球比赛的实况。

现在比赛已经进入了关键时刻，辽营队18号断球，带球突破，过了一名队员，又过了一名队员，第三名队员上来阻截。东宝队9号队员倒地铲球。不好，18号队员摔倒了，看样子摔得不轻呵！

(旁白)不要着急，我们有个优秀产品——沈阳红药！

**案例解析**

辽宁人民广播电台为“沈阳红药”制作的这一广播广告，将他们对辽营队与东宝队进行足球比赛的实况转播录音进行了剪辑，选用了与广告产品有关的片段，如18号运动员受伤不轻，需要及时治疗，于是巧妙地加上一段旁白，将广告产品“沈阳红药”自然而然地推了出来。由于现场转播具有无可怀疑的真实性，使消费者对广告产品充满了由衷的信任感。

### 4.3.6 广播剧式

广播剧式是一种以话剧为基础，配上相适应的音乐、音响或旁白而形成的一种广播广告文案表现形式。试看下面的例子。

**广告案例**

**邻里关系公益广播广告文案**

正文：(音效：电视机里播放紧急求救的场面。戛然而止。)
女：真讨厌！刚到热闹处，就停电了。
男：嘿！搬来第一天就停电，真够倒霉的。
音效：按门铃声
男：来啦，来啦！
女：谁呀？停电了还串门？(走动的声音)
(开门声)
孩子：阿姨，你们家有蜡烛吗？
女：没有！(没好气)
音效：哐的一声，门关上(音效夸张一点)
女：刚搬进来就让小孩来借东西，这往后还怎么相处啊？
男：贪小便宜也没见过这样的。
女：好啦，好啦，赶紧找蜡烛吧，看看有没有，黑灯瞎火的！
音效：门铃声，开门声。
女：怎么又是你？(音效淡入)
孩子：阿姨，这是妈妈让我给你送的蜡烛。
(音乐渐强)
旁白：屋里亮啦，心里也亮啦！

**案例解析**

中央电台发布的这一宣传邻里关系的广播剧式广播广告文案，值得我们认真借鉴：第一，广播剧既是一种戏剧形式，当然就得设置戏剧冲突，上引文案表明，要写出优秀的影视广告，首先必须设计出尖锐的戏剧冲突，否则就不能吸引消费者。第二，要将渲染气氛的音响、音乐写在括号中，便于制作，更重要的则在于可以强化广告传播效果。第三，要通过上述两点突出广告主要诉求点，如上述文案就通过小孩子纯真的感情和阿姨心中的狭隘之情产生了冲突，将广告主题揭示得清楚明白、十分有力。

### 4.3.7 小品式

用戏剧小品的形式，通过人物语言、音乐、音响营造一个特定的情境，把广告所要传达的信息用一定的故事情节来表现。这种类似广播短剧的形式有一定的情节和戏剧冲突，生动有趣、充满张力、引人入胜。小品式的广播广告多以生活片段的方式来呈现，展现生活中的某一个情节，有时也以神话传说为题材，将产品信息穿插进去，增强吸引力和趣味性。

**广告案例**

**环境保护(审讯电池篇)公益广播广告文案**

正文：(模拟古代的公堂上的审讯场面、京剧背景音乐)

(威……武……)

男：把两名犯人带上公堂！

(排版声)

犯人纽扣电池，你污染了60万升的海水，杀害了众多的海洋生物，还有你，犯人1号电池，你使得一平方米的土地不能再利用，还产生了有害物质，严重妨碍了农作物的生长。你们两个，知不知罪！

男、女合：冤枉啊，大人！

男2：小人本来打算告老还乡，回到属于我们的废电池回收箱，可是人类用完我们以后，就随处乱扔。

女：大人，有罪的应该是那些把我们随意丢弃的人才对啊！

男1：唔，说得有理，来人……，把真凶缉拿归案！

众人：是！

男(旁白)：不想成为破坏环境的罪人，请把废旧电池投进回收箱！

女(旁白)：使地球充满生机，共建你我的绿色家园！

**案例解析**

这则公益广告以一种非常有趣的形式，呼吁大家保护环境。其题材类似广播短剧的形式，有一定的情节和戏剧冲突，生动有趣、充满张力、引人入胜。在欢快轻松的环境下传达了广告的宣传信息。

### 4.3.8 广告歌曲式

广告歌曲式是指将表现广告产品或服务的优异性能、品牌名称、情绪情感等广告所要诉求的信息写进歌词，用歌曲的方式来表现的一种广播广告文案表现方式。有时为广告产品作词作曲，量身定做，有时用旧曲填上新词。这种形式引人好感，容易传唱，便于记忆，歌曲的风格对树立品牌形象具有决定性的作用。当然，歌曲式广告并不一定要一曲到底，也可以少量穿插人物语言，以便补充歌曲中不易突出的内容或强调突出重要的信息。

**广告案例一**

## 步步高复读机“你是我的baby”广播广告文案

正文：张惠妹领唱：你是我的姐妹
众女合唱：你是我的姐妹
张惠妹：你是我的baby
众女：你是我的baby
张惠妹白：步步高复读机，学外语更容易

**案例解析**

“姐妹”这首歌节奏欢快，在青少年中有很高的知名度，几乎人人会唱，这则广告抓住张惠妹在歌唱中夹杂英文的特色，将“步步高复读机，学外语更容易”传递出去，借“姐妹”东风提高产品知名度。

**广告案例二**

## “丽江花园洋房”广播广告文案

正文：(家庭合唱，旋律为“can you feel the love tonight”)
这夜何等温馨美丽
和平晚风轻吹
宁静世界
无声地赞美着
人间的小东西
这夜何等温馨美丽
温馨涌心底
(柔和，磁性男声)重拾和谐生活真谛，丽江花园洋房现正发售。

**案例解析**

电影“狮子王”中的插曲“can you feel the love tonight”曾获全球最佳电影主题曲，旋律优美动听，充满了夜的甜蜜和温馨，最适合表现家的氛围和感觉。“丽江花园洋房”广播广告将其重新填词，巧妙地借用“狮子王”电影在全球的影响力，将“丽江花园洋房现在发售”的信息加以传播，使插曲风格与产品定位相契合，同时也塑造了品牌形象。

由于广播广告适合浅层次诉求的局限性，它比较适合传递告知式的简单信息，广告歌曲的目的在于用目标受众爱听的歌曲来向他们打招呼，用歌曲的个性来包装品牌的个性，因此广播广告歌曲一般不要求听众完全理解歌词所写的内容，重点一般在最后独白的部分。

广播媒体放送的广告歌，一般可分为吟咏型、冲击型、产品印象型、强化气氛型等。但不论何种类型，都存在着不少共同之处。台湾著名广告学家樊志育先生认为，广告歌的共同特性主要体现在下列几个方面。

(1) 感化性，也可以说是诱惑性，是“药丸”上的“糖衣”。

(2) 煽动性，这是音乐旋律感应人类身心的必然性。

(3) 传播性，这是指简单明了具有娱乐性的歌曲。

(4) 反复性，话说多了会引起反感，像啰嗦的卖狗皮膏药，而歌唱有旋律美，是越听越顺耳。

(5) 诉求对象的广泛性，只要有听觉的，不分男女老少，识字与否，都会唱，会唱就有印象，而且间接在受众中有了广告作用。

(6) 塑造印象性，由于“熟知现象”及知觉的联合，是重复视听，是旧经验与新印象联合的结果，如钟声与寺庙、圣歌与教堂的联想。

(7) 购买时点的再生性，时点就是购买东西的时间地点，再生就是把过去记忆重新唤起的意识，意识是可以支配行动的，因此购买时点的再生，就是消费者在商店里指名的要素。

应该指出，樊志育先生的见解相当精辟地概括了广告歌曲的性质和功能，加深了我们对广播广告歌曲形式重要性的认识，对于我们努力创作出具有较大艺术感染力，又具有较强推销力的广告歌曲，无疑有着重要的启示。

### 4.3.9 传统曲艺式

传统曲艺式利用中国的传统曲艺形式，包括戏曲、相声、快板等来传递广告信息。戏曲、相声、快板、评书等都是中国老百姓喜闻乐见的传统曲艺形式，文艺性强，容易被听众所接受。

1. 戏曲式

戏曲式是通过中国老百姓所喜闻乐见的各种传统的戏曲方式来传播广告信息。戏曲往往具有较强的地方特色和针对性，只适合特定的群体欣赏，因此采用这种形式时要考虑到产品的特色，选择与目标受众最为契合的剧种和戏段。在写广告文案时，文案人员需要创作戏曲剧本，设定特定的曲调，并配上唱词和道白，还有各种乐器如二胡、锣鼓等的配合，这就要求文案人员本身对某个剧种较为熟悉，对一些著名唱段了如指掌。在进行制作时需要请专业戏剧演员、乐器师进行演播，各方面要求较高，一般情况下选择听众喜闻乐见的唱段，尽量少用唱腔，多用对白，这样容易为听众接受。

**广告案例**

**羔羊酒广播广告文案**

正文：(京剧探子上场锣鼓……)

探子：报……启禀丞相，司马懿15万大军离西城40里安营扎寨。

诸葛：再探……

哎呀，想我西城乃是一座空城，这便如何是好？噢噢噢有了，想我诸葛一生从不弄险，唯有设下空城之计，方可骗过司马懿，来呀……

老军：丞相有何吩咐？

诸葛：命尔等速备琴棋设于城楼之上。

老军：是……

诸葛：慢，再取羊羔美酒，摆设于西城之外，准备犒赏司马大军。

老军：丞相，这种羊羔美酒上哪儿弄去呀？

诸葛：老夫听说成都彭市羊羔美酒厂已经酿制出这一传统美酒。前日老夫已命人采购回来，后营搬取。

探子：是，后营搬取成都彭市羊羔美酒啊。

(京剧锣鼓)

2．快板式

快板式以快板这种为听众所喜欢的艺术形式来传播广告信息。快板，又称“顺口溜”“练子嘴”“数来宝”等，快板式的广播广告也为广大听众所喜爱。快板式广告文案需要写唱词，唱词句式灵活，一般为七字句，也可在此基础上适当变化，增字减字。这类广告节奏明快，语言讲究合辙押韵，说起来特别顺口，容易记忆。

**广告案例**

**“强化拉链”广播广告文案**

正文：拉、啦啦啦，拉、啦啦啦
强化拉链用处大，
服装、箱包都用它，
选拉链，要强化，
强化拉链顶呱呱，
意大利设备来制造，
不脱齿，不掉牙，
咬牙切齿任你拉。
拉，啦啦啦，拉、啦啦啦
强化拉链顶呱呱，顶呱呱。

3．相声式

相声式是以相声这种为广大群众喜闻乐见的曲艺形式来传播广告信息。作为中国一种古老的民间曲艺，相声以说、学、逗、唱为艺术手段，长于幽默讽刺，也善于歌颂新生事物。形式有单口相声、双口相声和3人以上群口相声3种，其中双人对口相声更为普遍。相声式广告文案要善于抖包袱，设伏笔，以增强文案的吸引力，在其中插入一些语气词，使文案变得生动活泼，富有感染力。

**广告案例**

## 禾丰饲料广播广告文案

正文：(相声表演片断)
甲：人有人的语言。
乙：是啊！
甲：动物也有动物的语言。
乙：对啊！
甲：你能听得懂吗？
乙：能啊！
甲：那你来听听这段。(出“牛叫声”音效)
乙：这不是说“吃禾丰饲料，长肥膘”吗？
甲：你再来听听这段。(出“公鸡叫声”音效)
乙：这个的意思是“禾丰饲料，味道真好！”
甲：还有一段。(出“羊叫声”音效)
乙：说的是“禾丰饲料，营养真高！”
甲：哎，全是禾丰啊！
男播：禾丰饲料，有口皆碑。辽宁禾丰牧业集团。

**案例解析**

这则相声式广告文案从解说动物语言入手，用对解释各种动物发出的声音进行创作，从而引出中间风趣、诙谐的对话，引人发笑，同时也将禾丰饲料品牌的特色、作用极其自然地宣传了一番。

4．评书式

评书式以评书这种在广播上久盛不衰的民间曲艺形式来传播广告信息，一般由一位评书演员播讲来表现与广告信息传达有关的各种人物和故事情节。评书以北京语音为标准语音的普通话语播讲，使用口头语言说演，在语言运用上，以第三人称的叙述和介绍为主。

**广告案例**

## “摩西爽口液”广播广告文案

正文：下面请听评书小段——“济公外传”

话说济公虽为出家人，却每日酒肉穿肠，倒也逍遥痛快，只因饮食不忌生冷，消化不良，落了个口臭的毛病，使他非常烦恼。

济公正在烦恼之际，巧遇知名人士“黑又亮”，它拍着济公的肩膀说：“老先生不必烦恼，我知一宝，能杀菌防腐，专治口臭、烟臭、牙周炎。”

“此宝何名呀？”

“乃摩西爽口液。”

“好，我前往取此宝也。”

(唱)“鞋儿破，帽儿破……”

# 4.4　传统媒介广告文案示例

## 4.4.1　报刊广告文案示例

1. 海尔冰箱广告

这是海尔集团的冰箱系列广告，如图4.26所示，第一组图以展示海尔冰箱在世界各地为诉求内容，是在全世界范围内都受到欢迎的产品；第二组图以展示海尔冰箱得到世界级的认证为诉求内容，在世界各地受到欢迎；第三组图以展示海尔冰箱生产理念为中心宣传产品。为便于人们进一步认识海尔冰箱的国际品牌形象，系列广告设计考虑了受众接受信息的连续性和表现形式的完整化，使得每幅画面采用了左边部分为插画、图片，右半部分为文字的表现形式，整个画面除图片内容、文字内容有区别外，庄重醒目的“海尔冰箱”这4个黑体字的大小、位置始终没有改变。这充分地体现了系列广告创意策划的统一性和风格的一致性的特点，但其每张广告的标题内容和表达的诉求点又不相同，这又体现了系列报刊广告统一中差异性的特点。海尔冰箱报纸系列广告其风格一致，并且其广告语应用了相近的句式带有整体的关联性，这将每个单篇广告像串项链一样串在一起，形成了系列性。而这则广告的成功之处就是在于具有整体的关联性和创意策划及风格的一致性的基础之上又体现出了多样的变化性。将每个诉求内容不同，中心宣传不同的单篇广告串联在一起形成系列广告。

图4.26　海尔冰箱报纸广告

2. “舒味思”柠檬水广告

**广告案例**

### “舒味思”柠檬水广告文案

标题：“舒味思”的人来了

正文：英国伦敦“舒味思”厂派出的惠特海先生来了。“舒味思”厂自1974年即为伦敦的一家大企业。惠特海先生来到美国各州为的是调查此地生产的每一滴“舒味思”奎宁柠檬水是否都具有本厂所独具的口味。这种口味是长久以来由“舒味思”厂制作的全世界唯一的杜松子酒及滋补品的混合物形成的。

惠特海带来了“舒味思”独创的秘方，而“舒味思”的碳化秘方就锁在他的小公事提包里。他说：“舒味思”有一整套毫厘不差地地道道的制法。

“舒味思”历经百余年之经验，才产生出了奎宁柠檬水这种半苦半甜的完美口味，你把这种奎宁柠檬水和杜松子酒及冰块混合在高脚杯中，只需30秒钟。然后，高雅的读者，你将会由于读了上述文字而赞美这一天。

**案例解析**

这则广告是广告大师大卫•奥格威的得意之作。其成功之处在于别出心裁地推出了广告主惠特海先生本身，以其人之形象宣传其人之产品。广告文案配合画面上惠特海先生的形象大获成功。在广告画面中，创作者以3套道具来烘托客户形象：贵宾级的专机、红地毯；礼帽、手杖和西服；神秘的手提包。而广告文案又以文字着力渲染惠特海作为“舒味思”产品代表的不俗身份、绅士气度，以及最重要的独一无二的“舒味思”的个性。透过惠特海先生那透着诚实、坦然自信和严谨的目光，读者更能体会文案不惜笔墨塑造惠特海先生形象的深意。爱屋及乌心理使读者首先认同惠特海其人然后认同惠特海的“舒味思”其物。这则广告的成功使得惠特海真的成了大众喜爱的名人，而“舒味思”也一直是名牌饮品，受到消费者的喜爱。

3. 日本索尼电视机报纸广告

**案例解析**

日本索尼电视机的报纸广告，如图4.27所示，突出强调产品高清晰度的品质。标题意为“还是SONY好”，美好的影像给人以质量永远是第一重要的印象。这则广告体现了报刊广告趣味性的特点，广告展现了一头驴误将电视机里的胡萝卜看成了现实生活中摆放在桌子上的胡萝卜，而去吃的画面。这一趣味的图片精准地展示了电视机高清晰的品质特征。这样的画面极易吸引人的眼球并能给人留下深刻的印象。这则广告遵循了报刊广告写作要有醒目的标题的特点，因为标题不仅可以起到传递信息的作用，而且要达到促进消费的目的。报纸广告不同于广播、电视广告文案，它十分重视标题的创作。一个好的标题在3秒钟之内就能抓住读者的眼球，吸引读者的注意，给人留下深刻的印象。虽说这则广告有醒目的标题，但其画面的吸引受众注意力的能力与标题的吸引力相当，甚至要高于其标题的吸引力。这也就体现了报刊广告文案写作的另一个特点——兼及文字和画面。有些广告中过多的广告文案给读者带来了视觉的压力和反感导致读者放弃广告的阅读。又有些广告文案或标题表述的语义过于转折和委婉，使读者不能第一时间领会到广告宣传的内容及其诉求点。所以在广告文案写作的时候要考虑到文字和画面的和谐配合，遵循广告文案写作兼及文字和画面的技巧。

图4.27　日本索尼电视机报纸广告

4．贝克啤酒的一则广告

**广告案例**

**贝克啤酒报刊广告文案**

标题：禁酒令

正文：查生啤之新鲜，乃我酒民头等大事，新上市之贝克生啤，为确保酒民利益，严禁各经销商销售超过七日之贝克生啤，违者严惩，重罚十万人民币。

**案例解析**

如图4.28所示，此广告文案借用了公文中“令”的写作形式和语言风格特点，将广告信息用规范的公文形式表现出来，产生了一种独特的说服力。整个广告文案句子结构简要、语言表达严正，使人感受到贝克生啤制造商对推出这一营销新举措的严肃、认真、深究的态度。同时，用如此严正的形式来表达，令受众领悟到创意者所提供的幽默玄机。会心一笑间，印象深刻。

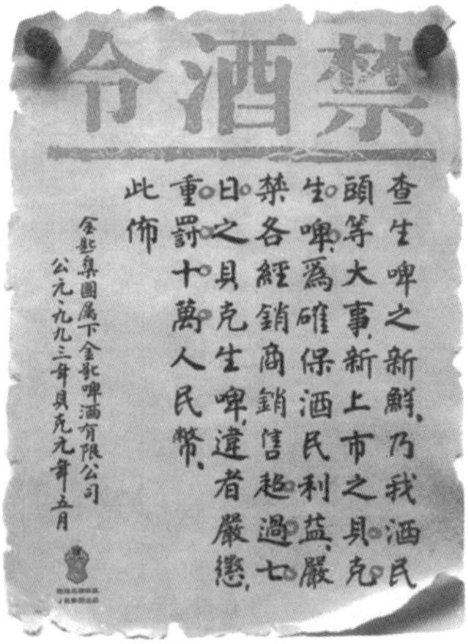


图4.28　贝克啤酒报纸广告

## 4.4.2　广播广告文案示例

1．北京同仁堂蜂王浆口服液广播广告

**广告案例**

**北京同仁堂蜂王浆口服液广播广告文案**

正文：(出《乡村爱情》主题曲)

王木生：爸，咋没精神头呢？

王大拿：这不你婶，总觉着累，吃不下饭，睡不好觉。

王木生：哎呀，我爸心疼我婶了，呵呵……

王大拿：哎呀，哎呀啥呀，赶紧打听配方，给你婶治病，抓紧办啊！

(音乐转场——鞭炮声欢快喜庆音乐压混)

王木生：爸，同仁堂来了，同仁堂来了！

王大拿：糖不行！不知道你婶有糖尿病啊！(笑声)

王木生：不是那个糖！是北京同仁堂蜂王浆口服液！(滑稽音效)

王大拿：能行吗？

王木生：爸，这口服液老好了！我婶喝了它，准保吃得好！睡得香！

王大拿：妥了！就它了！那赶紧买去啊！

王木生：爸，不用着急，打个电话就给送！

王大拿：哎，你叫他先送我这，我再给你婶送去，就说我特意上北京给她买的！(笑声)

王大拿：(自言自语)同仁堂蜂王浆，我和大脚那事可就指望你了！(笑声，掌声)

女旁白：同仁堂蜂王浆，让您胃口好，睡觉香！

**案例解析**

这则广告利用百姓皆知的《乡村爱情》的人物角色形象，运用东北方言和生动有趣的聊天形式，表达北京同仁堂蜂王浆的广告宣传特征，这样的运用更有说服力。文案写作口语化，给听众亲切感和信赖感。这则广播广告以生活片段式的形式，更贴近生活，听众不会感到陌生。在对话中很自然地多次重复提到北京同仁堂蜂王浆口服液的名称。这种有秩序的重复不牵强而且给听众留下了深刻的印象，在轻松、自然、娱乐中清晰地表达了广告的诉求点。

2．OK便利店广播广告

这则广告将OK便利店优异的服务、产品的鲜美和便利给顾客带来的幸福情感等广告所要诉求的信息写进歌词，这种形式引人好感，容易传唱、便于记忆。这首广告歌曲的风格与OK便利店的品牌形象结合得非常和谐。这则广告没有将广告歌曲一唱到底，其中插入了人物语言，来补充歌曲中不易突出的内容，或强调OK便利店是顾客最便利的快乐驿站等品牌形象信息。

**广告案例**

### OK便利店广播广告文案

正文：A：欢迎光临OK便利店，是你呀！什么事这么开心啊？

B：哈哈，今天球队比赛赢了，过来买点吃的庆祝一下，

你挺好吧……(广告歌起)：

最近心情怎么样？——OK

现在感觉怎么样？——OK
日子越过越有滋味。
因为有你，二十四小时的陪伴(OK Convenience store come on)
OK便利店，
面包美味又新鲜，
豆浆浓郁又香甜。
OK便利店，
选择多多真方便，
潮流时尚还省钱，
快乐精彩每一天，
幸福就在你身边，就在你身边。
旁白：快点来OK，你最便利的快乐驿站！

**案例解析**

这则广告歌曲式广告广播，让听众在轻松愉快中了解到，生活中有一个最便利的快乐驿站。这则广播广告在情感上打动了受众，能把在便利店感受到的幸福和快乐的情绪“传染”给受众。避免了使用枯燥的文字在广播中对听众进行理性诉求，而应尽量使文字变得生动、感人，从而抓住听众的心。而且广告歌曲的句式简单、押韵，利于传唱。

3．《福满楼酒家》广播广告

这则广告是辽宁人民广播电视台文艺频道播出的获奖广播广告。由于这则广播广告巧妙地运用了口语化的词汇，因此取得了很好的效果。

**广告案例**

**《福满楼酒家》广播广告文案**

正文：话说当今的火锅满城都是，可要说好吃还得是人家福满楼的肥牛火锅。锅烫、肉嫩、片薄、料足、味正、特一级厨师料理。那原料可是从北京那儿大老远运来的，中德合资华安肉联公司的上等货色。酒店徐经理让我给您捎个话儿，他们在那儿恭候着您呢。花个两三百块钱吃够肥牛火锅，哎，上算！福满楼在哪儿？惠工广场您知道吗？东面100米，门脸古色古香。哎，我这儿揣着订餐电话呢：×××××××。哎，上福满楼别忘了叫着我啊！

**案例解析**

该文案中大量使用了生动的东北口语，从而让人感觉非常活泼，有很强的生活气息，与听众贴得很近。如果用书面语言，可能效果就会截然不同。

位于惠工广场东100米的福满楼酒家，近日隆重推出肥牛火锅。该火锅用料考究，由特一级厨师料理，口味独特，包您满意。请记住订餐电话：×××××××，热忱欢迎您的惠顾。

如果把福满楼酒家的广告改写成上面这个模样，恐怕没有哪个听众会对这个酒家产生兴趣。

4．“身残志坚(听太阳篇)”公益广播广告

**广告案例**

**身残志坚(听太阳篇)公益广播广告文案**

正文：(海浪声，舒缓的音乐起)

(女声旁白)凌晨，一个快要失明的少女来到海边，想要最后看一眼海上日出，一位伫立在礁石上的老人出现在她模糊的视线里。

(少女声)老爷爷，您也是来看日出吗？

(老年男声，温和地)我是来听日出的，(少女声：听日出？)

我的眼睛三十年前就看不见了。

(少女声)可日出怎么能听得见呢？

(老年男声，充满激情地)你听，(音乐转为激昂)太阳出来时大海对它欢呼着，我虽然看不见，但我的心却感觉到了。

(乐声渐强，随着男声结束达到高潮)

(少女声，兴奋地)老爷爷，我听见了，我听见了，太阳走出来了！

(男声旁白)只要我们心中拥有太阳，生活就永远充满希望！

**案例解析**

这是一则获1997年全国公益广告大赛广播类金奖的广告，该广告给我们传达了一个身残志不残的道理，但并没有大段的理论与道德说教，只是用一种十分离奇但是又在情理之中的“听太阳”的故事告诉我们，即使没有了眼睛，也不会妨碍我们体味与享受生活，欣赏大自然赐予我们的每一个奇迹，因为我们还有耳朵。这则公益广告视角独特，一般人只会听海浪、看日出，从来没有过“听太阳”的提法，这则广告将两种感觉方式结合起来，将通感的手法运用到这里，表现残疾人自强不息的精神，可以说是具有原创性与冲击力。

该广告另一个突出之处就在于意境的营造，海浪声、音乐声、老爷爷浑厚充满磁性的声音、小女孩清脆空灵的声音交织在一起，且不论内容，仅就音响本身就有足够的吸引力。再加之音乐由舒缓到激昂，人声由温和到充满激情，情绪的转折起伏一气呵成，具有很强的画面感，听众脑海中不觉浮现出一幅画面：一轮红日从闪耀着粼粼波光的海面喷薄而出，海边老人和小女孩在光芒四射的太阳照耀下形成了剪影，他们的背影显得如此坚定坚强，生活永远充满希望。

# 本章小结

本章深入论述了报纸广告和广播广告两大传统广告媒介文案写作的相关知识。除此之外，还涉猎了一些经典的传统媒介广告案例。由于报纸和广播这两大传统广告媒介较之现代的网络媒介有较大的弊端，所以为了有效地吸引受众的眼球，给人以深刻的印象，就必须了解这两种传统媒介广告文案的基本特点、写作特点及广告类型等，运用传统媒介广告文案的写作技巧等知识，来进行传统媒介广告文案的设计和写作。

# 本章习题

一、填空题

1．系列报纸广告与单一的一则报纸广告相比具有创意的________、________、________的差异性，也正因为如此，它远比单一广告在品牌传播中的效果更________、更________。

2．报纸系列广告文案的基本特征________、________、________、________。

3．广播广告写作的其他技巧是________、________、________、________。

4．广播是纯粹的________媒体，这就要求文案尽量用容易理解的口语，不能使用过于书面化的语言，避免使用________、________、________、________的同音多义字词。

二、选择题

1．报纸版面的广告有(　　)。

A．报花广告　　B．报眼广告单　　C．通栏广告　　D．报纸系列广告

2．报纸系列文案的写作技巧有(　　)。

A．主题不变题材变　　B．整体关联性　　C．多样变化性　　D．句式不变内涵变

3．广告歌的共同特性主要体现(　　)几个方面。

A．感化性　　B．煽动性　　C．传播性　　D．反复性

4．戏曲、相声、快板等来传递广告信息，属于哪种广告类型？(　　)

A．歌曲式　　B．小品式　　C．广播剧式　　D．传统曲艺式

三、思考题

1．报纸广告文案有哪些基本特征？

2．试举例说明报纸广告文案写作的技巧。

3．试述报纸广告文案如何运用故事性的内容吸引读者。

4．广播广告的类型有哪些？

5．广播广告写作要注意哪些问题？

6．分别用直陈式、对话式、小品式的形式为某果汁写30秒的广播广告文案。

# 第5章 电视广告文案写作

**【训练要求和目标】**

本章主要讲解的内容是电视广告文案写作的基本理论知识。

训练要求：

●对比分析各类成功的电视广告，分析归纳电视广告媒介的基本特征。

●研究成功的电视广告案例，领会电视广告文案撰写方法。

●搜集各类电视广告案例，了解电视广告文案的表现形式。

●根据所学的电视广告文案写作的基本理论知识，分析电视广告文案示例。

训练目标：

通过对电视广告媒介的基本特征的了解、电视广告文案撰写方法、文案表现形式的学习和掌握，使学生能够掌握电视广告文案写作技巧，具备电视广告文案写作能力以及分析电视广告文案示例的能力。达到能独立完成电视广告文案的写作的目的。

**【本章引言】**

电视作为20世纪30年代末期出现的一种新型传播媒体，当时称为是最伟大的发明，它有着非同凡响的魔力，因此人们戏称整日沉迷于电视而无法自拔的人为“沙发里的土豆”。以电视为传播媒介的电视广告是所有广告形式里最具感染力的，当电视广告形式的动机和欲望与消费者产生共鸣时，便可以将产品的魅力宣泄而出，产生惊人的消费力。因此，电视广告文案实际上是电视广告的根本，如果没有它，一切东西都成了无源之水、无本之木。本章陈述了电视广告媒介的基本特征，接着详细介绍了电视广告文案的写作方法和电视广告的表现形式，并且在最后选择了多个电视广告文案案例进行了分析。

# 5.1 电视广告媒介的基本特征

电视的出现为现代广告提供了展翅高飞的金翼。电视广告作为一种传播媒介，与报纸、杂志不同，融色彩、声音、图像和文字于一体，它不仅具有空间形式的版面——画面，而且提供时空相结合的视听节目，它作用于受众的视觉、听觉乃至知觉，使受众在感受、接触和体验的过程中产生认同心理。电视广告也不同于只诉诸听觉的广播媒体，它将视觉和听觉结合起来，给人以声音和画面的双重体验和享受。电视遂成为最理想的、最受大众欢迎的传播媒介，在广告媒介中独占鳌头。大卫•奥格威曾经说过：“在消费者每天看的电视广告中，大部分没有在他们的记忆中留下一丝迹印，就像水从鸭子背上滑过一样。因此，你应该为你的电视广告做独特的处理，加进使观众长期不会忘掉的因素，但是要谨慎从事，使观众不致记住了你的手法而忘掉了你的商品的优点。”因此，为了做好产品的电视广告宣传，满足受众对广告产品了解的需要，就应该充分认识电视广告媒介的基本特征。

## 5.1.1 优点

1．多样化的表现方法和综合性的传播手段

电视媒介是视听结合、时空一体的综合性媒介，是通过刺激人的视觉和听觉器官来激发其感知过程，完成信息传递的工具。电视广告不但可以向受众详尽地介绍商品的各种性能，而且能形象、直观地将商品的外观及包装特点等逐一展现在受众面前，从而可以最大限度地诱导购买，因此具有无可比拟的影响力和优越性。这使得电视成为所有广告媒介中具有强劲发展势头和很大发展潜力的一种媒介，颇受广告主和广告经营单位的青睐。

电视将空间艺术、时间艺术的表现形式集于一身，构成了声形色并茂、视听动兼容的综合性传播手段。电视把文学、艺术、科学、技术融合为一体，通过信息的传播，寓宣传、教育、广告、服务于娱乐中。运用电视表现手段，还可以把时间向前、向后大幅度推移，将空间跨度大幅度缩小或放大，并将之合乎逻辑、富于节奏地重新组合，以表达思想、传播信息。

如图5.1所示，这是一则保护环境的公益广告。这则广告运用美术艺术手段，将画面处理成卡通动画形式。运用这种色彩艳丽丰富的卡通画面和有趣的动画形式来传播保护环境的广告主题，生动有趣，使受众在欢快、轻松的状态下接受了广告宣传内容。由此可见，电视广告有着多种表现形式和传播手段。

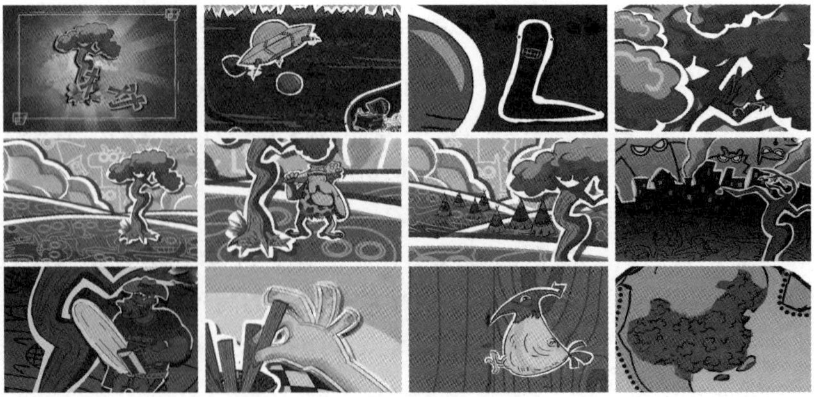

图5.1 动画形式的公益广告

电视广告的制作可以将各种信息通过电视制码转换为直观、具体的可感图像、声音和文字。广告主借助电视就可以对商品或劳务进行有形描述，让受众看到富有感情和动作变化的动态画面，新颖生动、形象逼真、现场感强，具有很强的吸引力和说服力。更主要的是电视媒介可以着重展现商品个性，如外观、内部结构、使用方法、效果等，突出广告诉求重点，从而激发受众对商品或服务的需求，产生良好的广告效果。

2．传播穿透力强，信息覆盖面广

电视利用光电转换系统传播信息，不受时间和空间的限制，将各种信息及时传输到覆盖区域之内的每个角落。因此，传播迅速、观众多、收视率高，有着很强的渗透力。

电视改变了人们的比例感觉方式，因而具有比人们所想象的更加普遍的影响。电视信息可以传递到电波所覆盖区域的任何地方，因此可以说电视传播穿透力强，收视率高。所以通过电视机的接收，电视广告的触角也可遍及各方，能够直接进入千家万户，尤其在城市，几乎每个家庭都拥有至少一台电视机，从而拥有众多的受众。只要观众打开电视机，欣赏自己所喜爱的电视节目，广告就会随之而来，所以它常常被称作“不速客”或家庭的“闯入者”，令人难以阻挡。换句话说，电视传播所到之处，也就是电视广告所到之处。通过电视对握有购买决定权的家庭主妇进行广泛的广告宣传，能够为一般日用品及耐用消费品的消费奠定基础。就此而言，电视就如同挨家挨户推销商品的推销员。

对于电视观众来说，电视广告的播出具有不定性。广告主可随节目收视率的高低及观众的差别，灵活选择播出时段，使广告更具有针对性。同一电视广告可在不同时间闯入观众的视野，久而久之强化了记忆，潜移默化地影响消费者和潜在消费者，实现理想的广告目标。

3．视听相结合，富含冲击力

图像的运动是电视媒体最大的特点。这一特点主要作用于人们的外部感觉，而这当中最主要的是视觉和听觉。视觉符号和听觉符号分别诉诸人的眼睛和耳朵，使人产生不同的感觉效果。资料表明：人们在同时接收视觉符号和听觉符号与只接收听觉符号或视觉符号时，产生的效果有所不同。同时接收视听符号，3小时后能记忆传播内容的90%，3天后能记忆传播内容的75%；只接收视觉符号，3小时和3天后能记忆的传播内容分别是70%和40%；只接收听觉符号，3小时和3天后能记忆的传播内容分别是60%和15%。一般而言，一个正常人从外界接收的信息中，绝大部分是通过视听觉获取的。视听觉器官是人类认知外部世界的主要器官，而广告活动就是以刺激受众的视听觉器官而使其产生兴奋作为基本手段的。

报纸、杂志作为印刷媒介，以视觉符号——文字、图片和版面布局来调动读者的阅读兴趣，广播虽然同为电波媒介，但是由于只能单纯依靠听觉符号来进行传播，比之集视听手段于一体的电视，难望其项背。电视媒介最大限度地适应了人在获取信息时的生理特点，充分调动了人类获取信息的主要渠道——眼和耳，使人眼耳并用，并超越了读写障碍，成为一种最大众化的媒介。经过近百年的发展，电视技术突飞猛进，前、后期的制作加工，特技的使用，使得电视能传递栩栩如生的声音和图像，生动地作用于人的视觉和听觉器官，再加上美术、音乐、舞蹈、戏剧、电影等传统艺术形式融入电视，机位、景别、剪接和一些视听化传播技术的运用，使得电视生动地再现和复制了现实世界。电视具有声音和活动画面的承载能力，可使广告创意生动地在消费者面前呈现，有些很难用语言概括描述的声音和画面，也可通过声图并茂的视听手段，使观众获得不可替代的感性认识，让其有身临其境的感受，为广告提供了绝佳的创意舞台。

如图5.2所示，诺基亚乐随享电视广告，这是一则宣传手机音乐软件的广告。这则广告利用优美动听的音乐和明星音乐家，来给受众一种沉浸在音乐的享受。广告中营造出一种温馨的画面，使这种身临其境的幸福感在观众心中油然而生。这则视听结合的电视广告不但给人以享受，而且给观众留下了深刻的印象。

图5.2　诺基亚乐随享电视广告

一般而言，语言分为3种，文字的、声音的、画面的。报纸杂志以文字语言为主；广播是一种声音语言，只有声音没有影像；平面摄影广告以图画为主，只有影像没有声音；而电视是3种语言的结合，尤其偏向画面语言。相比于静态的文字语言或是无论印刷多么精美的摄影图片，都无法像电视媒介那样画面语言更具有动态感，给人以视觉上的冲击力和极强的感染力。以人们感触到的现实生活中的原始形态来展示信息，电视媒介用忠实的记录手段再现信息的形态，即用声光信号直接刺激人们的感官和心理，以获得受众感知经验上的认同，感受特别真实强烈。立体信息场的刺激累加，受传互动的传播方式使电视广告更直观生动，富含冲击力、感染力。写作电视广告文案要充分发挥电视媒介声画结合的特色，不仅要注重文字语言、声音语言的锤炼，而且要注重对活动的画面进行设计，用具有画面表现力的画面语言对之进行描述，使声画有机结合。

### 5.1.2　缺点

#### 1. 画面不连贯，信息不完整

电视画面呈不连贯状态，不具备叙述事情的变化和经过的能力。视知觉感知规律告诉我们：感知一个全景画面所包容的信息需要8秒钟左右的时间，感知一个中(近)景画面所包含的内容约2秒时间。电视画面因交代环境、背景灯的需要，全景、中近景镜头的运用占整个镜头数的75%以上。据此计算，60秒的电视画面，最多可有8个完整画面，然而实际操作中，只能提供约6.2个完整画面，因而很难形成完整的情节。

电视以电波为载体，进行线性传播。“对于电视来说，观众就是屏幕。乔伊斯(James Joyce)称之为‘光大队的猛攻’的光脉冲对他进行轮番轰炸，使‘他的灵魂的表皮浸透了潜意识的暗示’……电视画面每秒钟向观众提供大约三百万个点，而观众每一瞬间只能从这些点中接受几十个，并用这几十个点形成一个画面。”

在电视节目中，一则广告信息通常稍纵即逝。电视广告的播送内容受播出时间的限制，一般只有几秒、十几秒的长度，观众还没看清楚，就过去了，难以一次性地给观众留下清晰而深刻的印象。而一旦错过，观众又无法立刻重复收看，很难查找有关信息。当然，广告主可以安排重复播放，但这要受到广告经费与广告预算规模的制约。

另一方面，电视广告以插播的方式播出，经常破坏观众的收看情绪，易使观众产生逆反心理。观众被迫接受广告信息时，受收看节目影响的情绪越高涨，产生的逆反心理就越强烈。强制接受的广告信息超过一定的限度，观众“忍无可忍”，就可能换频道。针对电视广告播出的这一劣势，为保证广告信息较高的到达率，应该做到插播的电视广告总长度尽量不超过与节目规定的时间比例，以减少其负面效应。

2. 制作复杂，广告成本高

电视的受众随时在变化，广告主无法确定在一个电视节目中，究竟有多少人、是哪一种人在收看其所提供的信息。另外，电视广告的价格也总是浮动的。电视台出售的广告时间有着量的控制：1小时的电视节目中多少广告量有一定的限制，一个播映日内的广告播映时数也有限制。所以，当越来越多的广告主想要使用电视时，电视广告的费用自然会提高。

在所有广告媒介中，电视媒介的费用是最高的。这是由于电视广告设计制作涉及面广，编排一部有一定情节的电视广告片需要美工、文字、音乐、音响、演员、导演、灯光、摄像等各方面的齐心协力，并且需要一定的时间，一大笔投资，播放费用也很高，这是财力有限的中小企业难以承受的。由于费用、成本的原因，电视媒介播放广告的时间长度有5秒、10秒、15秒、30秒、60秒等几种，其中，15秒和30秒这两种长度的广告最多。

此外，电视媒介租用费用高，一般广告主有难以负担费用之虑，因而在播放次数和对广告内容的详细解释上都形成限制，差强人意。

## 5.2 电视广告文案的撰写方法

电视广告文案的撰写不是单独完成的，它是电视广告创作流程中的一个重要环节，是将整个电视广告创意用语言文字固定下来，为将要拍摄的电视广告进行文字的限定与描述，除了要进行广播广告的声音描述外，还要用画面语言进行视觉描述，因此必须熟练、掌握影视艺术的视听语言。

### 5.2.1 电视广告创作流程

电视广告作品是集体智慧的结晶，有其独特的制作流程，可粗略分为准备阶段和制作阶段。但在本节中将以广告文案写作为中心，将电视广告创作流程分为4个阶段，即创作前期、电视广告脚本的撰写、故事板绘制和拍摄制作阶段。首先将电视广告的创意构思确定，接着用电视广告脚本的方式用文字以一定的结构形式表达电视广告创意，然后绘制出文图结合的故事板，为导演进行二度创作确定一个依据，最后交给制作公司进行拍摄制作。

1．创作前期

1)广告主题的确立

广告主题是“广告的中心思想，是广告为达到某项目的所要说明和所要传播的基本概念”，广告主题是所要传播广告信息的核心，所有电视广告的诉求点和诉求方式必须围绕广告主题来展开，它可以说是广告的灵魂。广告主题必须建立在科学市场调查的基础上，充分分析市场营销环境，然后确立广告所要达成的目标、广告目标市场策略和产品定位策略。广告主题的确立解决的就是广告要说什么的问题，例如，补钙产品目标人群有四大类：第一类是中老年，补钙是为了解决各种由身体机能衰退引起的不适症状，如腰酸、悲痛、腿抽筋等；第二类是青少年，补钙的最大动力来源于使骨骼强壮，长得高；第三类为婴幼儿，补钙是为了满足生长发育的正常需要，防止鸡胸、佝偻病、肋外翻的产生；最后一类为妇女，以孕产妇为主，补钙是为了在特殊时期弥补钙的大量流失，使胎儿、婴儿健康成长，这些广告市场的细分以及最后目标市场、诉求重点的选定，都有赖于对广告主题各要素的分析和最后的决策。

2)确立广告创意

著名的广告大师智威汤逊广告公司高级顾问詹姆斯·韦伯·扬曾经说过，广告创意如魔岛浮现，是旧元素的新组合，如图5.3所示。也有人说创意是传达信息的方式，是带着枷锁跳舞。其实，无论对广告创意的说法有多少种，说白了就是解决“怎么说”的问题。广告创意就是在广告策略的指导下，对抽象的产品诉求概念予以具体而艺术的表现，使广告能在众多干扰的情况下被人关注，能将广告主题正确而有效地传递出去，最后产生有利于广告主的行为。

图5.3　詹姆斯·韦伯·扬

**广告案例**

**Epson打印机“猫狗篇”电视广告文案**

正文：一阵狗吠声传来，猫狗大战开始，院子里，猫在前面跑，狗在后面追，它们接连绕过一盆盆的盆栽，情况十分紧急，猫向墙上的一个小门跑去，猫消失了，狗紧追不舍，一头向小门冲去，没想撞向墙上小门，狗呜咽一声，四脚朝天地晕倒在地，这时，从旁边伸出一只猫爪，将墙上一张纸撕下，一阵得意的猫笑传出。哦，原来墙上小洞是假的，只是一张纸而已。

字幕：The new Epson Color Stylus 600 printer

打印机里打出一张纸，是一张通缉令，猫的头像赫然在目。

字幕：Epson

## 案例解析

如图5.4所示，Epson打印机电视广告诉求的重点就是打印机打印出的图像能以假乱真，逼真再现现实生活中的场景。打印机打印出的效果逼真这是一个非常抽象的概念，如何将之具体、艺术地再现，这就是广告创意要解决的问题。Epson的广告通过聪明的猫将狗骗倒的以弱胜强的故事，将打印机的特点、质量、效果巧妙地穿插其中。广告幽默风趣、富有生活气息，让我们体会到了打印机打印出图像的逼真效果。

图5.4　Epson打印机电视广告

## 广告案例

### 大众甲壳虫汽车广告文案

正文：晴朗的天气，在丛林里，暖暖的阳光，新鲜的空气，清脆的鸟鸣。昆虫列队前行，这时配着充满激情与速度的音乐，甲壳虫从后面急速前行，超过了昆虫的队伍，迅速通过狭窄的小桥，突然多爪的蜈蚣横在路的面前，甲壳虫一个急转弯从其前面狭小的路边穿过。飞驰跳跃到低谷地形中飞速前进。经过正在打闹的螳螂身边，吸引了螳螂的目光。甲壳虫继续前进，急速通过陡峭的盘山路。来到密集的蚂蚁群中，它矫健轻快的身躯，从蚂蚁群的缝隙中顺利绕过。行驶到躺着的树干上，一跃飞驰在天空中，落到草地的一块石头上，稳稳地停下。然后画面出现以甲壳虫的外轮廓形成的汽车的外形，随后广告The 21st century Beetle TurboCharged出现在画面中，最后出现在画面中的是大众汽车的标志。

## 案例解析

如图5.5所示，大众甲壳虫汽车电视广告所诉求的重点就是甲壳虫流线型的车身外形，轻盈灵巧的小车型，在拥挤的马路上能轻松行驶，速度快并能适应各种路况。要表达出甲壳虫汽车的这些特点，最直接的创意就是将其打回原形，采用当初设计汽车时的创意来源，用甲壳虫汽车仿生再造的这个过程来表达这款汽车的特征是最有说服力的。将这个汽车的仿生创意具体、艺术地再现，这就是这则汽车广告创意之处。广告情节形象具体，展示一个大自然中我们不注意的生活环境，让我们真切地体会到了甲壳虫汽车的小巧身躯给其带来的速度和对各种路况的灵巧应对等特征。

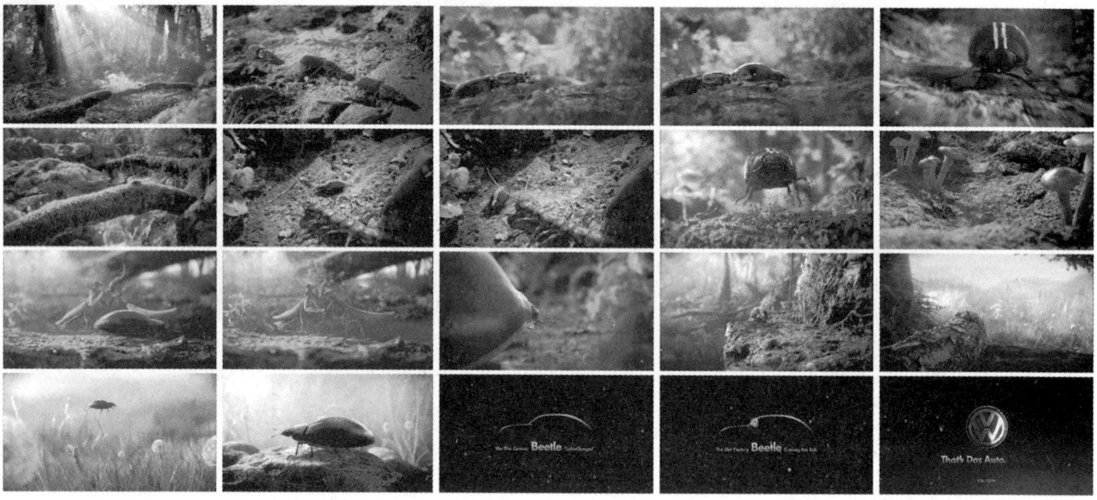


图5.5　大众甲壳虫汽车广告

2．电视广告脚本的撰写

电视广告脚本是在广告创意确定后，将画面和声音用语言文字的方式描述出来，它能将广告创意的基本内容、风格与特色准确地表达出来，充分调动人的想象力，可在头脑中勾画和描绘电视广告作品的概貌，尤其是为导演进行二度创作确定一个文字依据。它是电视广告作品形成的前提和基础，对未来作品的质量和传播效果具有举足轻重的影响。

## 广告案例

### 南方黑芝麻糊电视广告文案

人物：男孩——主人公

妇女——挑担卖芝麻糊的妇女

女孩——卖芝麻糊妇女的女儿

群众人数

时间：约20世纪30年代，一个夜晚

地点：江南小镇街巷

| 镜号 | 景别 | 镜头运动 | 画面内容 | 广告词 | 音乐效果 |
|---|---|---|---|---|---|
| 1 | 全 | 下移 | 卖黑芝麻糊的妇女，挑担向街巷深处走去，她的女儿跟随其后 | 妇女叫卖声："黑芝麻糊哎！" | 音乐起 |
| 2 | 特 | | 芝麻糊担子上的油灯有节奏地摇动 | 男声："小时候一听见芝麻糊的叫卖声，我就再也坐不住了。" | |
| 3 | 近 | | 男孩从门内跑出画面 | 妇女叫卖声："黑芝麻糊哎！" | |
| 4 | 近 | 右摇拉中 | 女孩用木棍搅动芝麻糊锅<br>妇女从锅中舀芝麻糊盛在碗内递给一位老太婆 | | |
| 5 | 特 | | 锅、热气 | | |
| 6 | 特 | | 男孩搓手、舔唇，迫不及待的样子 | | |
| 7 | 大特 | 下移 | 勺倾，热乎乎的芝麻糊流出，碗接 | | |
| 8 | 大特 | | 男孩喝芝麻糊 | | |
| 9 | 特 | | 女孩窃视 | | |
| 10 | 近 | 摇 | 妇女接过碗 | 左下角叠字幕：南方黑芝麻糊 | |
| 11 | 特 | | 男孩舔碗 | | |
| 12 | 特 | | 女孩掩嘴善意地笑 | | |
| 13 | 近 | 下移 | 妇女给男孩又加一碗芝麻糊 | | |
| 14 | 大特 | | 男孩留恋、回味，热气自右入画 | 叠字幕：一股浓香，一缕温暖 | |
| 15 | 特 | | 包装精美的黑芝麻糊 | 男声："南方黑芝麻糊" | |
| 16 | | | 商标、商品名、厂名 | | 音乐止 |

案例解析

如图5.6所示，这是描述比较细致的分镜头电视广告脚本，它不仅对画面进行了描述，而且对镜头语言也进行了限定，包括不同的景别及镜头的推、拉、摇、移等运动。

图5.6　南方黑芝麻糊电视广告

3．故事板绘制

当电视广告脚本写作完成后，面临着与制作公司或广告公司制作人员沟通的问题，因为电视广告脚本毕竟是以文字的方式在描述，人们只能在头脑中勾勒广告作品的轮廓。由于每个人生活阅历不同，所受教育程度也存在着一定的差异，有着不同的审美观和欣赏角度，甚至社会阶层、所属社会群体也会影响对电视广告脚本的理解，因此必须把电视广告创意、电视广告文案图像化，使广告创意说明更加具体、真实，让人有直观的视觉感受。

故事板是具体表达电视广告创意的故事式图画，是借助美术手段对广告创意所做的图画和文字的说明，又称广告创意效果图或故事画纲。故事板近似于电影拍摄过程中的分镜头草图或场景效果图，制作效果类似连环画，在拍摄制作电视广告之前往往会由专人来绘制电视广告的故事板。

绘制故事板的主要作用是为了沟通，故事板是目前沟通电视创意最主要的方式之一，图文并茂的电视广告有利于缩短理解上的差距，因为电视广告脚本的文字语言是抽象符号，有所指、能指之分，它必须要借助读者的想象力，容易带来理解上的偏差，而故事板的符号是短路符号，它以直观的方式对能指进行限定。以下是故事板的优点。

(1) 有利于创作人员的内部沟通。电视广告脚本一般由文案人员完成，故事板的绘制由设计人员完成，虽然同属创意部门，但两种不同的工作方式有不同的思维惯性，在绘制故事板的过程中，广告公司内部人员必须互相协商，取得一致，将文字思维转为影视思维，因此故事板的绘制不仅有利于创作人员整理自己的创意构思，也有利于内部意见的和谐统一。

(2) 有利于与广告客户进行沟通。故事板主要用于广告公司向客户提案用，因为它非常直观、形象，能够缩短广告公司与客户相互之间在理解上的差距。

(3) 有利于与制作单位人员进行沟通。故事板为电视广告制作单位提供了制作依据，包括对演员、美术、服装、场景、灯光、镜头运动的限定，使广告作品不至于偏离主题。同时广告创意部会就广告片的长度、规格、交片日期、目的、任务、情节、创意点、气氛和禁忌等做必要的书面说明，以帮助制作部理解广告的创意背景、目标对象、创意原点及表现风格等。

故事板的绘制过程同时也是再创作的过程，它可以对广告文案脚本予以进一步的修饰和完善。不过，电视广告脚本对广告主题和创意有明确的规定，故事板的再创作只是表现形式上的再创作，不能对广告主题和创意进行改造。

在一般情况下，导演会根据广告创意的意图，自己绘制出制作脚本(Shooting Board)，也叫导演板，导演板相比故事板更为详细，对外景、灯光、摄像机的机位、布景、道具、场面调度都进行明确的规定。

4. 拍摄制作

当最后的制作脚本得到客户首肯后，制作部就会为所有广告片拍摄的细节部分进行全面的准备工作，并安排好拍摄的时间、地点，最终按照制作脚本进行拍摄。一般情况下，除了摄制组之外，制作部的制片人员会联络客户和客户部的客户代表AE、有关创作人员等参加拍摄，因为电视广告故事板或制作脚本毕竟是构想的电视画面，在实际的广告制作过程中，包括准备过程、拍摄过程以至于最后的编辑合成，有很多可变因素是难于预见的，比如演员的选择、表演的即兴发挥、灯光效果、摄像机的运动等，都会使完成后的电视广告片与原构想的故事板画面出现差异，因此要对电视广告的拍摄制作过程进行严格的全程监督。

### 5.2.2 电视广告文案写作要点

电视虽然可以运用诉诸视听的多种符号，但电视是一种视觉媒体，受众在收看电视时，是以“看”为主，以“听”为辅的。电视广告虽以图像为基础，但绝不能只重视图像而轻视声音。电视的长处是视听结合，必须边看边听，视觉与听觉同时起作用，才能收到声情并茂、视听兼备的良好效果。所以对电视中语言的运用，也应予以充分地重视。英国的电视专家阿尔金说过：“如果做一个简单的试验，在某个晚上你看电视时把声音关掉，那么，就会出现3种明显的情况：第一，尽管有看一张图片胜于听一千字的话的古老格言，但任何电视节目的大多数内容是由声音来表现的。第二，当你听不到伴随图像的音响时，大多数图像就会失去现实性和感染力。第三，除非你能同时听到与图像多少有点关联的音响，否则即使看的图像大多数是直观素材，你也无法长时间地集中精力去看它。”

因此，在写作电视广告文案时应该正确把握“视”与“听”的关系，正确把握文案与画面的关系。具体说来，要注意以下几个要点。

1．声话配合

有声语言是电视广告的重要组成部分，是电视广告不可缺少的重要表现手段。虽然它在电视广告中处于一个“配角”的地位，但它对担任“主角”的画面有着重要的辅助作用。电视广告画面的直观性，带来内容表达的局限性，这就需要通过语言来弥补。电视广告脚本不仅要注意结构画面，描述声音，而且要注意声音和画面的互相配合，充分发挥两者整合的力量，切不可声画两张皮，使声音和画面失去一定的联系，自说自话，也不要把广告词当作多余的解释工具，广告词要成为对画面的有效补充，两者相辅相成。

电视广告的声画关系，从表现内容来看主要有以下内容。

1) 声画同步

声画同步又称音画同步、声画合一，指声音完全同步地解释画面，声音(包括配音)和画面形象保持同步进行的自然关系。声音的进程与画面内容的变化完全对应，声源一般出现在画面内。“声画对位”是写作电视广告文案的基本要求。画面说此而文案言彼，两者毫无关系，是电视广告的大忌；画面已经进展到下一步，文案却还在对前面的画面做喋喋不休的解释，或是画面还没有进展到这一步，而文案却提前将画面的内容说出，都会使画面和文案显得极不协调。

**广告案例**

**爱立信手机形象广告“代沟篇”电视广告文案**

正文：父：你留在里面，想想你的错，想不好别出来。

母：吵什么？有话慢慢讲。

父：有什么好讲，他根本不听，都是给你宠坏的。

母：这有什么关系，儿子长大了，有自己的思想，小时候他很喜欢跟你在一起，但现在他一看见你就跑。你了解他吗？你知道他想什么吗？一天到晚就是忙，你有关心过孩子吗？小时候，你不是希望爸爸能多抽时间跟你说话吗？你在外面不是很会交际吗？为什么回家就不懂跟儿子谈话？

字幕：沟通就是理解。电信沟通 心意互通

**案例解析**

如图5.7所示，这同样是爱立信企业形象广告中的一篇，以白描的方式，朴实、直白地再现了真实家庭中的一幕，画中人物的对话与画面是同步的，母亲劝说父亲要理解儿子、注意沟通，就如发生在我们身边的故事，具有很强的现场感。

2) 声画并行

声音和画面并列独立发展，相互呼应，声音从与画面不同的角度揭示主题，可用于表现人物的情绪状态和渲染环境等，在声音和画面之间一般有某种象征的关系，如画面上出现人物心情激动、无法平静，音响是海浪拍岸的声音；画面表现美丽的花朵，旁白阐述某润肤霜的好处，两者尽管不同，但是在感觉上有某种相似之处。

图5.7 爱立信手机形象广告“代沟篇”电视广告

3)声画对立

声音与画面的形象和情绪完全相反，声音与画面上的行为、视觉形象与声音形象在内容上是矛盾关系，通过这种声画对立，表达幽默或讽刺效果。有一则公益广告宣传小学生减负，画面是在课堂上、灯光下、书桌上埋头做作业的小学生，音乐是节奏欢快、充满童趣的歌曲“童年”，用音乐和画面的矛盾，讽刺了剥夺儿童快乐的填鸭式教育方式，为学生减负这样的诉求点也就水到渠成了。另外有一则衣物柔软精的电视广告，广告中出现妇女以毛巾擦背、孩子穿毛衣、男子穿上牛仔裤以及妇女熨衣等各种画面，伴随这些画面的则是各种刺耳的声响，如刮、敲、锉等，随后柔软精产品出现，通过声音与画面的对立，夸张地表现了衣服不柔顺、不舒服的感觉，由此以表达产品的利益点——使衣物柔顺。

**广告案例**

**CCTV2013春节系列公益电视广告文案**

正文：喂，闺女啊！

我跟老朋友出去玩儿去了，然后我们一起排节目，挺忙的。

没问题，没问题。挺好的。

我啊，吃得饱，睡得香，一天忙到晚。

我啊，一点儿都不闷，那么多朋友。

啊，你放心吧。

你妈……你妈妈没在啊。她出去跳舞去了。不在……不在

没……没事儿，没事儿，挺好。

没有事儿的，你放心吧。

你啊，好好工作啊，不要担心我们俩。你忙啊，就挂了吧

旁白：老爸的谎言，你听得出来吗？

字幕：别爱得太迟，多回家看看。

**案例解析**

这是中央电视台在春节期间播出的一则公益广告，如图5.8所示，电视里面表现的是儿女因工作回不了家，给爸妈打电话的情节。但是电视中的爸爸回答孩子的话却和画面中表现的场景相反。爸爸讲述的是他和妈妈在家里生活得很好，每天吃得好，睡得香，还有老朋友们一起去娱乐。但是画面表现的却是妈妈生病，爸爸照顾在病床上妈妈的场景，并且两位老人并不像他们说的那样，每天都很幸福。他们是过着很孤单寂寞的简朴生活。爸爸的回答和画面表现的生活场景的这种强烈反差，就在声画对立中产生了，两种元素的结合产生了化学反应，整则广告创意很有意味，发人深省。

图5.8　CCTV2013春节系列公益广告

在电视广告中的声画配合意味着广告词本身可以不连贯，它并不需要像平面广告、广播广告那样句句相连、一气呵成。例如广州某广告公司曾为海尔超薄洗衣机创作一则“外八字篇”的广告，有一句旁白说“王先生家走路有个坏习惯”，但是旁白并没有解释是什么坏习惯，只是通过画面表现了王先生一家三口都是侧着身子走路，脚做成外八字状，原来是家里空间狭小，路过洗衣机那里所有的人都要侧身而过。海尔超薄洗衣机小巧而不占空间的诉求重点就通过这种幽默的方式表现出来了。声画配合意味着画面和文字的自然融合。声画配合用来表现一个完整的主题，完成特定的信息及情感传达就可以了，并不需要画面和声音自身的完整。

2．文案与画面的比例要适当

有些画面本身已经将广告信息传达得非常明确，而文字和语言还在进行烦琐的解释，会使受众觉得广告文案在画蛇添足；反过来，有些画面本身传达的内容并不确定，如果文案没有对画面进行必要的解释，受众难免会不知所云。因而，文字和语言应该在画面最为需要的时候出现。过多或过少的文字、语言都会影响受众对广告的注意和理解。

电视广告中，文案有多种表达方式，既可以画外音的形式表现，也可以人物语言或者字幕的形式表现。因此，画外音、人物语言、字幕的运用及其比例，也是文案的作者需要重点考虑的内容，一些对产品的客观评述性的语言，如果直接通过画面中的人物之

口说出，会显得生硬、刻板；一些属于人物内心独白的语言，如果在片中直接作为人物语言出现，也会极不自然；而一些重要的受众一时不一定理解，或者需要受众产生深刻印象的内容，则可以以字幕、画外音或人物语言的形式同时出现。

广告创作人员如果在撰写电视广告文案时，头脑中能够反映出电视广告创意所要求的画面，会使文案的撰写容易得多。头脑中有了活动的、连续的画面，文案的结构就会随着画面的发展而自然地展现出来。这样，文案撰稿人也更容易明了哪些信息可以通过画面来传达，哪些信息必须通过文字和语言来传达，哪些画面需要用文字和语言做必要的解释，从而避免在文案中对画面进行不必要的解释，而忽视了画面不能传达的信息。

3．注意时间限制

电视广告刊播费昂贵，为了达到效果的最大化，广告创意必须简短，情节简单、主题突出，画面叙述要有时间概念，要考虑不同画面的长短以及节奏。一则30秒的电视广告，一般以不超过12个画面为好，画外音和人物语言一般不能超过70个字，这就要求语言简短、精炼，否则无法正常表现创意。

**广告案例**

**香格里拉饭店(全国篇)电视广告文案**

正文：杭州的隽永，武汉的聪敏，北京的雍容，西安的典雅，北海的写意，长春的淳朴，沈阳的直爽，哈尔滨的豪情，深圳的活力，青岛的欢畅，香港的动感，上海的浪漫，大连的朝气，17家饭店在全国13个城市欢迎你。

其乐自在，香格里拉。

歌词：这美丽的香格里拉，这可爱的香格里拉，我深深地爱上了它，我爱上了它。你看这山和水啊，你看这红墙绿瓦，分明是一幅彩色的画，是我理想的家，香格里拉。

**案例解析**

香格里拉饭店电视广告(全国篇)是由浙江亚博传播有限公司制作，如图5.9所示，主要是介绍该饭店的规模、环境、态度、服务内容，宣传品牌的广告。考虑到时间的限制，这则广告用13个画面介绍了全国有13个城市有香格里拉饭店。在这短短的一分半钟里说明该饭店在全国13个城市设有十七家分店的同时，广告还具体说出了13个城市的名称。这不仅能够让观众清楚地了解饭店的规模、档次，而且知道哪些城市设有香格里拉饭店。广告用形象的画面和生动的语言相配合，如“杭州的隽永，武汉的聪敏……”，这是借对这些城市的赞美来衬托香格里拉酒店服务的丰富多彩。广告还配上深情的歌曲，突出了酒店环境美：“是一幅彩色的画”，突出了酒店的服务好，“是我理想的家”，消费者享受了饭店的服务之后，“深深地爱上了它”。

图5.9　香格里拉饭店电视广告

4．关注观众

电视广告的受众是在看电视的同时听到或看到文案的，因此他们不可能像阅读报纸广告文案那样专注地阅读电视广告的字幕，或者像广播广告的听众那样将注意力集中于听觉。所以，电视广告文案的撰稿人应该明确，电视广告文案的受众是边看边听的“观众”，而不是只需要听而不需要看的“听众”，也不是仅仅需要阅读，而不需要运用听觉的“读者”。这就要求写作文案要注意以下内容。

(1) 要写容易听懂而不是仅仅能够读懂的文案。有些文案通过书面阅读时非常清楚、明确，而一旦转化成有声语言，受众却未必能听得清楚。问题主要来自文案过于复杂的句式、过于冗长的句子、容易产生歧义的词汇和不容易听明白的数据、术语等。因此，在写作电视广告文案时，要特别注意运用短句子、简单的句子和含义单一、明确的词语，对一些非说不可的数据和术语，也应该做尽量明确的解释。

(2) 文案中要有合理的顺序。电视广告的文案一般只包含很少的句子，因此文案的简练是非常必要的。但是如果因为追求文案的简练而导致内容、概念、语气的转换过于突兀，不但不会收到好的效果，反而会使受众对广告内容的理解发生困难。

(3) 不追求字面连贯，而要考虑画面和文案的整体连贯。有些文案撰稿人在创作电视广告文案时，也像写报纸广告文案那样追求语言本身的连贯性，而在电视广告中，这样做的结果会使广告文案过于冗长，以致充满了电视广告的每一秒钟。在电视广告中，文案并不需要承担全部的信息传达任务，只要与画面充分配合即可。文案的语言有适当的跳跃和省略，不但是允许的，而且是必要的。

5. 应先声夺人

一则电视广告片能否吸引观众的注意力，最初的4～5秒钟极为重要。因此，广告的开头要富有特色，能够先声夺人，一下子就吸引观众。美国运通公司旅行支票的电视广告片，一出来就用“你将亲眼看见一宗罪行”这样的内容来抓住观众的注意力。观众看到的是一个扒手在摸别人的口袋。这个宣传携带现金危险的广告，使运通公司增加了28%的销售额。

6. 让观众记住产品名称

有时，观众能回忆起某个广告的内容，但却忘了这个广告宣传的是什么产品。有时还将这个广告宣传的产品与另一个品牌的产品混在一起，这一点对于新产品的宣传是很不利的。人们的记忆活动，一般对最初或最后得到的信息印象比较深。因此在电视广告中，要想办法突出产品的名称，就要在广告的前10秒钟就出现产品的名称，同时要尽量做到形式新颖，使观众对产品名称留下深刻的印象。

**广告案例**

**“果味VC”电视广告文案**

正文：VC、VC、果味VC，您要想让宝宝长得活泼健壮，请吃果味VC。
您要想使皮肤白嫩，防止衰老，请吃果味VC。
VC、VC、果味VC，又酸又甜，好像橘子，真好吃！

**案例解析**

这条广告通过不断重复产品的名字，强化产品在消费者心中的印象，给消费者留下了难以抹去的记忆，不失为一则好的广告。

7. 重点突出与独辟蹊径(挖掘记忆点)

电视媒介是以时间为维度展开传播活动的时间媒介，在电视媒体上播放的广告转瞬即逝，同报纸广告相比，电视广告的信息容量受到很大限制，无法像报纸或杂志那样保存及反复观看。一般电视广告片的长度通常是以30秒和15秒两种居多。在如此短暂的时间里，要清晰、明确地传达商品信息并使人产生记忆，是一件相当困难的事情，所以在电视广告中要重点突出一种信息，如果面面俱到，反而达不到应有的效果。因此一则电视广告必须要有一个突出的记忆点。

一种商品的诉求重点可能有多处，这时候就要求广告文案撰稿人能够避开大家都能想到的东西，努力创新，给消费者以强烈的心理冲击。

我们至今依然记得春兰空调，台球高手一棒打进6个球，希望工程里解海龙拍摄的“大眼睛”依然历历在目，也还记得大红鹰广告随处可见的代表胜利的“V”形手势，当蕴涵了坚定、信心、品质的“噔噔噔噔”4声响起时，我们无一例外地会想到英特尔。当然，在大多数情况下，我们记住的往往是在广告中反复强调、朗朗上口、易于传诵的广告语，“诺基亚，科技以人为本”“农夫山泉有点甜”“一品黄山，天高云淡”。

在写作电视广告时，我们要善于挖掘电视广告的记忆点，记忆点可以说随处都在，它可以是一句话，可以是一个画面，可以是一个手势、一个情节、一段音乐……我们可以从产品、品牌、主题与创意中找到最适合产品的核心记忆点，这一核心记忆点最好与广告主题有紧密而亲切的关系，而且必须简短、单纯，否则也无法让人记住。

电视广告片中的记忆点会让原本平淡的情节生动、立体起来，如果将记忆点与诉求重点相结合，则不但能给观众留下深刻印象，还会清晰地达到诉求目的。

**广告案例**

**三精葡萄糖酸钙(蓝瓶篇)电视广告文案**

正文：为什么都选择三精蓝瓶的钙？蓝瓶，纯净的钙。蓝瓶，充足的钙。蓝瓶，好喝的钙。三精牌葡萄糖酸钙口服溶液，三精制药，健康中国。蓝瓶的，好喝的。

**案例解析**

如图5.10所示，三精葡萄糖酸钙口服溶液电视广告的诉求点是蓝瓶的、健康的、纯净的、充足的、好喝的。这则广告突出的记忆点就是“蓝瓶的”。三句“蓝瓶，纯净的钙；蓝瓶，充足的钙；蓝瓶，好喝的钙”为三精葡萄糖酸钙树立了独树一帜的品牌形象。这则广告的成功之处是广告不仅阐明了产品的特点，而且建立了突出的独特的记忆点。当说到蓝瓶的就能想到三精葡萄糖酸钙口服液，当提到三精就能想到是蓝瓶的钙，这给人们留下了深刻的品牌印象。

图5.10　三精葡萄糖酸钙电视广告

8．营造意境

电视广告若能在短短几十秒的画面和音响中营造某种意境，其感染力肯定强。营造意境就是把观众向往，或者心中既存却未成形的某种精神追求和境界，用形象的情景展现出来。如大家都熟知的“南方牌黑芝麻糊”电视广告创意文案，一开始就把观众带向“我”记忆中的南方城镇，那南方特色的街道、叫卖声都烘托出特有的气氛，童年贪嘴的情形更让观众忍俊不禁。这一切都形成一个特有的童年美好的回忆。人人都有童年，许多人对童年都有美好的记忆。“南方黑芝麻糊”电视广告营造的意境，就在于找到了与观众的共鸣点。

9．多点人情味

现在有不少广告以为靠“三多”(即美女多、露得多、明星多)就能吊起消费者的胃口。其实，老用这种“佐料”，消费者也会有厌倦的时候。实践证明，富于人情味的广告用语和干瘪、生硬的广告用语产生的社会效应迥然不同。比如孔府家酒的广告用语：“孔府家酒，让人想家。”虽然只有一句，可这句话却渗透着浓浓的亲情，对于远离家乡的人来说，这则广告用语牵动着他的思乡恋家之情，当然都想品尝，感受一下“回家”的感觉。

如果说爱情是文学作品永恒的主题，那么，可以说广告用语的人情味就是消费者总也吃不够的“佐料”。

**广告案例**

**美国“贝尔电话公司”电视广告文案**

正文：一天傍晚，一对老夫妇正在吃饭，电话铃响，老妇人去另一房间接电话。回来后，老先生问：“谁的电话？”

老妇人答：“女儿打来的。”

又问：“有什么事？”

回答：“没有。”

老先生惊奇地问：“没事？几千里打来电话？”

老妇人呜咽道：“她说她爱我们”

两人顿时相对无言，激动不已。

画外音：“用电话传递你的爱吧！”

**案例解析**

这是一则十分成功的广告。它以脉脉温情打动了天下父母或即将成为父母或为儿女者的心。应当承认，老年人是孤独的、寂寞的。一个人，无论他以前取得过何等成功，拥有过何等辉煌，当生命的暮钟訇然敲响时，“夕阳无限好，只是近黄昏”的感叹就必然而生。此时此刻，他们最需要的不是别的，而只是一个字：“爱”。

这则广告正是从儿女与父母的感情入手，描绘了一幅孝心浓浓的亲情画面。电话有线，亲情无限。贝尔电话连接着千家万户，沟通着亲人们的心灵，缩短了亲人们的感情距离。

这则广告文案，广告语言除最后一句画外音之外，全部采用人物对话，借此来表现一定的情节，以生活化的口语，传递了感人肺腑的人间真情，给所要宣传的“贝尔电话公司”抹上了浓郁的感情色彩，使观众在情感的共鸣中对“贝尔”产生好感，企业形象因之刻入了观众的记忆中。

10．注意字幕的作用

在丰富多彩的电视节目中，字幕在多数节目中只起着“强调、说明、注释”的作用。但在电视广告中，字幕却被赋予了4种重要的职责：①以字幕呈现商品的品牌名称，并加以强化，这是绝大多数广告片常用的手法；②标明生产厂家、经销单位的名称、地址；③在广告片中值得强调、解释和说明的地方，要不失时机地打出字幕；④参与画面构图。字幕的构图功能长期以来几乎被忽视和淡忘，这里还是一片未曾被开垦的处女地。

11．语言要合常理，经得起推敲

电视广告是一种瞬间艺术，广告语虽短，却需面对亿万观众的百般挑剔，稍有漏洞，便会贻笑大方，甚至带来语言公害。

某烫伤药膏的广告语是这样的："热铁不能摸，现在不同了，因为有了某某烫伤膏。"这好像是说有了烫伤膏，就可以放心大胆地去摸热铁、抓烧红的煤球儿。

广告语应遵从大胆谨慎的原则，既要别出心裁、新颖独特，又要严丝合缝、缜密周到。否则，将起不到应有的宣传效果，甚至适得其反。

一则营养液广告将对象放在了高考生上，称"天天苦读，年年高考"。这里边的主语实际上已经换了，即"天天苦读"的与"年年高考"的不是同一个或同一部分人，"年年"至少两年，连年高考，年年落榜，不正是说明营养液是无效的吗？

## 5.3 电视广告文案的表现形式

电视广告不同于其他娱乐节目，观众不会主动去寻求广告传播的信息，没有人会迫不及待地看广告。因此，要选择消费者接受广告信息的表现策略，用一些方法来强化观众对广告的注目与兴趣。有了新奇的创意，还必须用一定的形式将电视广告主题表现出来，它是广告的骨架，支撑着广告主题，找到一个有新意的、最适合产品特点的表现形式至关重要。本节将总结几条常见的电视广告表现形式，以此作为创作电视广告的参考。要将形态各异的广告归纳为几种表现形式是不现实的，因为永远也无法穷尽现实中千差万别的广告类型。但从制作效果来讲，有一些常见的类型较易使观众产生认知、理解和记忆。

1．故事型

故事型的表现形式又称戏剧式，它充分利用电视广告适合感性诉求的优势，讲述一个与产品密切相关的故事情节，通过剧情将产品的特性或品牌个性展现出来。一般会有开端、高潮、结局，通过情节的冲突，渲染某种情绪，抒发某种情感，引起消费者的共鸣。故事型的广告情节动人，吸引力强，不仅可以娱乐大众，而且可以给商品赋予某种品牌个性。由于电视广告时间的限制，剧情一定要简单明了，通过有限的画面和广告词将故事讲明白，说完整。故事型在这个电视广告中所占比例最大，因而是电视广告最常见的一种创作方式。

**广告案例**

**潘婷洗发水电视广告文案**

正文：同学：(讽刺语气)丑小鸭也能飞上天？聋子也想拉小提琴，你疯了吗？你为什么不去学点别的？你这是在浪费我们大家的时间。

街头艺人：(手语)你还在拉小提琴吗？

女孩儿：(手语)为什么我不能和正常人一样？

街头艺人：(手语)为什么你一定要和正常人一样？音乐就能实现你的愿望。闭上你的眼睛，你就能感受得到……

(古典音乐大赛)

同学：怎么样？不服气？

大赛主持人：我们最后一位参赛选手演奏得太棒了……现在到了……好吧，看来我们又多了一位参赛选手。她就是……

此时出现品牌和广告语：你能闪亮。

## 案例解析

如图5.11所示，这是一则故事型广告，犹如一部微型电影。广告中这个聋哑女孩，从小喜欢拉小提琴，可是因为身体缺陷被一起学习音乐的同学瞧不起。这个小女孩儿非常的失落和沮丧。但是街头艺人劝导她，要相信自己，为什么一定要和正常人一样？音乐可以实现她的梦想。当参加古典音乐大赛时，嫉妒、蔑视她的那个同学，为了不让她参加比赛，把她的琴摔碎，打伤了一直鼓励她为梦想而努力的艺人。可是这个小女孩仍然拿着那把用胶带黏着的小提琴在比赛中胜出，并得到了评委和观众的掌声。这样的一个故事情节引出了潘婷洗发水品牌形象广告标语“你能闪亮”。这样的故事情节冲击观众的心理，使其产生愤恨、怜悯、激情和成功的喜悦等情感感受。在观众心里引起了无论你怎样，你都能闪亮的心理共鸣。这不仅宣传了潘婷的品牌形象，而且其思想题材积极向上，传递了一种正能量，不仅仅是广告宣传，还是人生励志的鼓励。

图5.11　潘婷洗发水电视广告

**广告案例**

## 美国杜邦公司化学宝库电视广告文案

正文：(镜头渐显)

1. 中长距离拍摄：一扇坚固的橡木大门，摄影机移近后，大门自行开启，相机把我们的视线引入大门。这里是杜邦公司的标本室。我们看到一排排各种形态的瓶瓶罐罐。不同明度的光照射在瓶子上面造成一种戏剧性的效果。这时摄影机推向一个标本台。

(音乐减弱)

解说员：这是个了不起的屋子，简称标本屋——位于杜邦化学公司的杰克逊实验室里。这里存放着大量的化学药品。这些药品用毕之后都存放在这里。但经验表明，终有一天还将启用它们——也许是为人类谋取惊人的福利。

(音乐减弱)

镜头移向药瓶上的标签，上面清楚地写着“亚氨基苯——磺胺”。

解说员：(继续)现在让我们对一件药品做个单独的介绍。就是这个。

(音乐由强变弱)(溶入)

2. 约翰•霍普金斯医院里的佩林.H.朗格医生正在自己的办公室里(显然是间医生办公室)通过电话向自己的秘书做指示。

解说员：这是从1936年的约翰•霍普金斯医院的佩林•朗格医院里的办公室里开始的。

朗格医生：(对着话筒谈话)好了，谢谢你，鲍勃(挂上电话，转向自己的秘书)

噢，刚才说到哪了！

秘书：(一面照读刚才听写下的笔记)

德拉瓦•威明•杜邦公司：

亲爱的先生们，我们用点亚氨基苯磺胺，对白鼠的溶血性链球菌感染进行试验研究…

(扭头看看朗格医生)

您刚才就说到这儿，朗格医生。

(镜头移近朗格医生)

朗格医生：好了，我们有证据表明，这种药对于治疗人体的这种疾病，可能也有价值。你们手头有这种药吗？

3. 实验室助理员正在翻阅档案。

(溶入)

解说员：(继续)这种药品最初是研究用作染料的，后来发现别的染料更好……

4. 插入：固定拍摄药品架，一只手从架子上拿起了磺胺药瓶，离开了背景。

解说员：自那时起，这药品还没有派过其他用场，一直贮存到今天才拿给了朗格医生。

(音乐开始又减弱)

5. 近距离拍摄朗格医生，还有另一个人在查看图表。背景是个典型的生物实验室，那个人停止观察图表，若有所思地拿起了一只空罐。

解说员：对白鼠链球菌的实验结果非常成功。朗格医生决定扩大到人体实验。可惜，杜邦公司送来的全部药品都已用完。他正在打电话要求再送一些药品……

6. 实验室助理员和另一个人——一位杜邦公司负责人正在办公室里。

实验室助理员：(表示不同意)可这样一来咱们就得停止其他工作了……

负责人：是的……可这是救人性命的大事啊！咱们还是服从他的安排吧，怎样？

(音乐戏剧性地奏起)

(缓慢溶入)

7. 朗格医生正和另一位医生在自己的办公室里观看医学图表。

朗格医生：(激动地)效果简直是惊人的！它在治疗腹膜炎、血液中毒、猩红热和耳溃疡方面简直是创造了奇迹。

(把图表交给了另一位医生)

(那个医生也望着图表点了点头)

(音乐奏起又减弱)

解说员：这一新发现的奇妙药品，能够对折磨人类多年的感染性疾病发动攻击并将其消灭。

(溶入)

8. 标本室内，摄影机固定拍摄架上的一只药瓶，瓶里装的是磺胺。

解说员：如今你知道这种药品的简称。

(抹掉后再现瓶上的标签)

9. 只有两个字，就是“磺胺”。

解说员：磺胺！

(音乐起伏)

10. 从“磺胺”这个字开始，摄影机从药瓶撤离，并向后撤出屋子。

解说员：磺胺的制造业终于由医药公司所接收，然而，这件事再次表明了杜邦公司保护其研究成果这一政策和长远威力。

(标本室的门慢慢关闭)

解说员：(继续)因为，谁能说今天封存起来的东西，明天不会发生不可预料的功效呢？

11. 椭圆形的杜邦公司标记。

解说员：通过化学，为创造美好的生活而产生美好的东西。

(音乐达到高潮)

## 案例解析

美国杜邦公司播出的这一广告，叙述了磺胺这一具有重大科学意义的药物被发现的过程：早在1929年，磺胺就作为一种染料而被研制出来，但由于不够理想而被另一种染料所替代。杜邦公司并没有抛弃它，而是把它保护、贮存起来，因为他们认为，说不定什么时候磺胺会发挥作用。这种机会终于来了。1936年，约翰•霍普金斯医院的佩林.H.朗格医生认为，磺胺对溶血性链球菌感染可能有疗效。于是向杜邦公司提出需要药品的请求。第一阶段，通过白鼠实验，证明疗效十分显著；第二阶段，朗格医生决定扩大到人体实验，但药品已用完了，于是又向杜邦公司提出一磅药物的请求，可他们的标本室里连1克也没有，负责人决定停止其他工作，满足朗格医生的需要，终于使人体实验获得巨大成功，对折磨、危害人类多年的腹膜炎、血液中毒、猩红热等病症发动攻击并予以消灭，创造了人类医学史上又一伟大奇迹。

由上面可以看出，杜邦公司这一广告，其情节的起始、发展和结局，构成了一个完整的故事，并在故事的发展过程中巧妙地突现了广告主题，即磺胺作为一种治疗病菌感染的突破性新药，在科学发展史上有着里程碑式的意义，同时还特别暗示了杜邦公司停下别的工作把救人性命放在高于一切地位的人道主义精神，从而为树立杜邦公司的良好企业形象做出了显著贡献。

2．问题解决型

问题解决型是一种常规的电视广告类型，先设定一个在消费者生活中出现的问题，接着产品出现，问题得到了圆满解决，在这里，产品充当了英雄的角色。很多公司的产品广告大多有着三段式的表现方式：问题出现、产品出现、问题解决。这是一种广泛使用且颇为有效的形式，它胜在简单直接，但是如果产品特性不鲜明，或者设定的问题消费者并不认可，就无法达到诉求的目的，有时甚至起到相反的效果。在构思问题解决型的电视广告时，要充分挖掘产品特点，善于发现生活细节，同时用新颖的方式把问题解决过程戏剧化。

## 广告案例

### 万通筋骨片电视广告文案

正文：女：哎！匣子。

男：啊！

女：刘总这两天咋不叨咕腰腿关节疼了呢？

男：用了点儿我给他配的偏方。

女：吹！

男：吃了点我给他配的药膳。

女：接着吹！

男：喝了点儿我给他配的补酒。

女：再吹！

男：嘿……嘿……主要是我给他吃了万通筋骨片。腰腿疼痛请服万通筋骨片，一般人我不告诉他。

旁白：通化万通药业。

**案例解析**

万通筋骨片的电视广告，如图5.12所示，广告通过一问一答的方式引出产品的名称。该广告先提出问题然后解决问题，这是典型的解决问题型广告。当消费者经历过广告中所说的问题时，就与广告叙事产生了共鸣，并会注意去观看广告，然后激起购买的欲望。这样消费者会将一整篇的广告聚精会神地全部看完，也就达到广告宣传的效果。

图5.12 万通筋骨片电视广告

3．生活片段型

生活片段型的广告主要描写消费者日常生活中的小片段或小插曲，片中的主角不是商品，而是目标消费者，商品成为其生活方式的一部分。例如，柯达胶卷有一则广告，通过一系列的生活片段，表现了人们生活中出现的尴尬一刻，充满了趣味和浓浓的生活气息。这种类型的广告尤其适合用于树立品牌形象，但是由于其表现切入点不是商品，会运用很多与商品无关的画面，可能导致传达的信息模糊。

下面这是一则麦当劳品牌形象宣传的广告，如图5.13所示。傍晚，一位父亲载着他车中熟睡的小婴儿，来到了麦当劳外卖店。为了不惊醒孩子，他的车一直开着，围绕麦当劳店行驶。每当车经过外卖窗口的时候这个父亲才说一下自己的要求，就这样和店员对话。店员耐心热情的服务，使这个婴儿熟睡在甜美的梦乡中。这个广告中的父爱是伟大的，但是这个店员更是可亲可敬的。这则广告就以这样感人的生活场景来宣传麦当劳热情耐心服务的品牌形象。这样真实的生活场景的广告形式更容易与观众产生情感上的共鸣，打动观众，给人留下深刻的印象。这则电视广告不仅传达积极的人文关怀情结，更是有效地宣传了广告的诉求点。

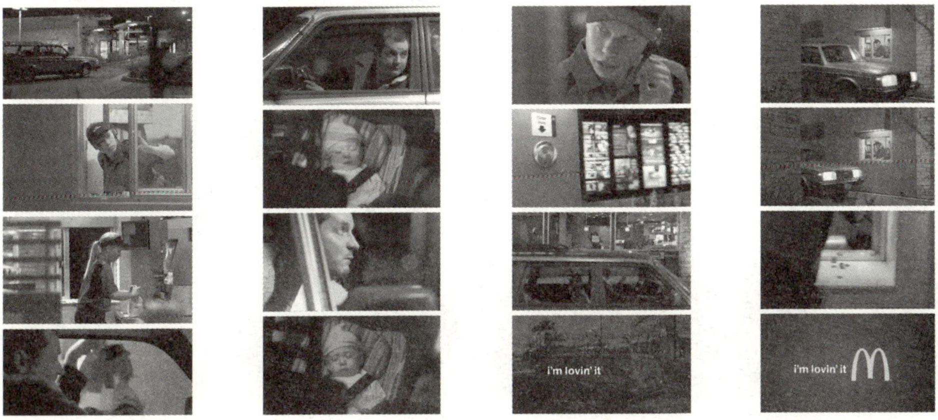


图5.13 麦当劳(父爱暖暖)篇电视广告

4．证言型

这种广告形式借助消费者对商品使用的评价来说服潜在消费者，证言型的广告如果能使人信服，几乎常常获得成功，因为它可以使人很快明了产品的功效，与其他产品的差异化特点，给消费者带来的好处。证言型广告在目前论证的手法多种多样，大多采用名人证言或通过邀请权威人士证言或权威机构对产品进行论证、评估或推荐或是在广告中介绍商品的获奖情况的方式，一是可利用名人的知名度引起消费者对产品的关注，增加受众的信任感，另外也可利用名人和权威人士的公信力证明产品的功效是真实的，推动购买。如“高露洁”牙膏广告、“沙宣”洗发水广告等均采用了证言型广告方式。证言型广告文案，内容必须真实，选择鉴定机构或专家必须慎重，并且必须遵循有关的广告法律法规规定。同时，应以坦诚的态度和慎重的语气说话。否则，不仅影响企业形象，而且还会损害权威机构或专家的形象。著名的现代广告教皇大卫•奥格威认为最有效的证言型广告，是采用秘密拍摄方法拍摄到的那些忠实消费者使用产品的实况，尤其是当片中的访问员以故意挑毛病的方式来激发这些忠实消费者为产品做辩护时最有效果。无论如何，证言型广告一定要以真实的效果来说明，如果弄虚作假，不仅说服力大打折扣，而且有虚假广告的嫌疑。

**广告案例**

**金龙鱼调和油电视广告文案**

正文：妻子：爸爸最好吃葵花油，爷爷应该吃玉米油，儿子喜欢花生油，奶奶喜欢菜籽油，这可怎么办呢？

家人：用这种，用这种。

旁白：金龙鱼调和油，富含8种植物油营养，创造1:1:1平衡比例，国家专利，金龙鱼调和油。

家人：平衡营养，一瓶搞定。

**案例解析**

如图5.14所示，金龙鱼广告中女主人的烦恼也是大多数消费者所烦恼的事情。这时候金龙鱼调和油出现了，并且还强调了金龙鱼调和油富含8种植物油营养，创造1:1:1平衡比例，是国家专利。国家专利这是国家权威机构认定的，增加了消费者对产品的信任感。推动了消费者购买行为的发生。

图5.14　金龙鱼调和油电视广告

5．示范型

示范型电视广告形式通过各种真实的、有说服力的示范行为，切实地证明商品的功能和优点。这种形式特别适合产品特性突出并且易于用画面表现的产品，采用这种示范型的广告形式，首先要挖掘产品特点，并找到展示特点的方法，如果无法透过画面让消费者清楚地了解产品的优点，就要放弃这种广告形式。高露洁、佳洁士牙膏曾采用过相似的示范方式，通过鸡蛋(贝壳)演示含氟牙膏对牙齿的保护——把一只半面涂有佳洁士(或高露洁)牙膏的鸡蛋 (贝壳)放入酸液中，一段时间后取出，敲打鸡蛋(贝壳)做比较，涂有牙膏的一面坚固，未涂牙膏的一面松软。在这种比较中，产品特性在以秒计算的时间内展现出来，有效地获得了消费者的信任。

邦迪牌创可贴有一则电视广告，画面上一个小男孩伸出一只手指，上面贴着一个创可贴，一盆水泼过来，男孩头上身上都是水，他伸出手指，对着镜头说“不会湿”，又一盆水泼过来，小男孩伸出手指，对着镜头说：“不会湿，真的不会湿哟。”

如图5.15所示，这是一则非常简单、单纯的示范型广告，单纯到有些笨拙，但正是这种简单，将承诺点视觉化，使消费者一目了然，产品防水的特性异常突出。无怪乎汤姆•狄龙说：“伟大的广告写作，无论是印刷的也好或在电视上的也好，通常总是单纯得近乎虚伪或不使人怀疑。即使你正在写‘胡说八道’，也要它成为非常好的‘胡说八道’。”

图5.15　邦迪牌创可贴电视广告

6．歌曲型

歌曲型的广告形式借助歌曲的影响力，将产品与歌曲相结合，迅速提升品牌知名度。尤其是旋律动听、歌词简单直白的歌曲，易记好懂，轻轻松松就可以被人传唱记忆。一首好的歌曲，对于推动一个产品的作用是难以估量的。事实上，许多知名的大品牌都曾借助广告歌的形式，来让消费者理解、记住自己的品牌。如雪碧就曾借张惠妹的劲歌热舞，在“给我感觉”红遍大江南北之时，俘获了众多年轻人的心：还有喜之郎果冻“我只喜欢你”，娃哈哈纯净水“我的眼里只有你”。在众人传唱歌曲的同时，也成就了一个品牌，体现了流行歌曲对广告的影响力。歌曲型的电视广告特别适合于一些针对青少年诉求的商品，一些不需要做出重大购买决定的日用消费品尤其适合，而一些耐用消费品，如家电、汽车和房地产等，在一般情况下并不太适合。

广告案例

## 蒙牛酸酸乳主题歌电视广告文案

正文：耳朵里塞着小喇叭，躲在被窝里看漫画，虽然我还在象牙塔，我多么想一夜长大。

亲爱的爸爸妈妈，别叫我小傻瓜，虽然我很听话，不代表我没有想法。

喜欢酸的甜这就是真的我，每一天对于我都非常新鲜，我挑剔的味觉，有最独特的区别。

我喜欢酸的甜这就是真的我，青春期的我有一点点自恋，大人们的世界，等待着我去冒险。

哈……快长大，快快长大，对这个世界say hi，我要我自我，最像我的自我，人群之中我最独特，唱我自己的歌，要唱出我的性格。

我要我自我，最爱我的自我，笑过哭过我会全部都记得，梦想总会有沙漠，梦想就是种快乐。

啦……

树荫，校园，宿舍，阳光，年轻人，打球的，聊天的，背书包的，听MP3的……一个青春四溢的女孩子旁若无人地听着耳机，一边高声地唱走调的歌，所有的人都惊诧地看着她。她低头喝了一口蒙牛酸酸乳，摘下耳机，音准一下子又稳定又准确了。所有的人都被她感染，跟着一起唱起来。

案例解析

这是一则洋溢着青春、自信、勇气、真实的广告，充满了酸酸甜甜的感觉，再加之蒙牛对收视率极高的“超级女声”节目的赞助，使得蒙牛品牌知名度与日俱增，同时在受众心目中树立了阳光、年轻、自信的品牌形象。

7．动画型

动画(Animation)，又叫卡通(Cartoon)，简单理解就是“使画动起来”或“活动的画”。动画型广告采用人工或电脑绘画设计，利用人的“视觉残像”原理，将各个画面逐格拍摄，以每秒24格的速度放映，使观众看到人或物的动态。

动画型的广告形式节奏快，表现时空宽广而又自由，可发挥无限想象力，它能把幻想与现实紧紧地交织在一起，把幻想的东西通过具体形象表现出来且具有独特的感染力，当传达一些无法通过实景表现的内容或针对青少年、儿童目标市场做广告时，利用动画型广告效果较好。但由于动画型广告无法实景执行。有一种非现实感，一些人会认为动画型广告是人为的表现，因而失去对成人的吸引力。大卫•奥格威指出：“卡通对儿童具有推销力，但对成人，其效果呈中等之下。因为，卡通的注意力不及实景，而且缺乏说服力。”当选定动画型的广告表现形式时，要注意扬长避短，充分发挥动画型广告可爱、活泼、轻松的优势，同时注意增强广告的戏剧性，塑造鲜明的人物个性。

## 广告案例

### FAMILY公益广告文案

正文：小时候爸爸是家里的顶梁柱，
高大魁梧的爸爸遮风挡雨，
温柔贤惠的妈妈相夫教子。
渐渐我长大了，
少不更事的我总想挣脱爸爸的束缚，
屡次顶撞唠叨的妈妈，
长大的我渐渐体会到了生活的艰辛，
发现爸爸的背早已驼得不成样子，
妈妈的身体也已臃肿，
是时候尽一份子女的责任悉心呵护起这个家。
做父亲贴身的拐杖给他一个依靠的肩膀，
给母亲撑把庇护伞为她遮蔽盛夏的骄阳。
爸爸妈妈我爱你，有爱就有责任。

## 案例解析

如图5.16所示，中央电视台的这则动画形式的公益广告创意可谓别开生面，画面上用英文字母拟化成人物形象，从孩子的角度来展示“有爱就有责任”的主题。把每个字母都塑造成形象的家庭人物，以他们的动态、年龄、形象的变化来进行创意制作。这则广告用活泼、有趣的方式告诉我们，家是有爱的，有爱就有责任。虽然没有真实的人物形象和表情，但每一个可爱的字母有像人一样的动作、肢体语言和表情。活泼、可爱，充满童趣，用儿童动画的形式表达主题，真实可信。让人在轻松的微笑中接受广告诉求——“爸爸妈妈我爱你，有爱就有责任”。

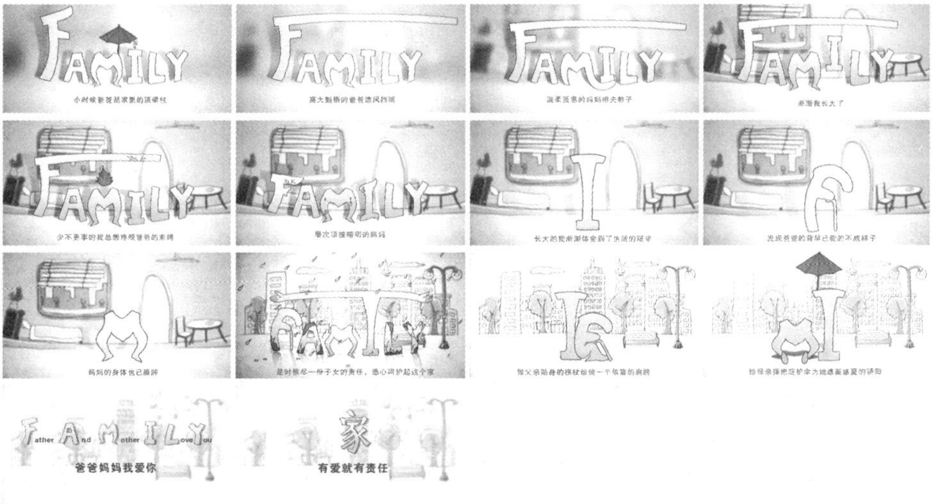


图5.16　FAMILY公益广告

现实中的电视广告一般并不局限于一种形式，而是各种表现形式的结合，在构思电视广告文案时，要根据广告策略、广告主题及创意灵活选择广告表现形式，达到广告效果的最大化。

8．幽默式

运用这种表现形式的文案旨在引起受众的兴趣，提高注意率，加强信息的影响深度与广度，收到显著的广告效果。

应当看到，幽默式广告在实际应用时最大的问题是幽默尺度较难把握。同样的一则幽默广告，某些人会感到乐趣十足，另一些人可能会认为是低级趣味，甚至还会有人厌恶。因此，幽默的话语或画面要运用得体才能取得预期的广告效果，否则只能适得其反。

**广告案例**

### 东风标致3008汽车电视广告文案

正文：男飞行员：008已到达指定位置。

指挥官：请执行M计划。继续搜索目标。

男飞行员：距离目标65海里

女飞行员：小心肝儿

男飞行员：小宝贝儿

女飞行员：小心肝儿

男飞行员：小宝贝儿

女飞行员：小心肝儿……小心肝儿……

男飞行员：小宝贝儿……小宝贝儿……

女飞行员：小心“肝”小心“肝”

男飞行员：啊……

(镜头转换)

看门女师傅：小……心……杆……

旁白：东风标致3008，Mirage驾驶舱设计灵感来自幻影式战斗机

保安：内饰挺牛，像个战斗机啊

**案例解析**

东风标致3008汽车电视广告中充满了搞笑的情节，如图5.17所示。与画面效果、和谐的背景音乐及一语双关的表现形式，都逗得观众捧腹大笑。广告用这种幽默搞笑的方式，诠释东风标致3008汽车优秀的配置和Mirage驾驶舱设计的特点，给人深刻印象。

目前，我国最时兴的幽默式广告文案或广告语，多采用常识打趣、成语错用、一语双关和形象联想等手法，既能使广告具有一定的民族特色，又富于知识性和趣味性。

图5.17 东风标致3008汽车电视广告

9．赞美型

赞美型的广告文案是就商品、服务本身固有的优点来述说，引用的信息资料都是有利于证明产品如何好的事实依据。赞美型广告在日用消费品的宣传中应用较多，因为消费品本身的品质、新鲜度等可以说是消费者最关心的。

在撰写此类广告文案时，需特别注意的是：尽量采用各种方式使受众对广告信息中所运用的赞美性语言深信不疑，力求具有高度的可信度，切不可使受众产生广告主在自我吹嘘的感觉。虽然赞美型广告在实际运用时极具难度，但若运用得当，则可产生事半功倍的效果。

10．新闻报道型

一般而言，刚刚进入市场的新产品以及展开比较独特的促销活动时，采用此类型广告极为有效。其优点是内容具体，介绍比较全面，提供的信息资料有一定的科学依据，缺点是文体平铺直叙，有些枯燥。

必须承认，尽管电视广告的表现形式多姿多彩，然而吸引力只是广告成功的手段，而不是广告的最终目的，影响受众的行为才是广告的最终目的。威廉·伯恩巴克说过，“广告界中任何人如果不说他的目的是销售，那么他不是无知就是骗子。”这就是说，如果广告不能吸引消费者的注意，那么影响受众的行为也无从谈起，前文所做的一切也就无异于竹篮打水。

11．内心独白型

在电视广告中有这样一种类型，其中有人物出现，他们的交谈表面上很像对话，实际上却是一种内心独白。试看以下例子。

广告案例

**聚美优品电视广告文案**

正文：你只闻到我的香水，却没看到我的汗水。你有你的规则，我有我的选择。你否定我的现在，我决定我的将来。你嘲笑我一无所有，不配去爱，我可怜你总是等待。你可以轻视，我们的年轻，我们会证明这是谁的时代。梦想是注定孤独的旅行，路上少不了质疑和嘲笑。但那又怎样，哪怕遍体鳞伤也要活得漂亮。我是陈欧我为自己代言。

## 案例解析

如图5.18所示，聚美优品的电视广告陈述了聚美优品总裁陈欧创业经历的一个故事。整个心理陈述以时间为脉络来进行，讲述了每一个阶段的困难和心理感受。同时也映射出聚美优品的企业精神。侧面告诉消费者聚美优品会给你带来自信和成功。其成功之处在于，通过个人的回忆或陈述，把故事的发展过程描绘得脉络分明，头绪清楚，人物形象也有鲜明的个性，而且主要诉求点表达得十分突出。

图5.18　聚美优品电视广告

12．TPO型

这是一种新颖而富于独创性的电视广告形式。它是指创作者将时间、场所、事件联系起来，利用节目编排艺术，在特定时间里巧妙地安排同一产品或服务广告，以连续性和变化性抓住受众的注意力，这就是TPO式电视广告。试看下面的例子。

## 广告案例

### 美国可口可乐公司TPO电视广告文案

正文：清晨。7:30，早晨新闻节目前，向上班前的公务人员传播这样的信息：紧张繁忙的一天已经开始，出门前喝一杯可口可乐，将会使你的工作节奏更流畅，精神更饱满。

上午。9:30，《家庭百事》节目前，一曲清新明快的乐曲奏完，女节目主持人笑容可掬，手持一罐可乐上场，提醒正在家里操持家务的主妇们，别忘了把可口可乐放在冰箱里，晚上你的先生和孩子回家，如果喝上一杯冰镇可乐，既冲掉他们一天工作学习带来的疲乏，又适时体现出你对家人的温柔爱心。

午间。12:20，气象预报节目刚播完，电视屏幕里又不失时机地劝告在公司用午餐的公务人员：今天天气酷热，午饭后喝一杯可乐，解渴消暑，身心愉快，积聚充沛的精力，井井有条地去处理下午的大堆事务吧！

晚间。22:10，一场精彩的棒球比赛休息时间，看台上人头攒动。突然，镜头推近一看客昏厥状。这时，观众十分熟悉的两个男女电影明星出现，对观众开始讲话：今天可热得够呛！你们看，刚才那位女士可能中暑了。据气象报告，明后几天气温还要升高。可乐的饮用也会更多，请打电话到可口可乐零售商店去，通知他们迅速多送几箱新鲜可乐，储存起来，以供不时之需。零售商店的电话号码是……

**案例解析**

美国芝加哥电视台为可口可乐公司发布的这种TPO式广告，与其他电视广告相比较，显示出下列显著特征。

(1) 它更贴近消费者的日常生活。如早上上班前的广告，要公务人员出门前喝一杯可口可乐，可以精神饱满地投入到工作之中，取得更大的成绩。这让消费者产生一种其他广告所没有的亲切感，从而有效地排除了人们对广告的抗拒心理。

(2) 它跟电视节目密切交融，尤其是跟那些观众喜爱的、收视率很高的节目前后相连，如午间12时20分天气预报后，马上接着播放可口可乐公司的广告，而且广告内容与天气密切相关：今天气温很高，希望大家午饭后喝一杯可乐，以解渴消暑，保持身心愉快。由于与电视节目相连，往往会提高广告的收视率，并引起对广告产品的注意。

(3) 虽然它会依时间、地点、事件的不同而变更电视广告的内容和形式，甚至诉求对象也在变，但由于是同一电视媒体播出，就不可避免地存在着其中几个不同的广告被同一群体所收看，因而使可口可乐的广告产生了一种类似于系列广告的累积、强化效应，使广告效果得到提高。

13．画外音型

有这样一种电视广告，它没有情节和故事，也没有人物，主要依靠画外音来表达产品、服务或企业形象方面的信息，可以将它称为画外音式电视广告。试看下面的例子。

**广告案例**

**新康泰克电视广告文案**

正文：不同感冒区别用药才有效，新康泰克牌系列感冒药。一般感冒时蓝色装，严重感冒时红色装。对症用药，认准新康泰克品牌。

**案例解析**

如图5.19所示，从新康泰克感冒药电视广告可以看出，画外音式电视广告有着别具一格的表现特征：它传达信息不以动态画面为主，而是依赖旁白式的有声语言。如果放在广播广告中，人们就不以为奇，而在电视这种语境中，它就给人一反常态的感觉，正是这种感觉导致消费者对广告及广告产品格外注意。

图5.19　新康泰克感冒药电视广告

14．比喻型

在电视广告中，还存在着一种在叙述故事中以彼意象喻此意象，以达到烘托、突出主意象和广告诉求重点的类型，我们称之为比喻型。试看下面的例子。

**广告案例**

**耐克“专业的体育精神”系列电视广告文案**

正文：(乒乓球篇)

撼人的音乐，蓝白调的背景，一个蒙着眼睛的运动员用手指转动篮球，走向一露天篮球架。接着，在清脆的音响效果下，我们看到两只手飞速控球，令人眼花缭乱，篮球仿佛轻盈的乒乓球在运动员手中翻飞。但我们还是看不清运动员的脸。

字幕：“除了乒乓球得心应手，中国人还有篮球”出现之后，我们才看到这个球员，拉开蒙眼头带，原来是中国篮球运动员。

最后字幕：阿的江。

(五指山篇)

蓝白黄调的背景，一只黑色的手，朝镜头压下，耳边听到的是怪兽发出的背景音效。接着，我们看到这只手重重盖帽，一次接着一次，如大山压顶，这只手也成了人们所说的“五指山”，而篮球在如此重压下终于变成碎片。

字幕：“令人望而生畏的，不只是中国的珠穆朗玛峰”。这时，特写镜头，手慢慢移开，原来是中国篮球运动员。

最后字幕：王治郅。

(神射手篇)

黑白的背景，一双脚，一个空荡荡的篮球馆，耳边听到子弹上膛的声音。接着，音效逐渐紧张，镜头迅速接近篮球架，一个个篮球应声入网，运动员好像神枪手，弹无虚发，当最后一个球入网，我们可以听到明显的枪声。

字幕：“美国西部之外，中国也有神射手。”这时，特写镜头，脸渐渐清晰，原来是中国篮球运动员。

最后字幕：胡卫东

## 案例解析

耐克运动鞋所做的系列电视广告每一篇的内容里都运用了比喻，如图5.20至图5.22所示。而且每一篇的比喻都是通过两种方式表现出来的：第一为视觉意象，如以乒乓球比篮球，以五指山比运动员有力的大手等；第二为中间的字幕，如“美国西部之外，中国也有神射手”，就是将中国篮球运动员比作神射手，投球百发百中。

之所以要采用比喻式，其目的显然是为了使本体形象更鲜明、更生动，从而进一步让消费者牢记耐克公司“专业的体育精神”所显示出的卓越的品牌形象。

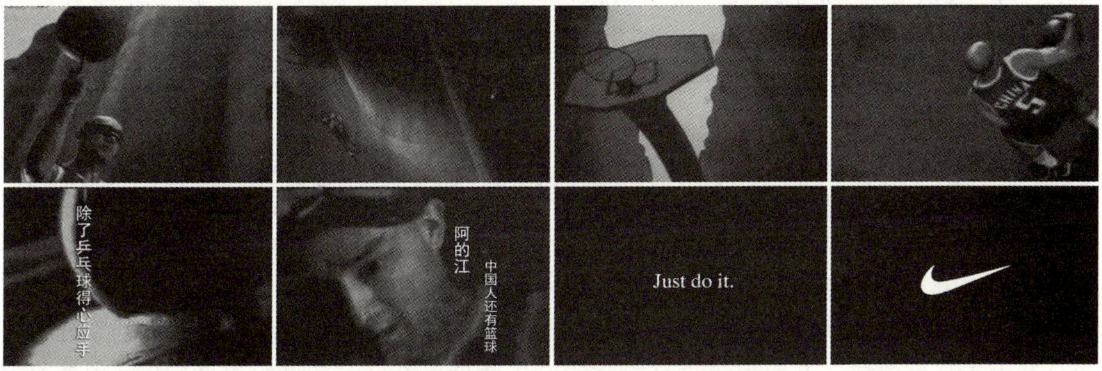


图5.20　耐克“专业的体育精神”(乒乓球篇)电视广告

图5.21　耐克“专业的体育精神”(五指山篇)电视广告

图5.22　耐克“专业的体育精神”(神射手篇)电视广告

15. 意境型

意境型广告，不是去陈述产品的性能或编撰故事情节，而是致力于通过电视画面托物言志，咏景抒怀，为消费者营造出一个优美动人的艺术境界，试图使他们在美感愉悦中牢牢记住广告产品。在这方面，日产公司的“无限”(Infiniti)轿车在美国发布的电视广告就是一个极好的例证。

1989年，日产公司研制、生产出了一种高级豪华轿车，并将它命名为Infiniti(无限)。公司策划将它打入美国市场，具体事宜委托希尔•荷里德广告公司代理。该公司的文案撰稿人比尔•希德、艺术指导丹•伊斯顿决心打破传统的汽车广告模式，制作一个没有汽车出现的汽车广告。他们确定以自然景观为题材，创造出一种“天人合一”的艺术境界：朦朦胧胧的垂柳，细细的雨丝斜飘进池塘，池塘里漂浮着几片树叶，一阵微风吹来，水面顿时泛起小小的涟漪……此时，画外音恰到好处地响起来了：“豪华到底是什么？豪华的价值何在？”

可以看出，这一电视广告没有像通常的汽车广告那样，去展示豪华汽车雍容华贵的不凡气派，甚至始终没让汽车的身影出现，只有柳丝、细雨、池塘、薄雾等审美意象缓缓推出，构成了一个秀雅、柔和充满了诗情画意的艺术境界，给消费者带来强烈的美感愉悦。但它并没有完全离开广告产品，如通过画外音对“豪华”的叩问，就让消费者将它与附文中出现的Infiniti联系起来，从而在对广告所创造的优雅意境的美感愉悦中对广告产品产生了高度关注，并取得了异乎寻常的广告效果：许多消费者纷纷涌向Infiniti美国销售处停车场，以先睹该车“芳容”为快。在广告播出后，该广告一方面引来好评如潮，另一方面也引起了激烈争议，当然更多的还是让消费者产生了强烈的兴趣，如电视画面中出现的3块大黑石，就被他们认为“有禅一般的神秘感”。

## 5.4　电视广告文案示例

1. IBM电视广告

**广告案例**

**IBM电视广告文案**

正文：(三个人在咖啡厅里围绕着公司的性质展开激烈的讨论)

A：我认为随需应变与我们无关。

B：为什么？

A：是给那些大公司的。

C：我们是大公司。

A：什么叫大公司？

B：就是在六个国家都有公司，全国十二个州都有供应商，就连尼泊尔都有办公室。

A：那才叫大呀。

B：但是我们也有大公司的难题，整合外包，随需应变。

A：所以你说随需应变也适合我们？

B：其实我们没有那么大。

C：也快了。

D：做大公司的事儿，花小公司的钱。

A：什么？

**案例解析**

如图5.23所示，这则广告是3个公司职员在咖啡厅里激烈地探讨着公司性质的话题。一问一答的对话式表现形式的广告演绎方式比较接近日常生活，增添了亲切感，一问一答的形式也符合受众的逻辑思维方式，易于受众消化和接受。广告最后的广告语“IBM易捷解决方案，专为随需应变的世界准备”立场鲜明地指出了IBM对各个公司的帮助。广告结束时，一妇女类似总结性的话语“做大公司的事儿，花小公司的钱”更是用通俗易懂的话语强调了IBM的利益点，而成本与效率也正是现代社会所极为关注的。这种主要描写消费者日常生活中的小片段或小插曲的广告，片中的主角不是商品，而是目标消费者，商品成为其生活方式的一部分。这样自然和谐地将商品的诉求点宣传地尽善尽美。

图5.23 IBM电视广告

2．奥迪A4汽车电视广告

**案例解析**

如图5.24所示，这则广告一反常态，没有出现任何一个汽车形象的镜头，整个广告过程就是一束亮亮的背光和一只骆驼还有一只豹子。广告中背景光在整个画面的中间渐渐亮起，主角即将登场，随着音乐的渐起，画面的左上角出现了象征耐力的骆驼，画面的右下角则是象征速度的豹子，两者越来越近，终成接吻之势；画面淡出，“Audi A4 TDI V6”字幕出现。随后奥迪汽车的标志的出现作为整个广告的结尾。这则广告以这两种动物的品质和特征来暗喻奥迪A4汽车的性能。骆驼和豹子接吻，预示着耐力和速度的结合。色彩和音乐给整则广告以辉煌与崇高的形象，整个广告没有过多的广告语也没有过多的画面，却使观众感受到了奥迪的高贵之风。

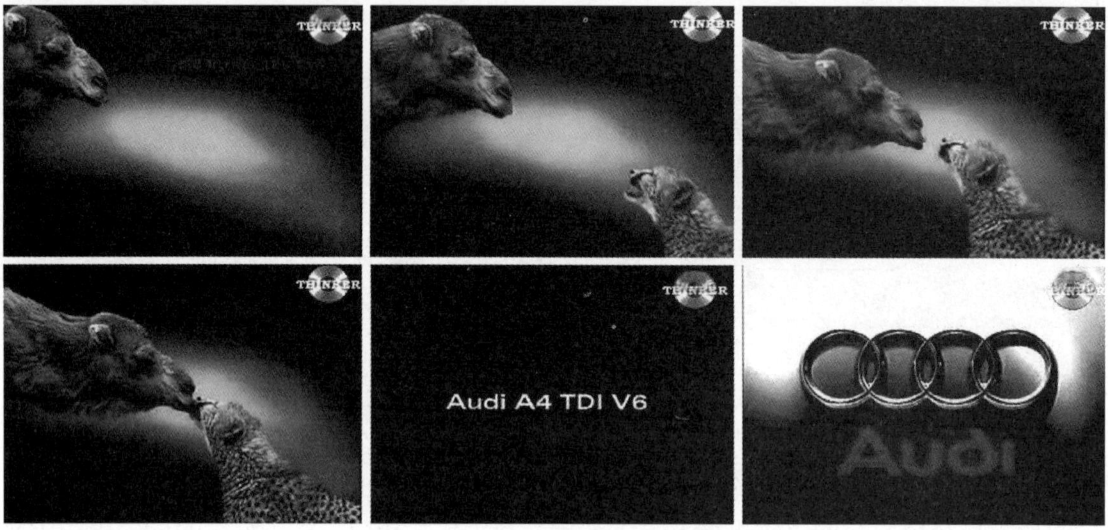


图5.24　奥迪A4电视广告

3．麦当劳电视广告

如图5.25所示，广告开始时，电视画面是一个招人喜爱的Baby躺在摇篮里一会儿哭，一会儿笑。当摇篮荡上去时Baby就笑，荡下来时Baby就哭。Baby的表情何以这般戏剧化？接着画面从Baby的视角显露出麦当劳的标志牌“M”，Baby看到麦当劳标志牌时就开心地笑，而当摇篮荡下来时看不见麦当劳标志牌就伤心地哭。答案得出后，画面定格在麦当劳金色的招牌上。

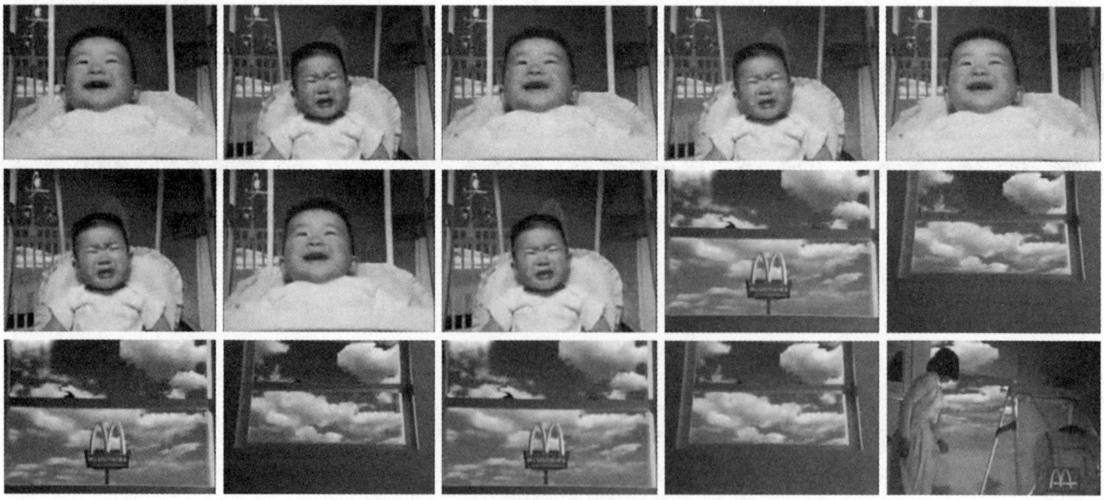

图5.25　麦当劳(婴儿篇)电视广告

**案例解析**

这则广告充分表达了“麦当劳是连吃奶的孩子也极为喜爱的品牌”这样一个主题。该广告获得1996年戛纳广告节影视金奖。这则广告获奖，其原因有两个：一是运用现代电脑合成技术，将Baby哭笑之间表情的转换，按摇篮的节奏做得天衣无缝，画面简洁明了、新颖独到、构思巧妙、浑然天成；二是创意上运用了悬念法。利用Baby的哭笑转换，引起观众的想象和推测，吸引观众的注意力，激起观众的好奇心，吊起观众的胃口，一反思维常态，应用心理战术，为消费者设置宽阔的思维空间，让消费者主动揣摩、主动参与，在不知不觉中对广告主产生好感。直至产生消费欲望。

4．TOTO卫浴电视广告

**广告案例**

**TOTO卫浴电视广告文案**

正文：(场景一)

小男孩：妈妈，这回不会忽冷忽热的。

妈妈：小裤裤脱了吗?

(场景二)

小女孩：像你一样白白的。

(场景三)

小男孩：有水了，喷到了屁股上，很舒服的。风吹出来了，吹在我的小屁屁上，很暖的。

旁白：舒适到家TOTO

**案例解析**

如图5.26所示，这则TOTO卫浴电视广告第一个场景讲述的是一个小男孩儿，正在浴室里拿着喷头不亦乐乎地享受这洗澡的乐趣，这时候画外音中传来妈妈的声音“小裤裤脱了吗？”使得小男孩儿脸上的表情马上由原先的尽情陶醉变得尴尬无助。

第二个场景讲述的是一个背着白色毛绒玩具熊的小姑娘正有模有样地打扫着卫生间，她把小熊安放在了马桶上，并把它当做倾诉对象，以老成的口吻讲道：“像你一样白白的！”

第三个场景表现的是一个小男儿坐在马桶上，一只稚嫩的小手在一排自动按钮上游移着，接着是以小孩儿的口吻一边介绍产品的性能，一边在乐呵呵地展示使用感受，从他享乐的表情中，把产品舒适的性能表现得淋漓尽致。

这个广告的3个不同的情景，分别以3个孩子天真纯洁的一面来打动观众。方便使用、外形美观、设计人性化……这一系列抽象的性能理念在孩子们真切的表现中一一呈现。广告的音乐欢快、活泼，具有伦巴的节奏，与孩子表现的画面情景和谐一致。

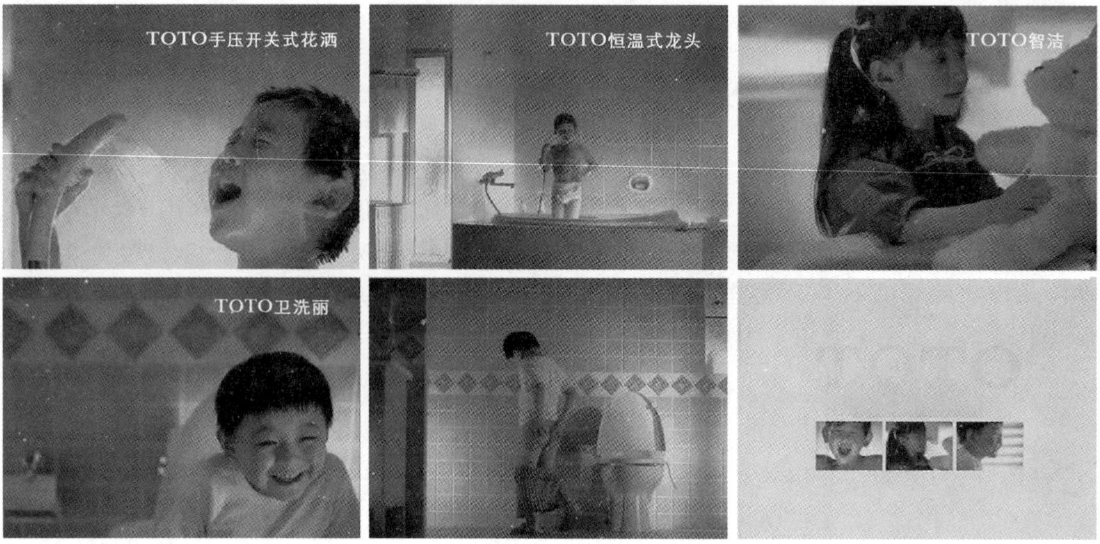


图5.26　TOTO卫浴电视广告

5. 恒源祥电视广告

**广告案例**

**恒源祥电视广告文案**

恒源祥标志展现在画面上，旁白："恒源祥，绒线羊毛衫"，最后小囡用稚嫩的童声叫出："羊、羊、羊！"

**案例解析**

恒源祥形象广告中的小囡，给人一种可爱的印象，惹人注意，让人怜爱；选用卡通漫画形象作为品牌的组成部分，帮助消费者加深对品牌的识别记忆；配以"恒源祥"3个魏碑字体，在辅以"创牌于1927年"的说明，告诉人们恒源祥是中国民族工业最早的开拓者，符合人们期盼振兴民族工业的愿望，赢得了消费者的认可。

1994年，恒源祥在中央电视台一套新闻节目后的黄金时段做了5秒钟标版广告。其3遍联播(或拆开在剧前、剧中、剧后分播)的新形式开创了中国电视广告的先河，是广告信息与媒介巧妙结合的范例。短短5秒钟标版广告不可能有动人的情节、感人的画面。然而其成功在于首先抓住了提高产品先期知名度的最基本的广告要素：品牌名、产品类别、关键联想。更主要在于其广告中画龙点睛的3声"羊，羊，羊"高频率重复的小囡童声，吸引了受众的注意力，使得恒源祥广告在众多的电视广告中脱颖而出。

成功的广告为恒源祥带来了丰厚的回报，目前恒源祥的年用毛量已经占世界年用毛总量的1%，使得国外毛线企业相形见绌。恒源祥已经蜚声大江南北，享誉国内外。可以说，恒源祥广告的"民族性"为其带来了"世界性"。

# 本章小结

本章中我们深入地论述了电视广告文案写作的相关知识。除电视广告媒介的基本特征、电视广告文案撰写方法及表现形式等之外，还涉猎了一些经典的电视广告文案案例。调查结果显示，在被收看的广告中，只有1/3的广告能给观众留下一些印象，而这1/3中又只有1/2能被正确理解，仅仅5%能在24小时内被记住。因此，要有效地利用电视这色彩、声音、图像和文字于一体的广告宣传工具，就必须设计制作出精彩的，具有独特风格的电视广告。

# 本章习题

一、填空题

1．电视广告的制作可以将各种信息通过电视制码可以转换为直观、具体的可感________、________和________。

2．电视媒介播放广告的时间长度有________、________、________、________、________等几种，其中，________秒和________秒这两种长度的广告最多。

二、选择题

1．电视广告创作流程，按顺序选择(　　)。

A．创作前期　　B．故事板绘制　　C．拍摄制作　　D．电视广告脚本做的撰写

2．电视广告的声画关系，从表现内容来看主要有(　　)。

A．声画并行　　B．声画同步　　C．声画对立　　D．画此言彼

三、思考题

1．简述电视广告媒介的基本特征。

2．电视广告文案撰写的要诀有哪些？请列举具体个案加以说明。

3．简述电视广告文案的具体表现形式。

4．运用所学的理论，为某品牌的手机分别制作5秒和30秒的电视广告片的文案各一则。

# 第6章 网络媒体广告文案写作

**【训练要求和目标】**

本章讲述了网络广告的含义、网络广告地位的确立、网络广告媒体的特性、网络广告发展趋势等。

训练要求：

- 了解网络广告的含义、确立、特点、趋势。
- 理解网络广告的表现手段、呈现方式、网页位置。
- 掌握网络广告文案的特点和写作要点。
- 重点理解网络广告案例分析。

训练目标：

了解网络的特点，学会网络广告文案写作形式的要求和规范，使网络广告文案达到有效传达广告信息的目的，从而通过文案表达出产品的核心信息，实现网络广告文案创作效果最大化，培养出网络媒体广告文案写作方向的专业人才。

**【本章引言】**

对以网络媒体作为媒介的广告文案进行写作，首先我们需要了解广告历史。从某种意义上说，一部世界广告发展史，实质上就是新的媒体被不断开发的历史。而因特网的出现，打开了一个全新的了解资讯和交流思想的窗口，使人们的传播与沟通方式发生翻天覆地的变化。美国艾维媒体资讯的专家称：“中国是网络广告形式最丰富的国家”，而它是从根本上改变了人类的生产方式、沟通方式和生活方式。正因为这样，全球使用互联网的用户数才以空前的速度增长，无论是发达国家还是发展中国家，都是如此。当然，欧美发达国家的发展速度无疑更快些。

# 6.1 网络广告概述

互联网的出现，极大地改变了人们获取信息的方式。互联网已经成为网民获取信息的首要媒体，这主要归因于互联网方便、快捷、定位准确、信息丰富等优势。Web 2.0的出现，更增加了网民与互联网的交互性，网民能够主动寻求信息并与网络进行交互，而非传统媒体中网民只能被动接收信息。随着互联网影响力的提升、内容的不断丰富，使用与服务更加灵活便捷，网民更倾向于使用互联网进行相关信息搜集、浏览、购物以及娱乐等活动。互联网的这些特征为广告界带来了商机，广告主将传统广告营销转向以互联网为重要媒介的互联网营销。

互联网成为广告主营销产品和服务的重要渠道之一，从而形成了广告产业中最为重要的广告形式——网络广告。网络广告就是运用网络媒体劝说公众并能与公众交互的一种广告形式。网络广告是继传统的报纸、杂志、电视、广播广告之后又一新兴的媒体广告。同传统广告相比，网络广告凭借其快速传播、较高的性价比、较高的互动性、覆盖面广、精准定位以及实时准确的效果监测等优势成为广告主的新宠。网络广告不仅成为广告主进行产品和服务推广的媒介，也成为网络媒体的赢利工具。

自从1994年10月美国Hotwired.com的首页上出现了AT&T等14家客户的旗帜广告以来，网络广告在全球范围内蓬勃发展，以欧美、日本、中国和韩国等为代表的国家，新兴媒体不断涌现，网络广告产业不断进化。网络广告相对于传统媒体广告更有活力，增长速度相对更快，表6.1显示了2008—2012年全球主要媒体广告市场规模及其份额。根据美国互动广告局(Interactive Advertising Bureau)报道，美国从1995年不足6000万美元发展到2010年260.4亿美元的网络广告市场规模，图6.1说明了1995—2010年美国网络广告市场规模及网络媒体收入对比情况，从表6.1与图6.1可知，无论是市场规模还是收益变化，网络广告都呈现出比传统媒体广告快速增长的趋势。

美国网络广告市场规模在2001年超过户外广告，2007年超过广播，2008年超过杂志，2010年超过报纸，现在仅次于电视广告而位列第二。根据美国新闻学会(American Press Institute) 2009年的研究报告，美国网络广告用了13年的时间就达到了200亿美元的收入，而新闻报纸则花了127年的时间；美国无线电广播用30年的时间才发展了5000万用户，为了达到同一规模，电视用13年的时间，有线电视用10年的时间，而互联网只用了5年的时间。毋庸置疑，网络广告是增长最快的媒体广告。

表6.1　2008—2012 年全球主要媒体广告市场规模及其份额

| 全球各媒体 | | 2008 | 2009 | 2010 | 2011 | 2012 |
|---|---|---|---|---|---|---|
| 电视 | 规模(亿美元) | 1857.3 | 1715.5 | 1749.4 | 1829.8 | 1929.3 |
| | 增长率(%) | | -7.6 | 2.0 | 4.6 | 5.4 |
| | 份额(%) | 38.2 | 39.2 | 39.6 | 40.0 | 40.2 |
| 报纸 | 规模(亿美元) | 1231.1 | 1019.9 | 978.6 | 967.1 | 958.5 |
| | 增长率(%) | | –17.2 | –4.1 | –1.2 | –0.9 |
| | 份额(%) | 25.3 | 23.3 | 22.2 | 21.1 | 20.0 |

（续表）

| 全球各媒体 | | 2008 | 2009 | 2010 | 2011 | 2012 |
|---|---|---|---|---|---|---|
| 互联网 | 规模(亿美元) | 493.8 | 540.7 | 603.5 | 684.0 | 775.1 |
| | 增长率(%) | | 9.5 | 11.6 | 13.4 | 13.3 |
| | 份额(%) | 10.1 | 12.4 | 13.7 | 14.9 | 16.2 |
| 杂志 | 规模(亿美元) | 566.0 | 451.2 | 431.0 | 426.3 | 427.1 |
| | 增长率(%) | | –20.3 | –4.5 | –1.1 | 0.2 |
| | 份额(%) | 11.6 | 10.3 | 9.8 | 9.3 | 8.9 |
| 广播 | 规模(亿美元) | 376.4 | 336.1 | 331.0 | 338.6 | 355.0 |
| | 增长率(%) | | –10.7 | –1.5 | 2.3 | 4.8 |
| | 份额(%) | 7.7 | 7.7 | 7.5 | 7.4 | 7.4 |
| 户外 | 规模(亿美元) | 319.1 | 289.9 | 296 .1 | 310.4 | 324.6 |
| | 增长率(%) | | -9.1 | 2.1 | 4.8 | 4.6 |
| | 份额(%) | 6.6 | 6.6 | 6.7 | 6.8 | 6.8 |
| 影院 | 规模(亿美元) | 23.8 | 21.8 | 22.3 | 23.6 | 24.9 |
| | 增长率(%) | | –8.4 | 2.3 | 5.8 | 5.5 |
| | 份额(%) | 0.5 | 0.5 | 0.5 | 0.5 | 0.5 |
| 总计(亿美元) | | 4867.5 | 4375.1 | 4411.9 | 4579.8 | 4794.5 |
| 增长率(%) | | | –10.1 | 0.8 | 3.8 | 4.7 |

(数据来源：iResearch 2009—2010中国网络广告市场份额报告)

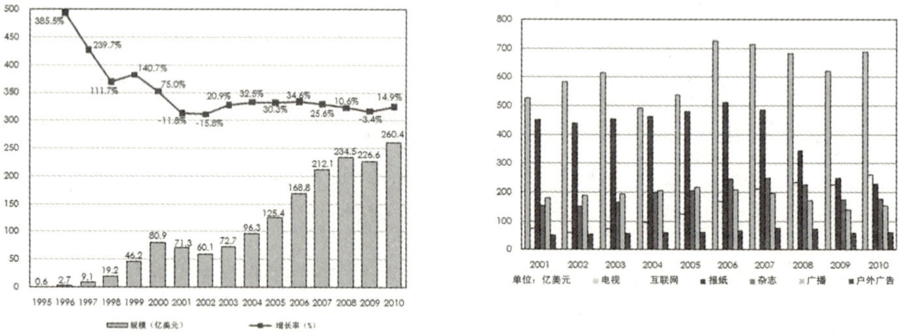


图6.1　1995—2010年美国网络广告市场规模及网络媒体收入对比

(数据来源：iResearch 2009—2010 中国网络广告市场份额报告)

中国网络广告市场中的各类广告也取得了较大的增长，表6.2和图6.2分别显示了近十年中国网络广告市场的发展变化。2011年，中国网络广告整体规模突破500亿元，达到511.9亿元，增长57.6%，超过了报纸，仅次于电视，电视广告的规模虽然仍比网络广告高，但是其增长率远不如网络广告。截至2012 年，中国网络广告整体规模突破750亿元，达到751.3亿元，比2011年增长48.6%，中国网络广告市场已经进入平稳增长期。

表6.2 2005—2013 年中国网络广告细分市场规模

| 各类网络广告 | 2005 | 2006 | 2007 | 2008 | 2009 | 2010 | 2011 | 2012 | 2013 |
|---|---|---|---|---|---|---|---|---|---|
| 品牌图形广告(亿元) | 20.4 | 29.8 | 48.7 | 80.4 | 90.2 | 135.9 | 185.4 | 259.6 | 339.6 |
| 增长率(%) | 56.9 | 46.1 | 63.4 | 65.1 | 12.2 | 50.7 | 36.4 | 40.0 | 30.8 |
| 比重(%) | 49.9 | 49.1 | 46.0 | 47.3 | 43.5 | 44.8 | 42.1 | 39.1 | 35.1 |
| 搜索引擎广告(亿元) | 9.4 | 13.9 | 29.0 | 50.3 | 69.6 | 100.6 | 156.5 | 253.8 | 391.7 |
| 增长率(%) | 64.9 | 47.9 | 108.6 | 73.4 | 38.4 | 44.5 | 55.6 | 62.2 | 54.3 |
| 比重(%) | 23.0 | 22.9 | 27.4 | 29.6 | 33.6 | 33.2 | 35.6 | 38.2 | 40.5 |
| 富媒体广告(亿元) | 1.6 | 3.8 | 6.5 | 9.6 | 13.2 | 22.1 | 35.8 | 59.6 | 95.4 |
| 增长率(%) | 433.3 | 137.5 | 71.1 | 47.7 | 37.5 | 67.4 | 62.0 | 66.5 | 60.1 |
| 比重(%) | 3.9 | 6.3 | 6.1 | 5.7 | 6.4 | 7.3 | 8.1 | 9.0 | 9.9 |
| 视频广告(亿元) | 0.2 | 0.6 | 1.2 | 3.3 | 5.7 | 11.3 | 21.8 | 43.2 | 85.7 |
| 增长率(%) | — | 191.4 | 94.1 | 180.8 | 72.0 | 96.2 | 93.7 | 98.2 | 98.4 |
| 比重(%) | 0.5 | 1.0 | 1.1 | 2.0 | 2.7 | 3.7 | 5.0 | 6.5 | 8.9 |
| 文字链广告(亿元) | 3.0 | 4.7 | 5.8 | 6.7 | 7.3 | 8.2 | 10.0 | 11.4 | 12.8 |
| 增长率(%) | 87.5 | 56.7 | 23.4 | 15.5 | 9.0 | 12.3 | 22.0 | 14.0 | 12.3 |
| 比重(%) | 7.3 | 7.7 | 5.5 | 3.9 | 3.5 | 2.7 | 2.3 | 1.7 | 1.3 |
| 分类广告(亿元) | 3.1 | 3.5 | 4.6 | 5.8 | 6.9 | 8.7 | 11.2 | 14.2 | 17.9 |
| 增长率(%) | 82.4 | 12.9 | 31.4 | 26.1 | 19.0 | 26.1 | 28.7 | 26.8 | 26.1 |
| 比重(%) | 7.6 | 5.8 | 4.3 | 3.4 | 3.3 | 2.8 | 2.5 | 2.2 | 1.8 |
| 电子邮箱广告(亿元) | 0.6 | 0.8 | 1.3 | 1.6 | 1.7 | 2.1 | 2.5 | 2.9 | 3.3 |
| 增长率(%) | 50.0 | 33.3 | 62.5 | 23.1 | 6.3 | 23.5 | 19.0 | 16.0 | 13.8 |
| 比重(%) | 1.5 | 1.3 | 1.2 | 0.9 | 0.8 | 0.7 | 0.6 | 0.4 | 0.3 |
| 其他形式广告(亿元) | 2.6 | 3.6 | 8.9 | 12.3 | 12.8 | 14.5 | 16.9 | 19.1 | 21.8 |
| 增长率(%) | 271.4 | 38.5 | 147.2 | 38.2 | 4.1 | 13.3 | 16.6 | 13.0 | 14.1 |
| 比重(%) | 6.3 | 5.9 | 8.4 | 7.2 | 6.2 | 4.8 | 3.8 | 2.9 | 2.2 |
| 总规模(亿元) | 40.9 | 60.7 | 106.0 | 170.0 | 207.4 | 303.4 | 440.1 | 663.8 | 968.2 |
| 增长率(%) | 74.8 | 48.4 | 74.6 | 60.4 | 22.0 | 46.2 | 45.1 | 50.8 | 45.9 |

(资料来源：iResearch 2009—2010 中国网络广告市场份额报告)

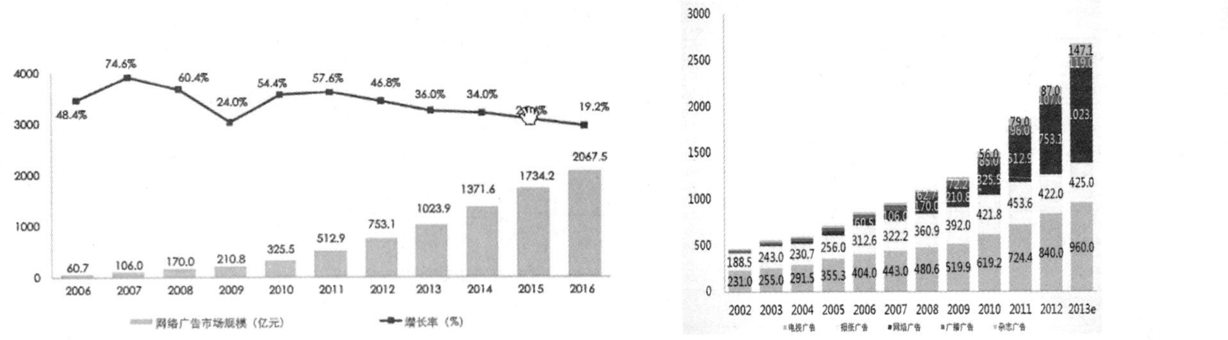


图6.2　中国网络广告市场分析

(资料来源：iResearch 2009-2010 中国网络广告市场份额报告)

通过上述分析可知，网络广告正以其优于传统媒体广告的特点蚕食着传统媒体广告的市场份额。网络广告相比传统媒体广告而言，其发展速度更快，市场规模也不断扩大，这种快速增长和规模扩大必将导致网络广告运作发生深刻的变化。

## 6.1.1　网络广告的含义

目前新媒体正处于蓬勃发展阶段，已经形成自己的体系。至于网络广告，伴随着互联网的开通，人类已经开始迈入高科技的电子信息时代，并且网络日益呈现出规模化、细分化的态势。由于网络上低廉的广告价格，细分的受众人群，以及巨大的资源信息共享量，电子网络广告迎来了发展的黄金时期。

1．互联网的概念

对互联网这一概念，阳光媒体、红岩资本集团的创始人吴征博士有过精辟的阐述，1998年6月至1999年2月间曾出任香港亚洲电视营运总裁，此外还是从事媒体投资和战略咨询业务的博纳投资咨询公司的主席。他的观点如下所述。

我们可以把互联网定义为“互动式数字化复合媒体”。互联网的概念可以从以下几个方面来把握。

(1) 独特性：以个人性为指向的分众媒体而非大众媒体，传播模式是窄播而非广播。

(2) 针对性：是一种信息发送者与信息接收者之间具有充分互动性的媒体。

(3) 便利性：是一种复合媒体(多媒体)。新媒体的内容呈现方式可以根据需要，在文本、视频和音频之间任意转换或兼而有之。

(4) 无空间性：是一种跨越国界的全球化媒体。全球的网络市场消除了国与国的界限，家庭甚至个人与跨国公司一样有机会拓展全球市场，信息以最低的成本让无数的人共享。

2．从技术方面划分

实际上随着“三网合一”的不断推进，不同网络的界限越来越模糊，综合各种网络的优势已成为一种趋势，广告理所当然地也应当适应这种变革。

三网合一是指电信网、广播电视网、互联网在向宽带通信网、数字电视网、下一代互联网演进过程中，三大网络通过技术改造，其技术功能趋于一致，业务范围趋于相同，网络互联网合一互通、资源共享，能为用户提供语音、数据和广播电视等多种服务，如图6.3所示。三网合一并不意味着三大网络的物理合一，而主要是指高层业务应用的融合。三网合一应用广泛，涉及智能交通、环境保护、政府工作、公共安全、平安家居等多个领域。现在的手机已经可以看电视、上网，电视可以打电话、上网，电脑也可以打电话、看电视。三者之间相互交叉，形成你中有我、我中有你的格局。

图6.3 三网合一

网络的组成是复杂的，但业务的要求是简单的。从市场、业务角度考虑，哪种网络处理更好就应该采用哪种网络，甚至综合采用各种网络技术，不必拘泥于原有的概念。随着三网合一的进程，特别是信息和计算机方面知识的普及，人们意识到网络已经泛指传输、存储和处理各种信息的设备及其技术的集成。因此，网络广告应是基于计算机、通信等多种网络技术和多媒体技术的广告形式，其具体操作方式包括注册独立域名，建立公司主页；在热门站点上做横幅广告及链接，并登录各大搜索引擎；在知名BBS(电子公告板)上发布广告信息，或开设专门论坛；通过电子邮件(E-mail)给目标消费者发送信息等。

3．从狭义和广义定义

网络有狭义和广义的区别，狭义的网络指的就是互联网，是基于TCP/IP协议基础上的多个计算机网络互联起来的网络，如图6.4所示。广义的网络除了包括互联网外还包括其他所有以电子设备互联的网络，如无线电话网络、电子信息亭网络等网络，如图6.5所示。

图6.4 网络广告的狭义定义

图6.5　网络广告的广义定义

与此相对应，网络广告根据传播媒介的不同，也有狭义和广义之分。狭义的网络广告又称为在线广告或互联网广告，指的是在互联网上发布的，采用相关的电子多媒体技术设计制作的各种经营性广告；广义的网络广告是以各种电子网络为媒介发布的广告，不仅包括在网络媒介上发布的广告，还有各种手机短信广告、电话广告、传真广告等。如今人们所称的网络广告一般指狭义的网络广告，它的传播内容是通过数字技术进行艺术加工和处理的信息，其目的是使人们认同产品、服务和观念，并产生购买行为。

此外，网络广告依据传递信息的方式也有广义和狭义两种：广义的网络广告指企业在互联网上发布的一切信息，包括企业的互联网域名、网站、网页等；狭义的网络广告只是作为一种超链接出现，用户通过点击这一包含超链接的标题，将被带至广告主的WWW节点。本文所指的网络广告是广义的，指企业在互联网上发布的所有广告。

### 6.1.2　网络广告地位的确立

高效的网络广告必须依赖于策略性的事先策划，做到让合适的网络广告展现在合适的对象面前。根据目前网络广告在我国的实际状况来看，大部分广告人士认为在信息化的今天，网络广告将成为一种具有巨大商业潜力的传播媒介。网络广告这种广告形式具有更好的经济回报，比起电视、户外广告、报纸杂志、宣传册和广播等传统广告宣传形式，它更具有宣传快、预算低、后期发行简洁等优势。不难看出，随着互联网的进一步发展，网络广告已成为中国广告界的新宠儿。

进入21世纪，随着各大门户网站和专业网站的迅速发展，网络媒体广告发布数量不断增多，互联网作为广告媒体的特点更加明朗清晰。

### 6.1.3 网络和网络广告的特点

随着互联网逐渐走进了千家万户。中国互联网络中心（CNNIC）2010年1月16日发布的《第29次中国互联网络发展状况统计报告》显示，截至2011年12月底，中国网民规模达到5.13亿，全年新增网民5580万；互联网普及率较上年底提升4个百分点，达到38.3%。中国手机网民规模达到 3.56亿，同比增长17.5%；截至2011年6月底，微博用户数量以高达208.9%的增幅，从2010年底的6311万人爆发增长到1.95亿，成为用户增长最快的互联网应用模式。

Web 2.0时代，互联网越来越多地融入了交流、互动、分享的人性化元素。新的媒介形式和传播载体带给网络用户更加新鲜的体验，更具创意的网络传播应用模式应运而生，微博正是这其中的创新媒体形式之一。

1．网络的特点

相对于传统媒体，网络作为新媒体的第一个特点是它的消解力量——消解传统媒体(电视、广播、报纸、通信)之间的边界，消解国家与国家之间、社群之间、产业之间边界，消解信息发送者与接收者之间的边界等。

但它最根本的特点不是消解，而是重建。新媒体的根本特点是“破坏性创造”。新媒体的发展过程就是媒体整合的过程，从AOL并购时代华纳，到华纳的CEO就任Yahoo的CEO，都证明了这一点。华纳公司的标志如图6.6所示。“传统”和“新”都不是最重要的，重要的是“新”和“传统”的整合。新媒体的核心竞争力取决于新的整合方式，而不是单纯取决于新的技术。

图6.6 华纳公司的标志

新媒体的特点决定了新媒体产业与传统媒体产业的巨大差异。从新媒体的发展趋势来看，世界媒体产业将出现以下十个方面的变化。

(1) 传媒的性质由于网络的存在将从“广播”变成“广取”。“广播”是指单向播出的旧媒体方式，“广取”是指用户有选择地“抓取”或使用网络上的信息。因此，注意力争夺之战将成为未来传媒发展的一个关键。

(2) 传统的电视台将面临困境，特别是开路(与闭路相对)电视台的观众将直线下降。据A・C・尼尔森(世界领先的媒体调查公司)统计，1998年第4季度美国电视观众就下降了575万(达9%)。电视台要想生存下去的话，必须尽快将自己的角色转变为网络上的节目供应商，新的电视将以数码传输为依托，传播包括图像、文字、声音在内的多种数据流。多媒体技术的发展将提供基础设施、平台与内容的融合。

(3) 音像、数据产品将不仅可以通过计算机网络传输，还可以通过有线卫星网络传输，覆盖面将大为增加，接收成本将大为降低，高速网络媒体将迅速崛起。

(4) 内容制作方式将呈两极化发展。一方面，人们利用个人计算机及相关设备在家庭制作的内容将越来越多，一个好的新闻工作者本人或一个好节目本身就可能成为一个频道的名牌。另一方面，大的内容提供商将会涌现出来。随着媒体渠道的多样化与分散化，用户将愿意为好的节目付费，“只有垃圾节目才是免费的”这一新的概念会形成。媒体产业将同时告别“暴利时代”和“免费时代”，而走向“微利时代”。

(5) 旧的广告、入网、节目发行与交易的联盟及分配方式将瓦解。大众传媒中那种抽象、空洞、以煽情为主的广告将趋于消失，广告的针对性、准确性将大为上升。

(6) 印刷媒体(报纸、杂志)数量越来越少，少数盈利好的报纸、杂志将跨越地域合并，成为新的集团，以求规模效益。小的印刷媒体将被互联网挤垮。

(7) 电视台黄金时段的概念将化为乌有，取而代之的是观众按需自选，从而迫使节目质量提高。

(8) 对媒体及新传播方式的投资将空前高涨，传播业占全部国民经济的比重将大为上升。

(9) 互联网对世界的记载将多姿多彩，数字时代的记者必须会写综合报道，能拍摄出令人激动的节目，有出色的语言能力，能掌握网页设计及动态双态数字摄影，记者的优劣竞争将越发明显。

(10) 互联网将打破地域国界的限制，实现最初的声音、数据与静止的图像到质量越来越高的动态画面的跨国界传播，此项技术突破将完全改变媒体的概念，使网络电视广播超越国界。

1450年，德国人谷登堡对一台旧的榨油机进行改造，发明了西方历史上的第一台活字印刷机。这一发明对文艺复兴的出现和中世纪的终结起到了巨大作用。印刷术使书籍数量剧增，使西方近代教育兴起并迅速繁荣，从而大大改变了西方文化以至世界文化的面貌，所以麦克卢汉把现代文明称为“谷登堡的遗产”。500年后，电视机的发明，使得大量的信息被传送到地球的每一个角落，地球开始变成一个越来越小的“村子”。

面对今日互联网技术引发的媒体革命，很难说，究竟是印刷术及电视的发明对人类文明进程的贡献大，还是互联网革命的贡献大。但是有一点是肯定的：新媒体是一种既超越了电视媒体的广度，又超过了印刷媒体的深度的媒体，而且由于其高度的互动性、个人性和感知方式的多样性，它具备了从前任何媒体都不曾具备的力度。

### 2. 网络广告的特点

#### 1. 传播范围广

网络广告通过按照统一通信协议组成的全球性的信息传输网络，把广告信息全天候不间断地传播到因特网所覆盖的150多个国家和地区，不论是近在咫尺还是远在天涯，只要具备浏览互联网的条件，就可以随时接收到同样的广告信息。这一特点也给了中小企业一个走出国门在世界舞台展现自我的机会，可以说互联网真正实现了广告信息的全球化，这是其他传统媒体无法比拟的。网络广告可以在互联网上、写字楼办公室、手机、微博等多种渠道传播，各个地区、各种人群、各个地点都可以进行传播与接收，在空间上没有任何限制。

如图6.7所示，这则广告是克而瑞房价通过视频自述这种方式，充分表现了网络传播域广的特点。原本对房地产的市场价格一无所知，通过网络，不仅知晓了国际市场行情，而且借助网络广告将产品销售到全球的各个角落，可以说网络实现了某种程度的平等。

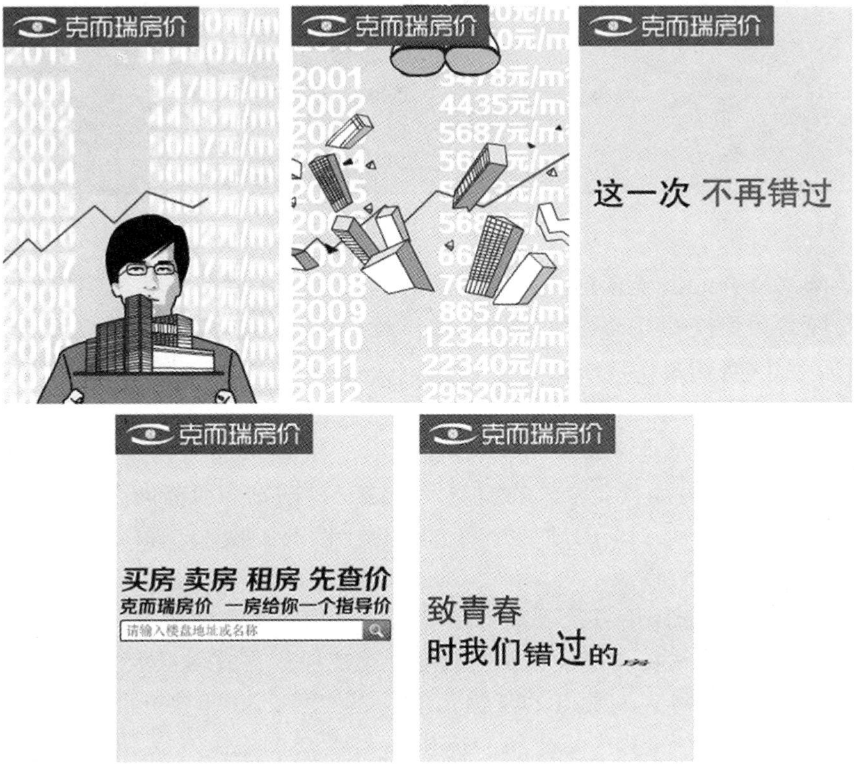


图6.7　克而瑞房价广告

2. 交互性强

传统媒体广告如电视、报刊、广播以及灯箱、直邮等广告基本上是一种单向的、一对多的传播方式，虽然它向大量消费者传播了相同的产品或服务信息，但一般都缺乏及时的反馈，表明其传播缺乏交互性，从而使信息发送者不能根据受众的具体需要、趣味、消费心理等去调整，并最终对广告的促销效果产生不利影响。

然而网络广告不同，它是一种具有反馈功能的双向传播。当消费者接收到网上广告信息后，可以根据自己的需要与广告主迅速及时地开展对话，如通过E-mail进行交流和沟通，询问、商谈有关购物问题。如丰田汽车公司的网络广告（图6.8）在网上发布之后，不少消费者向其索取某种型号的汽车简介，并与之进行交流，产生了显著的促销作用。

广告将与之对话者的名单与经销商手中的购车名单对照后，发现网络广告帮助他们销售出了7300辆汽车，销售率达到5%。

图6.8　丰田车

总之，网络媒介的出现真正实现了信息的双向互动传播，虽然说广播、电视、印刷媒介也能实现某种程度的互动，但这种互动只是一部分的、浅层次的，双方的信息传递是不对等的。而网络颠覆了传统的传播模式，在自主选择和互动性上给了网络用户以前在传统媒介接收上最缺乏的东西。

网络媒介广告在交互性上有3个基本特点。

(1) 一是企业可适应消费者个人的需要发布信息。网站一般能向企业提供完整的用户数据库，企业可根据目标受众的地域分布、年龄、性别、收入、职业、婚姻状况、爱好等特点，有针对性地定点投放广告。

(2) 广告受众自由选择信息，受众可以根据自己的兴趣和需要主动寻求信息，并可以自主选择信息内容，这与具有一定强制性的电视、广播广告有着巨大的不同。

(3) 企业可以随时得到消费者的反馈信息，甚至可以立即将产品销售出去。例如，一家企业通过互联网发布了有关产品的广告，当受众浏览到有关信息，对该产品产生兴趣，它不仅可以在网上主动查找产品信息，而且可以通过电子邮件、网络电话、网络传真等向该公司询问各类有关问题，得到满意答复后，可通过电子商务手段实现商品购买。

网络广告的交互性还有另一种含义，即众多的信息编码者和受众之间的身份不断发生转换，如图6.9所示。绝大多数人在发出广告信息的同时，也可接收别人发出的产品、服务信息，这也是传统电视媒体广告等无法做到的。

图6.9 交互性

3. 表现手段多样

人们首先认同的还是互联网的多媒体特性。打开一张网页，看到的都是由文字、图像、声音共同组成的五彩斑斓的世界视频广告，如图6.10所示。这一点给广告人提供了广阔的创意空间。它意味着网络广告既可以选择印刷媒体所经常采用的说明性文字和图片，也可以通过动画设计如同电视一样用生动的造型来吸引受众的眼光，还可以配合声音的传达将受众的听觉也积极调动起来。如百度影音广告，全方位的介绍，从外观大小、容量、使用方式再到适用范围，面面俱到，配备声音文字和图片。

图6.10 视频广告

“多媒体”更重要的一层含义在于，互联网是通过无数台个人计算机连接而成的。它突破了传统媒体只能进行大众传播或者进行窄众传播的限制，将大众传播、窄众传播和人际传播有机地结合在一起，因此创造出了众多独特的网上传播方式，为广告发布开辟了新的传播渠道，而这些渠道都是传统媒体所无法比拟的。

人际传播的存在，使得广告主与网民之间可以进行一对一的交互式对话。广告主就能随时得到用户的反馈信息，建立完整的客户资料。网民也能够不再被动地接收广告，而是可以及时地做出反应。

由于流媒体技术的出现，网络媒体具有了传统媒体在影音、文字、动画、三维空间及虚拟视觉等方面的所有功能。所谓流媒体技术，也称为流式媒体技术，就是把连续的影像和声音信息经过压缩处理后放到网络服务器上，让浏览者一边下载一边观看、收听，而不需要等到整个多媒体文件下载完就可以即时观看的技术。

网络用户在网络媒介上接收流媒体内容时，在理论上可以像看电视一样看到动态的图像与声音，又可以与传播方随时进行沟通交流，还可以任意调看与收视内容相关的资料信息，实现影音的实时直播和各种形式的视频点播，控制整个收视过程，由“我播你看”的线性传播模式转变为“自播自看”的互动传播模式，改变了以往在收看电视节目时不得不与电视播出保持同步的局面。网络广播与传统媒体相比，可以在视觉、听觉甚至触觉方面给消费以全方位的震撼，同时结合了网络媒介所特有的互动性和开放性。

目前网速已经多次提高，网络媒介在这方面的优势体现出来了，互联网基本取代电视、报纸成为最大的广告媒介。如通过微博传播活动信息，包括具体的互动内容、活动方式、奖项设置、地点范围、时间限制等，通过举办微博活动推广产品，迅速提高产品和品牌的知名度，吸引更多目标消费群体的注意。

例如，中国移动无线音乐咪咕汇在2009年借助微博的力量成为活动营销的一个成功案例。策划者发起的微博抢票活动引发玉米抢票话题，到传播李宇春与玉米微博直播的信息。数据显示，在活动传播全程中，组织者共发微博消息130 条，平均每天发出3.2条，在20天内所赢得的热情反馈和高关注度，为活动的传播造势提供了强大支持。

4. 制作灵活、费用低

网络广告制作简单灵活，在确定了广告目标、广告主题和创意后，就可以投入制作，它不需要复杂的设备、庞大的人员投入，只需要一台性能较好的计算机和制作人员即可，成本比较低。例如在网络上发布产品信息的广告主。如果感到需要变更广告的某些内容，将原先的产品价格调低或调高，只需一二分钟便可完成。还有复杂一些的，如补充、删除某些广告内容，或某些表达方式(语调的运用、修辞和逻辑等)不够妥当和完善，也可以在很短的时间进行修正，使之更具说服力和促销力。

比较起来，传统媒体广告则缺乏上述便利性，而且费用相对昂贵一些，如报纸发排、印出之后，就无法修改广告了，只有等到下次重复刊登时才能予以增删润色。至于电视、广播广告，虽然改动起来较报刊容易一些，但相对于网络广告来说则又困难得多，即使是比较简单的户外广告、POP等广告形式，修改起来也颇费周折，并且需要付额外的费用，如图6.11所示。

图6.11 户外广告和POP广告

由此可见，网络广告的增删改动较之于传统媒体广告，有着很大的便利性，相对来说廉价。网络广告制作周期短，可以根据客户的需求很快完成制作，而且可以随企业经营决策的变更而随时改变，而在传统媒体上广告内容很难短期更改，并且也需要付额外的费用。

虽然目前网络广告的计费方式比较复杂，主要采用的有按天计费、按千人浏览计费(CPM)、按点击计费(CPC)、按效果计费等。CPM(Cost Per One Thousand Impressions)即千人印象成本，广告费用=CPM×媒体接触人数/1000，受传统媒介计价方式的影响，按访问人次收费已经成为网络广告惯例，以广告图形在用户端计算机上被显示1000次为基准计费。而且目前还有一些较小型的广告网络采用点阅率CPC(Cost Per Click)，以每点击一次计费，广告收费与网站流量无关，重点是有多少人注意到广告并点阅。但是不论采用何种收费方式，与电视、报纸、杂志相比，互联网广告的发布费用相对而言要低得多。因为网络广告制作起来较为简便，没有电视广告那么复杂。拍摄、制作电视广告，首先需要聘请模特、演员；其次要选外景、搭内景场地；再次还有音乐、音响、灯光道具、拍摄、剪辑等。即使是短短的15秒、30秒钟广告。也要动用一部电影或电视剧那样的一整套人马和设施，摄制费用动辄十几万元乃至几十万元，更加上媒体播出费用昂贵，广告费付出之高，由此可见一斑。

而网络广告不仅制作费较低，而且发布也很便宜。因为广告主只需通过在网站WWW主页上购买一个包含超链接至广告主自身主页的标题(Banner)，即可达到广告目的。一般来说，在网络上发布广告，每年大约付出几千美元就差不多了，即使最贵的节点，也只以3万至10万美元3个月的价格收取一个标题广告发布费，较之于那些动辄数十万美元的电视广告，已经是相当低廉了。

5. 不受时空限制，但需要技术支持

网络广告的设计制作技术依托于多媒体技术的发展。常在网上漫游的网民都会注意到，绝大多数的网页中都有各种各样的图标，有的是静态的，更多的是动态的文字或图片；有的是固定的，像放电影似的交替显现；有的是漂移的，没有确定的位置。这些图标有各种形状，设计和制作都很精致，色彩鲜亮，富有强烈的视觉吸引力，常常会诱使浏览者把鼠标放在上面去点击。当浏览者有意或无意地点击后，这些图标会引导浏览者去浏览一个新的网页。此时，设置图标的人就达到了宣传网址和广告信息的目的。先进的多媒体技术不仅是网络广告设计与制作的技术支撑，也是吸引受众眼球，提高点击率，抢占网络广告市场的必要手段。

报纸发行和广播电视节目播放都受到时间和空间的限制。如北京的市民不可能很快而方便地看到刊登在《扬子晚报》上的广告。企业主买下的如果是新闻联播后的黄金时段，那就不能指望人们在欣赏完一部精彩电视剧过后，一定能了解到本企业的广告信息。而在网络环境中，这些限制都不存在。它24小时活跃在人们的计算机屏幕上。无论何时何地的外国经典广告，网络广告都能在受众面前出现，如图6.12所示。

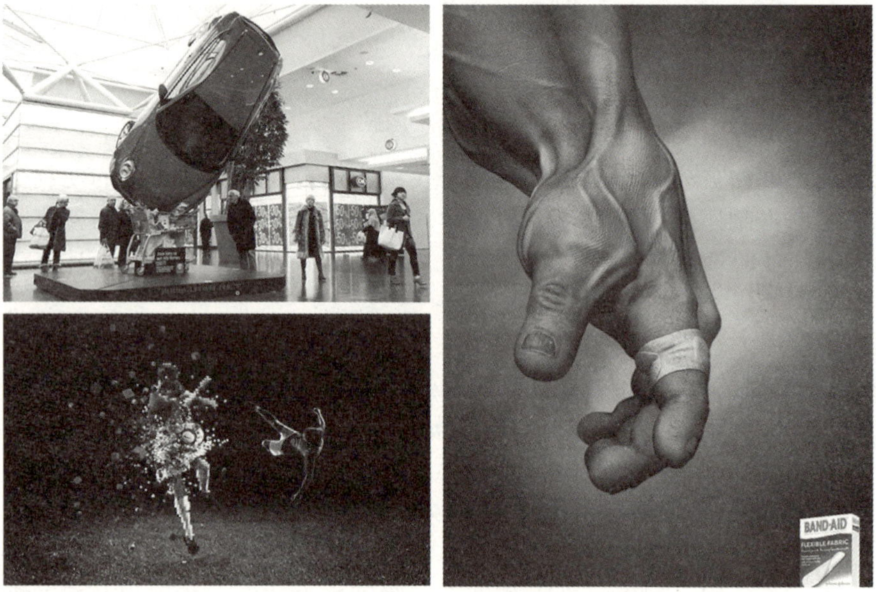


图6.12　外国经典广告

互联网的另一大特色就是不受时间、空间的限制，这是其他传统媒介无法企及的。受众可以全天候、随时在网上浏览信息，不必像电视、广播等时间媒体那样，必须按照时间的流程来收听、收看广告。同时，庞大的互联网网络能够容纳难以计量的内容和信息，通过超级链接与企业自身网站相连，可以不加限制地增加广告信息。电视、广播广告的信息量受播出时间和播出费用的限制，平面广告信息量受版面和篇幅的限制，而在互联网上，广告所提供的信息容量是不受限制的。广告主可以将自己公司的所有有关产品的信息，包括产品的性能、价格、型号和外观形态等制作成网页放在自己的网站上，对企业产品或服务感兴趣的顾客可以接收到海量的信息，从而为自己的购买决策提供依据。

当然，网络不受时空限制的前提是受众有条件上网，否则网络广告就只能是自说自话，不能形成传播效果。

6. 效果直接、便于测定

这是指对网络广告接收者在数量上的统计十分准确，也即对网络广告发布后的效率测定既简单易行又精确无误。因为WWW的特殊软件可使精确统计节点访问人数成为可能，有多少消费者访问过该广告节点，可以说无一遗漏。

然而传播学者在对受众看电视的行为进行调查之后发现，在节目中出现插播广告时，受众注意力会明显降低，一般会调换频道、休息走动等。至今，人们还无法准确地计算出某一节目的收视率与这一节目附带的广告到达率有怎样的比例关系。同样，人们也无法通过报纸发行量和广播收听率来准确测算这些媒体上的广告效果。路牌、灯箱、车载等户外媒体的广告受众人数更是难以估计。

而且对传统广告的效果测定，不论采取分层抽象的问卷调查，还是自由访问式的记录，都显得费时费力，从调查问卷的设计、印刷，到一份份发下去、收回以及统计分析，都是极其麻烦琐碎的，而且分析结论也只是一个概率式统计，缺乏科学的精确性。所以，广告效果测定的精确性，是网络广告的又一重要特征。

在网络媒体上，广告效果测算则简单得多。受众对某一条广告的点击率，以及在点击后有多少直接的购买行为，以及受众查阅信息的时间和地域分布情况，都可以在第三方服务器上有据可查。广告主一般是按照点击率，甚至是点击后的有效购买行动付给网络媒体相应的广告费用，避免了资金的浪费。同时，网络广告首先要关注的就是如何获得点击，这一点也正是影响网络广告文案写作的最重要的因素。

不过网络广告也不是完美无缺的，其特点决定了它的可信度较传统媒体要低。这是因为，在因特网上，全球各个国家、各个地区的无数网络服务器昼夜不停地发布形形色色的广告，向用户传输产品、服务或企业形象方面的大量信息。网络媒介的开放性和自由性使得网络广告的发布渠道呈现出隐蔽化、多样化的特点，互联网上出现了大量违法的虚假广告， 一些网上甚至发布了法律、法规禁止或限制发布的商品或服务广告 。网络广告的法律监管问题十分突出，比传统媒体更多也更严重。

如何评价广告传播效果一直是困扰广告人的难题，美国著名商人约翰•华纳梅克的那句“我知道我的广告费有一半是浪费的，问题是我不知道浪费掉的是哪一半”，可以说道出了大多数广告主的心声。传统媒体广告很难准确知道有多少人接收到广告信息，也无从知晓广告费究竟“浪费”在哪里。而在互联网上，可以通过权威公正的访问系统来精确地计算出每条网络广告的访问以及用户查阅的时间分布与地域分布。广告主通过监视广告的浏览量、点击等指标，能统计出多少人看到了广告，其中有多少人对广告感兴趣进而进一步了解了广告的详细信息，可以准确评估广告效果，及时了解用户和潜在用户的情况，从而为进一步的战略决策提供依据，做到有的放矢。

互联网作为网络广告的承载媒体以其交互性、速度快、范围广、容量大等优于传统媒体的特点而日渐被广大商家和消费者所接受，并且呈现出逐步发展壮大的良好态势。另一方面，互联网突破了大众传媒使受众被动接收信息的局限，实现受众在信息节点之间任意且快速的切换，并且因特网具有无限的信息容量和免费的资源。由此造成了浏览者随意的心态和对新资源无限探索的心理，这大大缩短了浏览者停留在某一页面的时间，因此如何要在众多网络广告中脱颖而出，如何在网络页面中第一时间抓住浏览者的注意力，如何将广告信息以刻意或不经意的思维方式传达给受众，提高点击率，是当代网络广告设计者的最终目标。

因此，在创作广告中如何吸引受众点击进入下一页面就显得极为关键。LOGO标题链接如图6.13所示。

图6.13　LOGO标题链接

如果将网络广告与报纸等传统广告在发布方面进行一番比较，前者之所以具有可信度较低的缺点，就很容易明白了。

目前，点击欺诈可能是网络广告市场中最主要的欺诈行为，这种欺诈行为不仅严重地危害了广告主的利益，而且也对网络媒体、网络广告的声誉造成了负面影响，同时也严重阻碍了电子商务和网络广告市场的发展。在网络广告的点击欺诈行为中，主要有以下3种点击欺诈类型。第一，网络媒体受利益驱动，在自己的网站上利用自动化脚本或者雇佣人工重复点击广告主的广告，其主要目的是使网络媒体获得更多的利益。第二，广告主的竞争者恶意点击广告主的广告，其主要目的是为了消耗竞争对手的广告预算。第三，形成点击欺诈联盟，恶意进行点击而获得更多的利益，主要表现为网络媒体之间，恶意点击者，网络广告与网络媒体之间结成联盟进行点击欺诈，各方均从点击欺诈中获得更多的收益。

7. 针对人群细分程度高

目前商业网站主要由门户网站和专业网站构成。即便是前者，在内容编排上也采取版块式结构，比如新闻、游戏、医疗、科技、搜索、聊天等，广告细分程度高，如图6.14所示。这事实上反映了网络受众细分化程度高的特点。也就是说，每一个版块的受众都有其自身的特点。比如BBS，这是一种完全意义上的人际传播。人们利用网络平台，即便相隔万里也可以进行自由对话，或者就某一事件发表各自的观点。能够聚集到同一BBS上的网民，一般来说都具有某种相似的兴趣爱好，或者生存背景，对于广告的接受程度也相对类似。这就是说，不同的广告主可以选择不同的BBS进行有针对性的广告发布，以提高广告的传播效率。而对于电子邮件广告，受众细分程度则已经达到了一对一，即每一个广告主都可以给每一个受众单独发送广告信息。当然从总体特征而言，网络受众与其他传统媒介相比，还具有年轻化、知识程度较高、收入较高这些较为突出的特点。他们是整个市场中耐用消费品、不动产、旅游产品和精神消费品等的主要消费群。但随着时间的推移和网络的进一步发展，会有更多的中、高龄网民，中、低收入网民加入到网络传播中来，未来网络受众的总体特征也会发生相应的变化。

8）非强迫性

电视、报纸、杂志、广播等大众媒体广告以及户外、直邮、POP等小众媒体广告，总是殚精竭虑地致力于转移受众对其他事物的视觉和听觉，尽量将广告内容硬塞进他们的心里，以求引起注意并购买广告产品，这无疑是传统广告强迫性的突出表现。而消费者则往往有意无意地予以抗拒，或是换台，或是无奈之下进行逃避。

图6.14　广告细分程度高

与此不同的是，网络广告的接收没有任何强迫性，消费者如果不主动点击WWW节点，隐藏在它后面的HTML即超文本置标语言就绝不会出现，因而这种广告纯粹是消费者主动地自由查询的，是心甘情愿地接收广告信息，表明网络广告从根本上克服了传统广告接收的强迫性和被动性的局限，而这正是网络广告区别于传统广告的最重要的特征之一。

## 6.1.4　网络广告发展趋势

相对于广告本身，广告主更在乎广告带来的效益，因此，他们需要更精准的方式去接触广泛的网民群体，所以未来的网络广告将会朝着信息专业化、互动人性化、营运严密化、形式新颖化、流量巨大化的方向发展。除此之外，网络广告的发展还有如下趋势。

### 1. 市场继续扩大且呈现细分化趋势

网络市场还蕴含着巨大的潜力，随着印刷媒体规模的压缩以及电子媒体规模的扩大、网站数量的增多，广告资源不断向网络转移，网络广告的发展环境将越来越优越。同时，随着受众和媒介的不断细分化，网络广告市场的未来也必然走向细分化和专业化的道路。所谓细分不只是对网络广告的分类，而是更加重视对客户群的区分，向不同特性的客户群提供不同的广告服务，摆脱目前网络广告模式的弊端，将网络广告定位于小众市场。但是随着专业网络广告人的增多和已有创意人员对网络的日益熟悉和了解，他们能够聪明地找到新的树立品牌形象的方法，网络广告的创意和制作必定一日千里。现在网络广告的水平已经较初期有了大幅度的提高。一些极富创意的网络广告作品，一不小心就在网络上极为流行，被人们广为传播。

人们常常会以欣赏的眼光看待自己喜欢的广告，并广泛传播给自己的朋友，此时广告已经成为沟通情感或表明自己品味的手段，这也正是品牌形象依靠网络媒体得以树立的前提。有些人早已将一些可爱的电视广告当作电脑的屏幕保护程序，如香港动画片《麦兜故事》中小主人公背着书包上学去的可爱形象，如图6.15 所示。

图6.15 香港动画片《麦兜故事》

尽管现在网络广告大部分都是促销型广告，但网络媒体地位和影响力的变化，必然决定了将来网络广告更要注重品牌形象的树立。一个有实力的品牌，一家注重形象的公司，一定会把网络作为整个广告策略中一枚重要的棋子来对待。

根据 iResearch 对中国网络市场规模的统计，从2006年至 2011 年，中国网络广告的市场规模都呈现出上升趋势且增速较快，由此可见中国网络广告市场的潜能未被完全开发，随着网民基数的增长以及网民行为的不断变迁，网络广告行业还有较大的提升空间。根据 iReseach 2011 年网络广告调研的数据，50%的用户认为网络广告提供的信息对其进行选择有很大的参考作用，24%的用户表示网络广告经常能直接影响其消费决策。虽然受众对网络广告的好感度不高，但依赖程度并没有降低。对网络广告来说，网民的态度决定一切，所以纵然网络广告市场还年轻，还有很多短板需要弥补，但它还是利用自己的优势吸引了众多的拥护者，由此可见，网络广告尤其是中国的网络广告的未来还是可期待的。

2. 从传统网络广告向移动网络广告拓展

作为现代生活不可或缺的部分，手机将带着中国极具市场价值的潜在消费群在未来会成为网络广告市场不可缺少的重要力量。随着移动客户端的普及，移动网络能够更快更深地渗透到人们生活的各个方面，移动网络市场有着不可估量的价值。

3. 网络广告的研究广泛被运用

对网络广告的理论研究是对网络广告发展方向做出及时调整的重要依据。

随着网络广告研究的不断深入，网络广告的发展轨迹逐渐清晰，发展过程中的弊端也逐渐显露出来。由于网络广告带来的巨大效应，在网络广告发展得如火如荼的时候对网络广告的研究慢慢开始受到人们的重视，这种重视会随着网络广告的进一步发展而加深。要“知其然”还要“知其所以然”，充分利用环境中的有利因素，因势利导才能使网络广告在未来的发展更加顺利，这也是未来广告人必须要重视的方面。

4. 新的平衡点和增长点不断出现

中国网络广告的发展一直遵循着网络广告大国发展的轨迹，所以广告大国的今天就是中国网络广告发展的明天，前者今天遇到的发展难题也是中国网络广告需要突破的地方。例如，如何在广告和用户体验之间找到平衡点一直是网络广告发展的一个瓶颈。网络广告的形式在不断变化，但这些形式无一不是以占用消费者的注意力和时间为方向，广告多了，用户体验毫无疑问会变差。如何能在保证网页用户体验的同时能够让网站获得盈利？美国验证码广告平台 Double Recall 为网络广告商们提供了一个很好的榜样，也为网络广告未来的发展提供了一个方向和可能性。简单地说就是当用户需要阅读网页的某些内容时就需要输入 Double Recall广告语中高亮的字词，这样既可以成功地向一位消费者推送一次广告，又可以对抗消费者“无视”网络广告。

如何消除受众对网络广告的反感和不信任是网络广告发展中最重要的课题，也是未来网络广告发展急需攻克的部分。网络广告的发展应该朝着让受众“舒服”的方向进行。要让受众感到“舒服”就要了解受众的喜好，投其所好才能尽可能减少负面情绪，想要在广告和体验之间找到平衡点，就应该放弃让人厌烦的强制性广告。有人错误地认为，网络和电视一样，总要有人为免费付出代价。有人质疑，电视广告也是强制的，但并没有观众因此放弃观看。但是不要忘记，电视传播是一种典型的单向传播，受众只能在有限的频道中被动地接收信息，而网络传播属于双向传播，受众可以在全球范围内低成本、便捷地主动选择信息。也有网民因为抗拒网络广告而为浏览器安装了某些插件，阻止弹窗等强制性广告的播放，或采取其他的方式使得网络广告无法如预期一样送达。即便网民被迫接收了这类信息，但是从认知、理解率、品牌形象和广告效果转化率等方面来看，效果不容乐观。网络广告的根本特征之一就在于交互性，“双向互动”是网络广告的核心优势，以“受众本位”为优势和核心竞争力，网络广告需要激发创新欲与动力，需要给网民带来乐趣，中国的网络广告需要探索网络广告的新形式，从中找到新的增长点。

User Tracker 数据显示，社区交友和在线视频服务的月度浏览时间明显领先于其他类服务，用户黏性最大。社区交友网站的月度有效浏览时间受假期因素影响比较明显，峰值出现在暑假期间，而在线视频服务的月度浏览时间则呈较快增长态势，由此不难看出，受众更青睐于视频媒体以及社会化媒体工具。且据统计，从 2008 年至今，展示类广告（包括品牌图形广告、富媒体广告、视频贴片广告等）的份额在逐年减少，但规模依然很大；与此相反的是搜索类广告的份额增长迅速，但搜索广告由于用户规模和广告主投放规模有限，所以未来增速会有所降低。由于不同的广告主对广告媒体的需求不同，所以依照网络调研机构的数据，不断寻找网络营收的增长点是网络广告发展的又一要点。

5. 网络广告与营销更紧密地结合

网络广告只是市场营销手段之一，广告的最终目的还是盈利，但点击量不等于送达率，更不等于销售量，所以运营商需要找到让网络广告、市场营销和利润紧密结合的方式，否则当广告主认为网络广告无利可图的时候这种营销方式就会被放弃。网络广告的发展源于电子商务和电子技术的发展，彼此相互依存，缺一不可，如果网络广告不再能带来效益，那么网络广告的辉煌时代也就结束了。如何让网络广告和营销更紧密地结合是网络运营商极力突破的关卡，它会随着电子商务的不断发展而显得更加紧迫。

6. 网络广告秩序化

随着网络实名制的推行和相关法律的完善，人们在网络环境中的行为开始受到约束，网络广告必然朝着秩序化的方向发展。网络广告的秩序化是网络运营中必须要解决的问题，网络管理中出现的最大问题来自欺诈，而虚假广告便是网络欺诈的重要源头之一，管理好网络广告，提高网络广告准入门槛，有序运营是值得关注的。

### 6.1.5 我国网络广告业发展的现状

1. 信息获取的手段和方法突破了传统时空观念的限制

随着互联网的迅速普及，人们获取信息的渠道开始从传统方式向网络空间转移，越来越多的人开始应用网络平台发表见解、分享信息和获取资源，造就了21世纪以来影响人类经济、社会和日常生活最强劲动力的“第四类媒体”。根据联合国国际电信联盟（ITU）的最新数据，截止 2011年 1 月，全球互联网用户数量已经达到 20 亿。中国互联网的发展也十分迅猛，中国互联网络信息中心（CNNIC）2013 年 1 月发布的《第 31 次中国互联网络发展状况统计报告》显示：截至 2012 年 12 月底，中国网民规模达到 5.64 亿，居世界第一，互联网普及率占到 42.1%。

网络化深入到经济生活层面，为企业拓展市场空间带来了难得的机遇。与此同时，生产技术的革新使市场出现了产品同质化和“长尾”产品盛行并行的局面。面对消费者选择范围扩大的现状，几乎囊括所有行业的企业都努力从公司治理、战略目标和技术支持等方面寻求新的变革和发展路径，以便更好地应对互联网革命带来的全方位挑战，这就为网络广告的发展提供了土壤。根据艾瑞咨询（iResearch）发布的《2011—2012年中国网络广告行业检测报告简版》，2011 年全球网络广告市场规模达到 728.4 亿美元，约占全球广告总体份额的 15.7%。我国 2011 年全年网络广告市场规模达到 512.9 亿元，已经超过报纸广告规模 59.3 亿元。

2. 网络广告中存在的一些问题

我国网络广告近几年内发展迅猛，取得了很大的进步，但同时也应当充分认识到网络广告中存在的一些问题。

(1) 起步晚但发展迅速，我国网络广告起步较晚，但发展较快。1997年3月，Intel公司在CHINABYTE网站上投放了第一条商业性网络广告，这标志着中国网络广告的诞生，从此广告传播的途径又多了一个——互联网。媒体广告的颠覆性变化在之后的十几年中逐渐显现。根据中国互联网络信息中心(CNNIC)的资料，1998年我国网络广告收入达到1800万元，1999年突破亿元大关，2000年接近3亿元，2001年3.9亿元，2002年突破5亿元，2003年中国网络广告市场总额达到10.8亿元人民币。2006年中国网络广告(不含搜索引擎在内)收入达49.8亿元；2008年第三季度同比增长三成，市场规模达到了48.5亿元，创2008年以来的历史最高点；2009年达到207.4亿元，相对于2008年的增长率为22.0%；2010年网络广告营业收入规模达到285.5亿元，增长率约为37.6%；2011年，由于没有正式的统计数据，据预测将会达到440.1亿元，增长率接近45.1%。

(2) 传播效果有限，受众信任度低，相对于报纸和电台电视台频道需要手动一页一页翻看或调台，网络用户轻点几下鼠标便可以打开许多网站，信息量巨大，注意力难以集中。同时，就前者来说，无论读者或观众多不想看报纸或电视上的广告，在翻看或调台的过程中或多或少会接收一些广告中所传递的信息，有时候这样一点点信息的传输对商家企业来说已经达到了效果，然而网络广告则不然，由于网络上足以让大家关注的条目太多，很多时候即使广告被放在网页的醒目位置也被受众下意识地忽略，很难起到广告主投放广告时所希望达到的效果。而若想更大程度上引起受众注意，改变广告方式，如弹出式全屏广告，容易被各种浏览器、杀毒软件过滤不说，就算其突破重重封锁呈现在网民眼前了，也可能使网民因为上网过程被打断而感到反感。同时，正因为网络广告投放成本小、门槛低，广告虚假真实良莠不齐，使消费者难以做出判断和选择而丧失对网络广告的信任，以致其达不到应有的效果。

(3) 广告形式单一，降低了广告的效果，而单调的广告放置位置更加削弱了广告的效果，人为增加了广告的噪声，其实首页的顶栏并非唯一的选择。

(4) 粗制滥造、不科学的广告调研无法给广告主和广告代理商提供综合、准确和公正的调研数据；无法精确了解网民的上网习惯；不清楚广告所到达的人群、地区分布，以及相应的次数，是否有效果等。

(5) 随着网站的发展，网站的访问量一再破纪录，同时也给网站带来了越来越多的库存广告空间。为了增加广告收入，抢占市场份额，多数网站选择了降价销售的策略，从而也使中国网络广告的单价(CPM)屡创新低。这种恶性竞争不利于整个产业的良性发展。

(6) 目前，网民的年龄和教育层次不太理想，做广告的人可能更关心受众是谁。

据统计，18～24岁的网民占42.8%，25～30岁的网民占32.8%，也就是18～30岁，整个网民加起来是76%左右，占3/4。这个年龄的层次，从商业角度来讲是一个不成熟的组织结构，他们想做的事很多，但是钱不多；看广告看得多，但真正买的不一定多。网民的年龄层如能向低年龄层次和高年龄层次两个方向发展，将对我国网络广告业的发展更为有利。

## 6.2 网络广告的类型

目前对网络广告效果影响最直接的因素是网络广告的表现形式，网络广告的优势之一就在于表现形式的丰富多彩。网络经济的低迷促使网站不得不寻求网络广告表现形式的突破以吸引更多的广告主，在新的广告表现形式方面不遗余力，进行许多大胆的创新与试验，同时网络技术的飞速发展尤其是带宽的改善为网络广告的变革提供了可能。

1994年的美国，当时以AT&T为首的14家企业在热线(www.hotwired.com)上推出了旗帜(Banner)广告，中国最早的广告形式也是旗帜广告，大小为468 × 60像素的动画。随着网络广告的进一步发展，旗帜广告也不甘受到像素的限制，聪明地进行了自我升级。比如可伸展的旗帜广告，它可是在被客户点击过后，形成下拉的网络空间，把具体的产品、服务或企业信息呈现在网民面前。Flash旗帜广告则以灵活多变的动画，取代了原来旗帜广告中最多不过10个画面的呆板情景。与此同时，人们开始认识到现有的旗帜广告面积过小，画面略显单调，无法充分表现出企业和产品特色，网络广告的价值无法得到真正的体现。于是网络广告开始突破传统旗帜广告大小限制，大胆地推出了各种尺寸的广告，最大达到了160 × 600像素，远远超过了传统旗帜468 × 60像素的设定。后来许多广告形式突破条条框框的束缚，使网络广告的发展进入了一个新的阶段。网络广告依据不同的标准可分为很多类型，相应的网络广告文案写作也有不同的特点和要求。

### 6.2.1 根据网络广告表现手段的不同来分类

1. 文字链接广告(Texflink)

这是一种纯文字形式的网络广告，往往通过有煽动性的文字，吸引网民点击，进而链接到公司的站点或促销网页中去。文字链接广告又叫文字广告，通过一般性的简短文字链接，直接链接到客户的广告内容页面，是以纯文字的形式出现的广告。它简洁明了，直接涵盖主题，不需要很高的网速，不影响正常的网页浏览。在写作这类广告文案时，类似软文的写作，要注意标题的震撼性，以精简煽动的语句体现相关诉求，引发浏览者的好奇心，吸引其进一步点击，进入下一页面。如某公司的租房广告“快，租房子不要钱”，充满悬念的文字充分调动了人的好奇心。如图6.16所示，《一个广告人的自白》和大卫·奥格威曾经指出“标题里最有力的两个词是免费和新的，你可能很少使用免费，但如果用心的话，可以经常使用新的”，这则广告指出了产品的“免费”特性，吸引人进一步探究“免费”获得产品的方法。

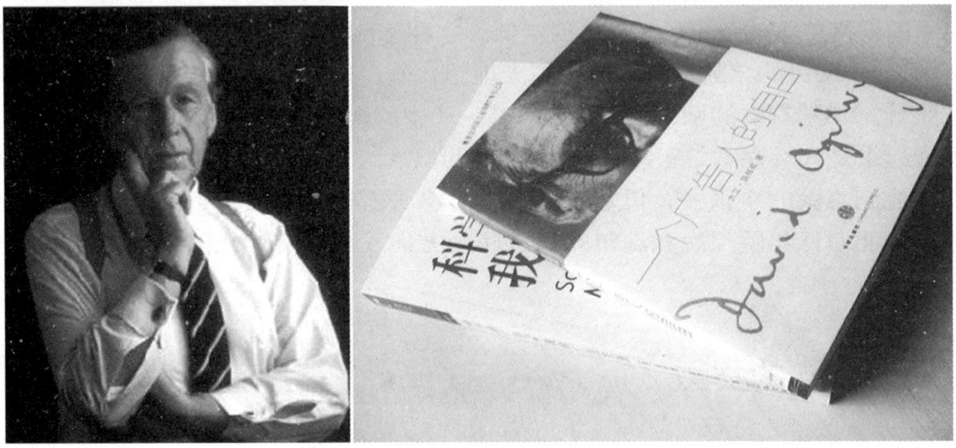


图6.16 《一个广告人的自白》和大卫·奥格威

2. 图片广告

这种广告形式面积较大，通常不占用商业网站的主页，而是出现在每篇具体文章中。这种广告针对性强，投入准确率高。以图片作为表现形式，包括静态和动态两种。静态的图片广告在画面上静止不动；动态的广告拥有会运动的元素，如移动或闪烁，其点击率普遍要比静态的高。用图片做旗帜广告，在表现形式上比文字更吸引人，占有空间不大，一般不超过15KB，2000年以前，这种广告占据了网络广告中的大多数，因为它符合点击后观看的广告思路，非常适合作为中等大小的旗帜广告。它的优点就是制作简单，并且被所有的网站所接受。它的缺点也显而易见，在众多采用新技术制作的动画广告面前，它就显得有些呆板和枯燥。如在搜狐网首页有一则图片广告，“参加雪碧新生力量飙歌赛，成就你的音乐梦想”，通过“雪碧”形象代言人陶喆在画面上的闪烁使画面动起来，增加雪碧海报的吸引力，如图6.17所示。

3. 动画广告

图6.17 雪碧海报

以矢量动画技术为基础，将多幅图片连接起来形成生动的画面，随着流媒体技术的发展，尤其宽带的应用和普及，这种动画广告已经可以在文件很小的情况下展现相当出众的画面。动画广告包括旗帜广告(Banner Ads.)和标志广告(Icon Ads.)。旗帜广告和标志广告是最主要的网络广告方式。这种动画广告的数量与日俱增，现在已经成为网络广告最主要的表现形式。它们一般位于网页的最上端或最下端，动画设计为多，可以点击放大或仅为一个动画。它们尺寸一般很小，要在这样小的画面上展现出电视广告15秒或30秒才能勾勒出的形象，十分困难。只有精美的设计才能引起浏览者的兴趣。一个经过精心设计的广告条和一个创意平淡的广告条在点击率上将会相差很大。

在“卖点”的设计上，应该站在访问者的角度，注意与广告站点内容的相关性，使得点击率能够提高。推广信息应简单明了，明确表达用户的利益，创造出一种点击的紧迫感，具有趣味性。制作技术有多种，如HTML、FLASH、JAVA、DHTML等。

4. 视频广告

它是网络广告的最新形式，它能将声音、图像、文字等融合为一体，生动、活泼、直观地展现广告内容，画面具有强烈的视觉冲击力，采用相关的在线视频技术，还能将电视广告在网上播放，解决了在线广告强迫性、生动性不足的问题。网络视频广告由计算机完成，不仅可以灵活改动，而且能以数字化的形式从其他渠道发布。

网络视频广告是采用先进数码技术将传统的视频广告融入于网络中，构建企业可用于在线直播实景的网上视频展台。网络视频广告是传统网络广告的视频化延伸，是由静态的文字和图片向动态的视频转变。其表现形式相较于传统网络广告也更为灵活，将内容和新媒体技术完美融合。最早的网络视频网站是2005年创立的土豆网。2006年10月Google高价收购Youtube，使得视频网站纷纷起步。根据2007年中国互联网产业报告的数据，2006年博客视频分享的受众规模达到7600万，网络视频点播、直播服务达到9800万。

现今的网络视频广告主要有病毒式网络视频广告和网络视频贴片广告。病毒式网络视频广告以低廉的广告制作费用在互联网上将产品以创意化的手段融入视频，展现给受众，并刺激他们主动、迅速、有效地将广告内容传播给更多的人，从而产生极大的影响力。网络贴片广告是指在视频的片头或片尾插播的与视频无关的广告。视频贴片广告和普通的网页广告一样，拥有链接功能，点击广告后会弹出广告主页面。但是无论哪种广告形式，在实际的应用中都不尽人意。特别是与电视广告相比，如何有针对性地对目标受众进行传播成为网络视频广告亟待解决的问题。凤凰宽频CEO李亚曾认为，网络视频已经快到了收入井喷的时机；著名导演冯小刚说，不可小觑中国网民的力量，不断重复的网络广告视频，远远无法满足网民的创新要求，如果无法衡量好曝光度与美誉度的关系，那么迎来的只能是骂声一片了。

随着网络视频技术的发展和网络视频的普及，网络视频广告也迎来发展的黄金时期。因此，网络广告文案写作要增强互动性，督促目标受众参与其中，如举办一些活动并提供奖品等。2005年1月，通用汽车公司在互联网上推出了时长5秒钟的凯迪拉克V系列汽车视频广告，并且将其与一次竞赛联系起来，要求业余电影制片人提交自己创作的5秒钟广告，此举在3个星期内吸引了3000名竞赛参与者，并且在博客上的评论更是数不胜数。凯迪拉克V系列汽车视频广告，如图6.18所示。

图6.18　凯迪拉克V系列汽车视频广告

5. 搜索引擎广告

Google、百度等网站的核心技术就是搜索引擎，它既能给网络带来大量的客户群，又使网站了解消费者成为可能，搜索引擎广告可以通过关键词的搜索和数据库技术把用户输入的关键词和商家的广告信息进行匹配，广告可以显示在用户搜索结果页面的一侧，也可以显示在搜索结果中。由于搜索引擎广告与用户查询的信息具有一定的联系，因此易于被用户接受，传播的效果非常好，越来越多的商家注意到了搜索引擎广告的高效率，在这类广告上的投入越来越多，使之逐渐成为网络广告市场上的主流。通过关键词查询获得了更多可参考的相关内容，当然，最大的赢家还是Google。这一广告模式将进一步提升Google的广告客户、实际收益、知名度、竞争力。

### 6.2.2　根据网络广告出现的位置不同来分类

1. 页面广告

页面广告是指在网站上出现的各种广告形式，如文字链接广告、旗帜广告和按钮广告等。按面积大小和形式的不同，可以分为以下几种。

(1) 横幅广告(Banner)又叫旗帜广告，这是最常见的网络广告形式，常用尺寸是486×60（或80)像素，这是互联网上最早的也是最流行的广告方式，约占所有互联网广告的60%。这些横幅可以是静态的也可以是动态的，随着各种软件技术的开发和应用，横幅广告的表现形式越来越丰富多彩。横幅广告，如图6.19所示。

图6.19 横幅广告

(2) 按钮广告(Button)就是网页上形似小按钮的广告，通常是一个链接着公司主页或站点的LOGO(公司标志)，并经常有“Click me”的字样。它的规定尺寸比旗帜广告要小，为120×60像素。按钮广告的升级版本同旗帜广告相类似，也有可伸展的按钮广告，也可以在被客户点击过后，形成下拉的网络空间。

小图标按钮广告如图6.20所示。按钮广告一般只能容纳产品或企业标版，它的作用类似于电视广告中的5秒标版，其目的是为了提高品牌的知名度，并不是为了吸引受众进一步探究产品的信息，因此一般来说这些按钮并不是互动的，但是当受众点击按钮时，仍会被带到另外一个网页。最常用的按钮广告尺寸有4种，即：125×125(方形按钮)、120×90、120×60、88×31。这类按钮和横幅广告相比所占的面积较小，大小不超过2KB，可以放在相关的产品内容旁边，如Dell Computers就曾将一个按钮广告放在一份科技类报纸的电脑评论旁边。写作这类广告文案非常简单，只需附上品牌名称或广告语即可，不需要进行复杂的创意。

图6.20 按钮广告

另外还有通栏广告、擎天柱广告、对联广告、全屏广告等，这些广告类似于报纸杂志广告版面中的不同版式，它的出现是为了适应不同广告客户的刊播需要。归根结底是为了吸引受众的眼球，提高网络广告的注意力。2014年开始流行起来的大幅面广告完全突破了上面两种广告大小的限制，内嵌在文章里的广告几乎占了页面的1／4大小，而通栏广告则横贯了整个页面，这些都还不是最大的。弹出窗口的全屏广告是一种在网站主页或栏目出现之前，就弹出窗口的一种广告形式。它可以利用网民等待主页下载的时间，向他们传播关于产品和企业的信息。新浪网曾经播出过一则乐百氏的全屏广告，如图6.21所示。当人们登录新浪网、打开新浪新闻中心或科技频道的首页，首先映入眼帘的是绿色、占据了页面所有空间的乐百氏纯净水广告，几秒钟后，画面慢慢缩小成一个旗帜广告的大小，视觉冲击力远远超过了其他任何类型的网络广告。但是这种广告形式备受争议，人们认为这是强迫网民花费时间和金钱来浏览广告。

图6.21　乐百氏

2. 电子邮件广告

电子邮件广告是以电子邮件为传播载体的一种网络广告形式，它有可能全部是广告信息，也可能在电子邮件中穿插一些实用的相关信息，可能是一次性的，也可能是多次的或定期的。电子邮件以其方便、快捷和免费等特点深受网民喜爱。电子邮件广告通过向用户发送带有广告的电子邮件来达到广告的传播效果，发送者既可以是网络服务商，也可以是广告商家。用户也可以根据自己的兴趣和喜好向广告提供者主动订阅。电子邮件广告针对性强、费用低廉、可以包含丰富的广告内容，但由于一般采用群发的方式发送，有时会被邮箱的过滤系统当作垃圾邮件阻隔掉。有时也会有用户将电子邮件广告与垃圾邮件混为一谈，在此也为电子邮件广告正名，电子邮件广告并非垃圾电子邮件。电子邮件广告的五大要素是：创立品牌效应、在设计中增加智能控制、激发购买欲、建立事务性服务信息、增加病毒式营销要素。其中病毒式营销成为一种高效的信息传播方式，而且由于这种传播是用户之间自发进行的，因此几乎是不需要费用的网络营销手段。由此可看出电子邮件广告是低成本、高效率的一种网络广告形式。

### 6.2.3　根据网络广告相对于网页位置的不同来分类

1. 内嵌式广告

内嵌式广告是最传统的网络广告形式，它内嵌在网页上跟随网页一起被动显示，它不会形成对电脑用户的干扰，用户在浏览网页时无法强制将其关闭，但是由于表达方式单一，难以吸引用户点击。这样的广告形式与路牌广告类似，是以观看为主的广告，只要让受众耐心看完，广告就达到了它的目的。写作这类广告与写作路牌广告类似，要简短、简洁，但能传递最重要的信息。

2. 浮动广告

浮动广告(图6.22)，是指广告在一个页面沿一定的轨迹浮动游走的广告，有多种表现形式，可上下左右浮动，也可跟着鼠标浮动。它同传统的网页静态广告相比，更具主动性，能够吸引用户点击。游动浮标的尺寸没有具体限制。它是一种可以在网页上不断移动的广告形式，网民的鼠标下拉，网页也随之下降；网民的鼠标向左移动，网页也随之向左运动。下拉游动浮标，就是在被网民点中之后，可以形成下拉网络空间的游动浮标广告。

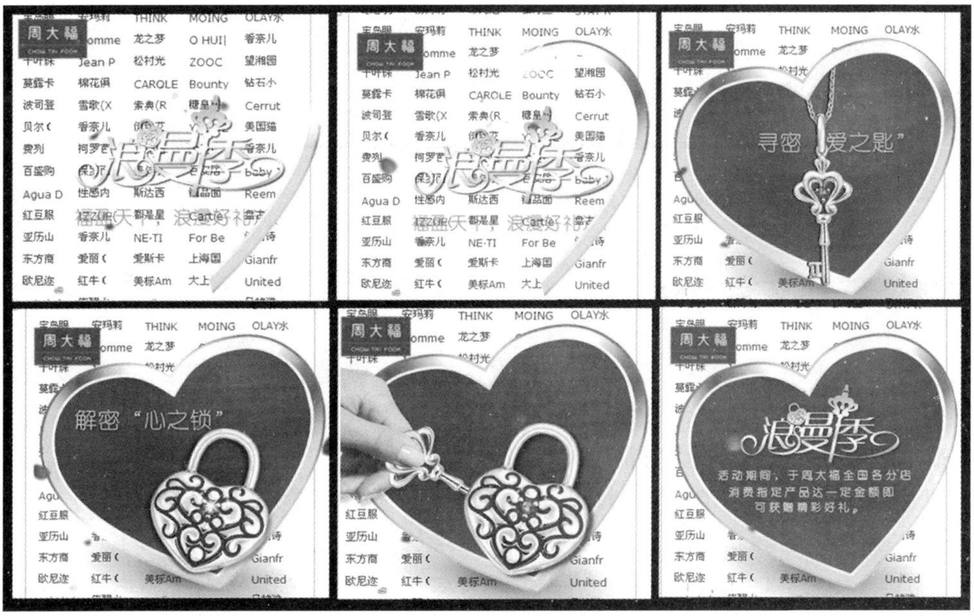


图6.22　浮动广告

3. 弹出式广告

弹出式广告是一种在网站主页或栏目出现之前，就跳出窗口的一种广告形式，也称“插入广告”、“弹跳广告”。当用户进入某一页面，就会自动跳出一个窗口，内含广告图片和标语，有时伴有动画和声音，用跳动的图标和文字呼唤点击。它具有一定的强迫性，可以提高点击率，但是频繁使用往往会使用户产生逆反心理，有些网民将浮动广告和弹出式广告称为“网络牛皮癣”，现在有软件可以将此类不请自来的广告过滤，一些网站都会减少或控制浮动广告和弹出式广告的数量。

4. 扩张式广告

扩张式广告(Expanding Ad）只要受众的鼠标移到广告上，它就会自动扩张成一个更大的页面。网络广告不像报纸广告有较大的尺寸，创意常受限于小空间，为了提供更多的信息，扩张式的广告应运而生。例如，诺基亚LUMIA 1020广告变焦影响革命，近在眼前，点击进去就是一些产品的海量信息，如图6.23所示。

以上的广告形式并没有穷尽现实中丰富多彩的广告形式，而且新的广告形式仍层出不穷，令人眼花缭乱、目不暇接。广告投放者可根据自身产品的特点和适用对象的特点选择广告类型，或根据需要创造新的广告类型。中国网络广告形式之多就连网络广告的创始人乔(Joe)、柏瑞(Barry)和何比(Herbie)都始料未及。不过，任何网络广告形式创新的终极目的只有一个：吸引网民的眼球，提高点击率。

图6.23　诺基亚LUMIA 1020

## 6.3　网络广告文案写作

从某种意义上说，一部世界广告发展史，实质上就是新的媒体被不断开发出来的历史。作为大众传播媒体的报纸、广播和电视，每一次被广告开发与利用，无不给广告传播事业带来划时代的变化，就是有力的例证。

20世纪90年代中期，随着因特网这一划时代的传播技术的成功应用，广告也同时获得了一种前所未有的新媒体。因特网的出现，从根本上改变了人类的生产方式、沟通方式和生活方式，“它使独立的个人向单一受众及更多受众获取或传递大量信息成为可能。在这一过程中，信息的处理是数字化的，因此信息可以以前所未有的简便被复制、控制和传播”。正因如此，全球使用互联网的用户数才以空前的速度增长，无论是发达国家还是发展中国家都是如此。当然，欧美发达国家的发展速度无疑更快一些。因特网所具有的传统媒体不可比拟的巨大传播优势以及上网人数的与日俱增，都使得广告界对它倍加关注，努力将它们作为一个最新、最有发展前景的重要媒体进行大力开发，并初步取得了令人瞩目的成就。

然而网络广告写作与其他媒体广告写作最大的不同在于它以提高点击率为目标，点击率是指广告被点击的次数与广告收视次数的比率，如果广告所在页面出现100次，广告点击次数为10次，那么点击率为10%。因此尽管网络广告形式各异，但网络广告文案有其共同的特点。网络广告文案写作主要指各种超链接广告的写作，也就是狭义的网络广告文案写作，广义的网络广告文案写作类似于平面广告。

### 6.3.1　网络广告文案的特点

作为一种前所未有的新型媒体，因特网有着传统媒体所不具备的特征，这就决定了因特网上所发布的广告也必然存在着与传统媒体广告迥然相异的独有特性，因为传播媒体对广告形态有着很大的制约性。网络广告文案的特征具体体现在下列几个方面。

1. 具有快餐性

工业时代的到来使人们工作日益繁忙，生活节奏加快，将人们推进了知识爆炸的信息时代。电脑网络上的信息和娱乐空间是海量的，人们很难在每天各种领域里多如牛毛的信息中找到适合自己的，因此各种快餐文化应运而生。网络广告文化表现出一种快餐文化的价值观，快捷、迅速、跳跃、多变、流行、时尚，同时也意味着浮躁、肤浅，人们在浏览网络广告时，一般是一瞥而过，不会深究其中的含义，看到能激发好奇心、引起兴趣的，会进一步点击。因此，网络广告是抛弃了深沉、严肃、从容、厚重、高雅的速食食品。人们在浏览网络广告时的状态完全不同于电视，坐在电视机前有一种强制性，选择余地相对较小，而网络上的信息可以选择的余地太大了，没有谁有耐性一条一条地浏览，掌握了主动权的网民完全根据自己的要求、喜好来进行选择，在一条条的信息之间来回转换。

图6.24 网易云相册

与此相适应，网络广告文案不能像传统媒体的广告文案那样长篇大论，或蕴含某些深刻人生哲理，必须直接、简短，不能面面俱到地全面介绍产品特征，只能将最关键、最吸引网民的诉求点表现出来。例如，一则网易云相册的弹出式广告文案，如图6.24所示。

**广告案例**

**网易云相册**

三分钟，
萌妹子教你趣味摄影
实用•有趣•专业
为散落的相片找个家
网易相册，相片存储专家

**案例解析**

在短短的几句文案中强调的都是网民最感兴趣的，“萌妹子教你趣味摄影”“实用”“有趣”“专业”，尤其是“有趣”这一引人注目的词语出现两次，针对的人群是业余摄影者，然后用拟人的手法“为散落的相片找个家”，增加趣味性，并且抓住业余者的心理“网易相册，相片存储专家”。

2. 标题为主

网络广告本身的快餐性，决定了受众浏览广告只是一扫而过；网络的互动性给予了网民极大的自主权，可以选择看或不看某个网页，因此网络广告要在两次点击鼠标的间隙吸引网民的注意力，这就决定了网络广告文案一定要简单、新颖、有震撼力。传统的平面媒体和电波媒体一般都有标题、正文、广告语和随文这样详细的分工，而在网络媒体中，广告文案一般把标题、正文和广告语融为一体，整个广告文案简洁、直截了当、一语中的，没有更多的渲染、铺垫和加工，是一种短、平、快式的语言风格。

图6.25　雪碧

联想在新浪网上的广告：“让世界一起联想，尽享越来越开阔的无线世界。联想Y200笔记本电脑采用英特尔迅驰TM移动计算技术。”这一广告文案很显然并没有吸引人点击的意味，它只是放在门户网站的首页，起到提示品牌名称的作用，一般这类观看式的网络广告仅限于知名度高的大品牌，对小品牌并不适用。

雪碧在搜狐网上的广告，如图6.25所示。“喝雪碧，赢周杰伦演唱会门票”短短的一句话，里面蕴含着“免费”的潜台词，这一标题很显然是要吸引人点击，并进入下一链接查看详情的。语言简短、直接，不拖泥带水，只把最诱惑网民的信息表述出来，没有过多的修饰和加工。

网络广告的标题和正文往往合二为一，用简短的几个词组甚至是几个字，同时起到吸引受众注意力和传达信息的作用。其他详细的广告信息和电子商务内容则多放在链接当中。比如中国光大银行在搜狐主页上的按钮广告一共有4幅画面，文字出现在其中3幅。第一幅：牵手光大，轻松理财；第二幅：中国光大银行；第三幅：全国统一服务电话95595，www.95595.com。采用4字句，首先把光大银行的名称和主要服务特点呈现出来，然后利用光大银行的企业标志加上光大银行的全称来加深受众的印象，最后则是直接把服务电话和网站打在广告里。

在网络广告中，常常会用没有来龙去脉的语言吸引网民进入。如图6.26所示，点击“三重好礼放送”这一网络标题，点开之后发现进入的是一个光碟促销专区，页面的主要信息是各光碟中的电影内容和光碟价格，所谓的三重优惠也只是3种不同价格的奖品。ELONG主页上的一个游动浮标广告：“红酒计划”，对这样一句没有上下文的话，网民的好奇心就会促使他们点开这一广告，但事实上这一浮标后面的链接仍然是ELONG页面。

图6.26　三重好礼放送

网络广告必须比其他媒介的广告更注意直接承诺利益点。对于网民来说，因为上网不仅需要时间还需要付费，而网络广告又不像电视广告那样有强制受众接收的特点。因此网民在选择看与不看广告时，有很大的主动性。他们比较注意的往往是与自身需要和利益有关的广告信息。因此，直接在文案中向网民承诺利益点是很多广告采取的方式。一般在杂志和电视广告中出现于附文中的促销信息，在网络广告中就成了正文。如图6.27，中华英才网中的“上中华英才网，找你爱的工作。”把对那些希望找到工作，希望找到赚钱方式的人们来说还是很有吸引力的。这样的广告针对性极强，希望找到好工作的网民自然会点开看一看。

图6.27　中华英才网

3. 内容的风趣性

有人认为，网络广告的特点只有4个字，就是好玩和性。尽管有失严谨，但也不无道理。因为网民多为年轻人，很多中学生在众多媒介中更是对网络情有独钟。网络在这些年轻人的推动下，甚至形成了自己的语言体系和图案体系。著名音乐人雪村的歌曲《东北人都是活雷锋》，因为活泼风趣、不受传统音乐制作的限制，在发行中四处碰壁，但在网络上却能一举走红。网络广告属于网络文化中的一部分，自然也不能在这一环境中免俗。搜狐网“只约陌生人”栏目做的广告就充分利用了这两个特点。按钮广告文案：“只约陌生人，爱情裸奔。周周开奖，女士优先”；通栏广告文案“窥视爱情三点式，注册，搜友，约会。只约陌生人，大奖面前，女士优先”。参与交友和聊天栏目的网民都不会反感在广告中出现性感和有趣的因素，而这一广告中所谓的性感因素事实上也只是一种比喻和夸张，所起的作用是烘托气氛，增加趣味性，从根本上它仍然属于健康广告的范畴。

网民年轻化的特点使其对好玩和幽默有着比其他媒介受众更大的需求。但在网上真正幽默有趣的文字并不多见。文字往往是图片中卡通形象的配角，仅仅负责传递一些简单的产品信息。其实，在任何媒体上，有趣文字的来源同样为精妙的创意和对语言规律的熟练掌握。“假日悠长……假日忧长？假日无忧——交友网钻石服务免费试用！”这是一则在学生暑假期间推出的广告。两个月的时间确实很长，该怎样度过呢？悠长的假期也就有了“忧”，ELONG网的交友栏目利用两个同音字造成了一种颇有趣味的语言效果。“Harry and Dsvid”是一家家庭上网用户点击率很高的广告网站，此网站不仅推出“月月鲜果”俱乐部吸引网民参与，对商品目录和网页进行有效的整合，还在广告文案上下功夫，加上一些富有煽动性的语言，“点击此处，赢取百万美金”(图6.28)等，这些具有诱导性的言语吸引人点击相关广告，探寻进一步的信息。江门市地尔电器有限公司是地尔汉宇全资控股的子公司，依托地尔汉宇为生产研发基地，致力于打造一个世界级的品牌“地尔——家庭健康、节能、环保领域的专家”，发出一个广告标题为“坐享其成iDear”的广告，如图6.29所示，内容富有趣味，很“不雅观”的产品，让人耳目一新。

图6.28 大奖送不停

图6.29 坐享其成—iDear

网络广告文案一定要通过诱导性的语言吸引人的注意力，广告文案的文字要充分了解网民的心理，巧妙地利用人们“求新”“猎奇”“追名逐利”的心理，达到使人点击的目的。

4. 创意的语言

创意广告所具有的独创性和新鲜感是普通广告缺失和无法企及的，创意广告所能达到的传播效果更是普通广告不可比拟的。独有和新颖是创意广告的优势所在，它剔除了普通广告单调乏味的重复性信息传达路径，使广告的内容和形式都得到了创新性的发挥。在具体操作中，应避免重复、模仿对创意语言的负面影响，分辨语言中不具实效、华而不实的干扰因素对创意广告的危害，使创意广告文案语言的内在关联具有创新的基因和致密的结构，使创意在真正意义上成为广告意象和广告口号的精神特质。在化妆品广告中，“惊艳”一词就道出跟女人有关的化妆品，这则广告文案：惊艳——一骑绝尘，美妆品牌满送超值豪华礼包。就一张图片跟两个字突出主题很吸引人，语言简洁但不简单，如图6.30所示。

图6.30 惊艳

“创意先行”的理念由于在现代创意广告文案中的广泛应用而备受关注，殊不知它在经典广告的创意型作品范例中早已初现端倪。例如，广告大师罗瑟·瑞夫斯在1990年为m&m糖果公司创作的广告，此灵感之作堪称经典，流传至今。它极好地验证了“理念寓于商品本身”的创意点，所谓“灵感”来源于对m&m巧克力糖果产品自身属性的认识，即m&m糖果在巧克力之外包了一层糖衣，使巧克力不会融化，这在当时的美国是独一无二的，可谓是旧元素的新组合，创意的萌生正基于此。那么，广告文案是如何表现该创意的语言思维过程的呢？首先屏幕上出现两只握着的手，然后问哪只手里放着m&m巧克力豆呢，不是那只黏糊的手，因为m&m只溶在口，不溶在手。广告文案采用问答的方式自然过渡到中心广告语——只溶在口，不溶在手。词汇的选定是语言思维落实到语言文字的技巧之一，该广告语既反映了 m&m巧克力糖衣包装的特指USP，又暗示m&m巧克力口味好，以至于我们不愿意使巧克力在手上停留片刻，如图6.31所示。正如罗瑟·瑞夫斯所言，“你必须使产品有趣，而不仅仅是使广告与众不同。”对产品特性的问答性描述和一语双关的表现手法恰当地满足了创意型广告文案所应具备的条件，使广告创意经由语言思维得到了充分的表达。

图6.31 只溶在口，不溶在手！

### 6.3.2 网络广告文案的写作要点

1. 引人入胜

网络广告文案要写得引人入胜，使受众进一步点击，进入下一页的链接。有一位叫洪治纲的网民曾在金羊网上发表了一篇名为“这个时代的看客们”的文章，对博客点击率的重要性进行了形象的阐述：“任何网页生存的核心价值，都取决于‘点击率’。在网络中，点击率意味着一切。或者说，点击率是一条永不言败的疯狗，始终追得博客们乱跑。而在博客们的心中，是生存还是毁灭，点击率都会很快给你一个终极性的答案。”在这里我们不妨把“博客”换成“广告主”，这句话也是成立的。

网络广告要写得引人入胜，不能像长文案方方面面地进行详细的介绍，只能将最吸引人的诉求点写出来。

(1) 提供免费和低价。中国网民是在“免费”的培育环境下急剧增加的，除了上网费要付钱以外，邮箱、游戏及各种下载服务在大多数情况下都是不收费的，再加之人人都有追逐利益的本性，因此，在广告里用“免费”来吸引眼球是一个屡试不爽的做法。“疯狂免费试用”“奖金1000元”“黑人牙膏，Show出美白心得，赢取总价值40000元奖品”“免费电视、电脑、游戏机要不要？”等，如图6.32所示。

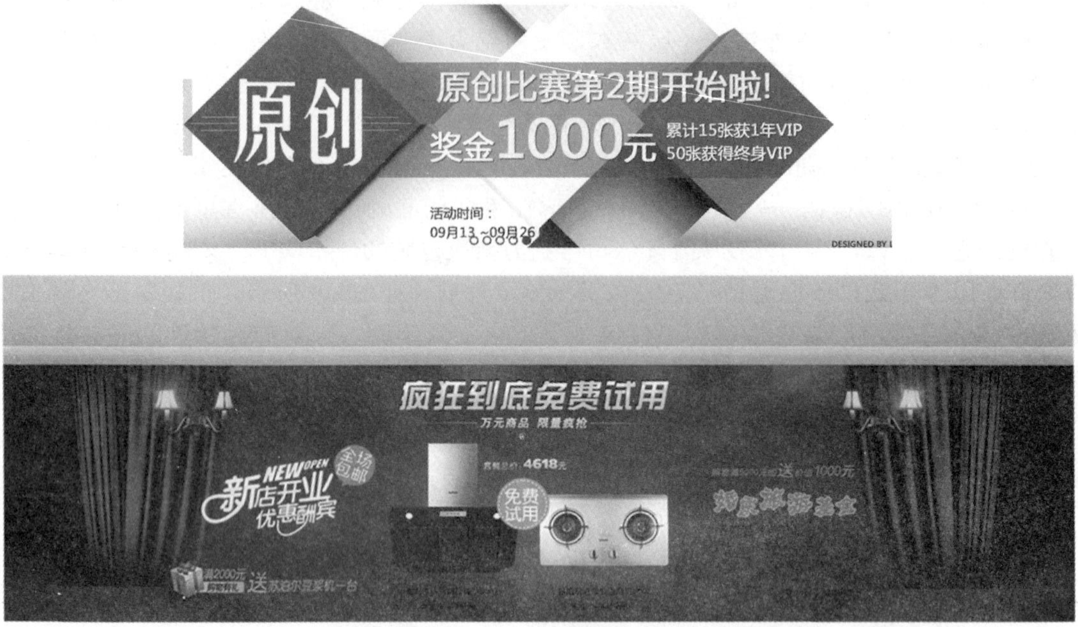


图6.32　免费或优惠字样的广告

淘宝网首页广告，如图6.33所示。广告文案“你是否跟不上动态常错失良机……新首页帮你解决”“来往1000万大礼等你来拿！”“皮尔卡丹，抢到就是赚到”等，这些产品的信息也极大地吸引人们的眼球。

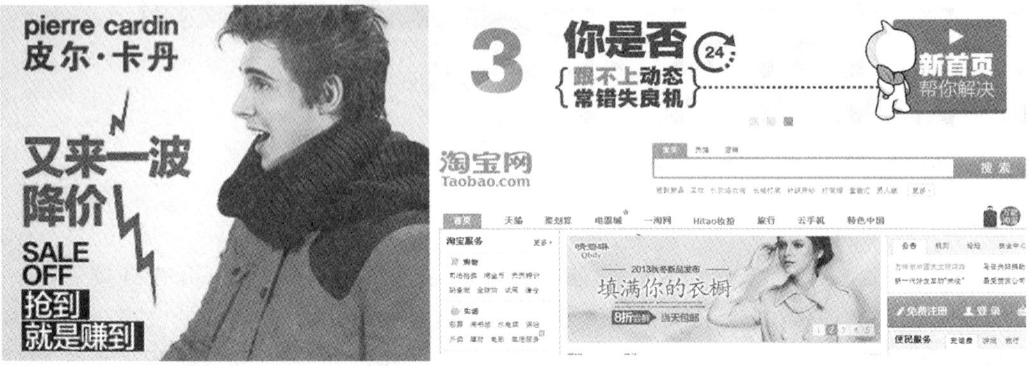


图6.33　淘宝网首页的广告

(2) 造成悬念。广告文案可以造成悬念，充分利用人的好奇心。如“尝试网上‘堆’雪人”，网上怎么能堆雪人呢？怎么堆？是不是堆雪人的游戏呢？网民自然会有许多疑问，等到进一步点击页面才发现原来是Intel公司的雪人贺卡。

新浪网上有一则这样的广告：“插这里，插这里，插这里，超级插插插。”画面上几个插头闪烁，让人不知其所以然，进一步点击才发现是一种语音互动游戏，这则广告通过画面和语言的配合造成悬念，勾起人追根究底的欲望。

通过造成悬念确实可以提高点击率，但是提供的承诺必须是真实的、可信的，虽说网上的广告管理和审查没有统一的规范，但是点击率并不是意味着一切，承诺无法兑现，消费者发现上当后，不仅不会购买企业的相关产品，反而会对企业产生反感，得不偿失。

(3) 与热点问题相结合。很少有人会主动寻找广告信息，但是人们一般会有追新闻热点的习惯，将网络广告与时事热点相结合，一方面可以提高关注率，另一方面有利于树立品牌形象，引人好感。“想要神马就有神马”是苏宁易购春节特别策划内容。图6.34所示为苏宁广告，苏宁易购同步推出了《想神马就有神马》的同名单曲。该曲是2014年春节前网络特别流行的“神马”主题，围绕新年新愿望内容展开了一段激情说唱串烧。

在歌曲中，苏宁易购结合歌曲主题，在结尾处巧妙植入“想要神马，就有神马，苏宁易购，let's go！”一句歌词可谓是“画龙点睛”，一方面苏宁易购通过该歌词将整个单曲的激情恰到好处地瞬间释放，成为本首歌曲的最大爆点，另一方面歌词中还传递了“来苏宁易购，想要神马就有神马”的重要含义，突出了苏宁易购作为国内领先的一站式综合性网络生活购物平台在市场中的强大影响力。

《想要神马就有神马》是由星空传媒旗下第一届中国好声音人气歌手吴莫愁、李代沫倾情演唱。两人识别度极高的嗓音以及别具风格的演绎让这首歌充满喜庆色彩又颇具潮流气息，而这首歌曲朗朗上口的RAP曲风以及简单重复的旋律让所有人听一次便印象深刻，因此《想神马就有神马》也成功晋升为新年贺岁洗脑神曲。

图6.34　苏宁广告

2. 语言简洁

网络广告文化是典型的快餐文化，网民游览广告时，眼光在上面驻足的时间极短，太长的广告很难在网民一扫之间传递完整的信息，而且各网站对广告尺寸也有一定限制，“立片言以居要”，用非常简短的语言将主要信息传递出去反而容易获得点击，链接到企业主页，以求对网民进行深入的信息传播。

如一次China Byte网站有个频道举办征文活动，可以是一句话、一段话、一篇文章，最高奖品是一部价值近7000元的移动电话。如果说“欢迎参加什么什么征文”，既平淡又啰嗦，后来改成了“说句话，赢手机”，推出后反应踊跃。由于各网站对广告尺寸有一定的限制，而且网络媒体也不适合长时间阅读，因而简洁、生动的网络广告文案才会有较高的注意率。“三星全新机皇，免费拥有”，简洁吸引力强，如图6.35所示。

图6.35　三星全新机皇，免费拥有

3. 号召参与

网络媒介与传统媒介相比真正实现了互动，网民的主观能动性得到了充分的体现，他们不仅可以自主决定看或不看某条信息，更重要的是他们能够立即参与其中，不论是参与某种活动、某个游戏，还是进而采取直接的购买行为。例如，你只闻到了我的香水，没有看到我的汗水。你有你的规则，我有我的选择。你否定我的现在，我决定我的将来。你嘲笑我一无所有不配去爱，我可怜你总是等待。你可以轻视我们的年轻，我们证明这是谁的时代。梦想是注定孤独的旅行，路上少不了质疑和嘲笑，但那又怎样，哪怕遍体鳞伤，也要活的漂亮。 我是陈欧，我为自己代言，如图6.36所示。这样的网络广告通过极具号召性的文字，一步步地吸引消费者参与其中，引起访问者的兴趣，拉近他们与品牌的关系。

图6.36　我为自己代言

以上广告文案的写作方法主要是针对以吸引点击率为目的的网络广告而言的，某些以观看为目的的网络广告文案的写作方法与路牌广告极为类似。

### 6.3.3 当前网络广告文案写作中存在的问题

1. 情感因素泛滥

情感因素使文案写作趋于同质化，经常在网上看到这样的广告，很多利用父母对孩子的爱，配合的文案是“让孩子随时拥有晨光”“今天健康，未来闪亮”“赢在起跑线”“还等什么”一类的短句，一些娱乐网站的广告语汇甚至出现了非健康的倾向，如图6.37所示。

图6.37 情感因素

2. 文字的创造性匮乏

尽管网络是一部频频制造新词汇的机器，但真正诞生在网络广告中的时尚说法却很少，大家四处流传的仍然是电视和印刷媒介中出现的广告语。网络广告的用语不是“最新”“最酷”“最炫”，就是“新品”“包邮”“折扣”，如图6.38所示。前者是网民的口头禅，后者是吸引网民的实用武器，网络广告成了网络文化的随从而不是创造者。

图6.38 “包邮”广告

3. 噱头过多

很多网络广告只是吸引受众进入某个链接，出现的用语富有煽情性。但网民点开之后，往往看不到自己需要的信息。这些广告在短时间内可能会起到促销的作用，但随着广告数量的增多，创意手法的重复必然会引起点击率的下降。其实网络广告也是广告的一种，它的写作不仅要从网络媒体的特点和网络广告的形式出发，还要遵守广告文案写作的一般规律。

### 6.3.4　网络广告文案的写作方法

网络广告面临的是一群相对年轻的消费者，他们肯花大量的时间和金钱泡在网上看新闻、聊天、找资料、玩游戏，但却并不代表他们会花大量的时间和金钱来看广告。而点击率又是网络广告的生命。怎样创作网络广告文案才能吸引受众呢？

1. 与所在栏目的内容相混合

比如，在新闻类栏目中设置一个颇具新闻性的文字标题，如图6.39所示凤凰网标题育人者、大智慧，看世界、海天考研等，用不同的颜色把它同正式的新闻信息区别开来。内容不涉及具体的广告信息，但文字上充满煽动性，旨在调动人们的好奇心。

图6.39　凤凰网

2. 突破传统结构模式

互联网连接了整个世界，但任何一个网站一次性呈现给受众的页面只有电脑屏幕那么大的面积。其主角是各类非广告信息和各种服务项目，留给广告文案写作的空间其实并不大。尤其是按钮广告，就算没有画面因素的加入，如果想让受众一眼就能看清广告中的文字，在120×60像素的面积中最多只放得下6～8个字，否则字就会很小，模糊不清。所以，网络广告对语言简洁的要求比任何一种媒体广告都高。长文案在网络广告中是不多见的。网络广告的标题和正文往往合二为一，用简短的几个词组甚至几个字，同时起到吸引受众注意力和传达信息的作用，其他详细的内容则多放在链接当中。

在网络广告中，常常会以没有来龙去脉的语言吸引网民进入。就像一些在杂志和电视广告中出现于附文中的促销信息，在网络广告中就成了正文，如图6.40所示。

图6.40　中华英才网

**广告案例**

**找工作碰壁了？**

上中华英才网，更快更准找工作—中华英才网。

**案例解析**

中华英才网的这句广告文案用问句，让人产生共鸣，尽管画面夸张，但对那些希望找到工作，找到赚钱方式的人们来说，还是颇具吸引力的。

一些日常消费品的广告则经常把单纯的价格因素作为吸引网民的不二法宝。像“虎口脱险，VCD 10元”。只把光碟的电影名称和低价10元放在广告里，没有其他任何信息。这样的广告针对性极强，喜欢这部电影的网民自然会点开看一看。

3. 力求生动有趣

“投简历快过投篮球”这幅广告作品给人以生动之感，而这一广告中所谓的情感因素事实上也只是一种比喻和夸张，所起的作用是烘托气氛，增加趣味性，从根本上来说它仍然属于健康广告的范畴，如图6.41所示。

图6.41　投简历快过投篮球

4. 语言简洁但不简单

简单在这里的含义是缺乏创意，缺乏有价值的广告信息。

**广告案例**

"发黄、转染、残缺。祛除灰指甲，从现在开始。"

**案例解析**

这一药品的弹出窗口广告相对而言就做到了简洁但不简单。文案先用3个词准确地描述出了灰指甲的症状和危害，配合这3个词的分别是3幅画面。第一幅：一片顶部发黄的绿叶；第二幅：3片顶部发黄的绿叶；第三幅：一片残缺的绿叶。文字和图片在这里形成了合力，对那些有灰指甲症状的网民来说，极易促使他们发出共鸣。而后面的"祛除灰指甲，从现在开始"就能够在这一基础上用"祛除灰指甲"这一利益点来吸引他们点击。

## 6.4 网络广告文案示例

与印刷媒介广告和电视媒介广告比较，网络广告显得还很稚嫩。尽管如此，它在写作上也已逐渐形成了自己的规律。下面选择的案例跟大师们创作的著名作品相比，或许称不上精彩绝伦，但却是代表目前网络广告文案写作水平的标本。

### 6.4.1 超短文本

**广告案例**

IBM笔记本！！
数码相机299！
ACER S10热卖！
千元名牌笔记本
孕妇防辐射系列
PS2，GBA半折！
网易笔记本商城
555元买录音笔
数码产品大全！
体验最性感美女
电子书VS录音笔
新款诺基亚3610
YONEX新品送拍包
化妆品超低价！
银饰宝石三折起
买轩辕剑送QQ卡
瘦身丰胸美体！

**案例解析**

这是出现在网易主页网上购物区的一组文字链接广告，最长的不超过8个字，最短的只有一个品牌英文名加3个字。它们的写作风格，基本上代表了目前网上文字链接广告的特点。

（1）诉求单纯，重点突出。有的是利用名牌产品本身的号召力来吸引受众，比如“IBM笔记本”“ACER S10热卖””“新款诺基亚3610”。有的是给受众承诺利益点，比如强调价格的“千元名牌笔记本”“银饰宝石三折起”，强调效果的“瘦身丰胸美体”“体验最性感美女”，强调优惠条件的“买轩辕剑送QQ卡”。有的向受众介绍产品或服务的名称、特点，比如“数码产品大全”“网易笔记本商城”。这样的诉求指向性明确，易于吸引那些对产品或服务感兴趣的网民。

（2）一语中的，简单利落。表达明确有效是这种文字链接广告的写作目标，所有的技巧、句法、含蓄在这里都派不上用场。甚至有的时候为了简洁都会不顾及语法结构的完整。比如“YONEX新品送拍包”，真正完整的句子应该是“买YONEX新品送拍包”。尽管说得不完整，但网民还是可以理解这句话的含义。而如果话说得过于简略、词不达意就不可取了。

每天一元留住客户创造无限商机，如图6.42所示。资生堂买即赠价值600元悦薇保湿紧致三件套，资生堂男士系列中任意产品赠送，如图6.43所示。耐克新品上架，全场4折起，如图6.44所示。这些广告文案都来自于按钮、旗帜、浮标等网上广告形式。它们对字数的容量也不算大，但跟文字链接相比，发挥的空间还是有了拓展。比如：“每天一元留住客户创造无限商机”就包含有两个信息，一是网站提供的服务内容，二是网站的名称。文字链接只能起到吸引受众注意的作用，而按钮、旗帜等广告形式则能够加深受众对企业、产品或服务的印象。网络广告不同于其他媒介广告的地方就在于没有完整的标题、正文、口号、附文组成的文案结构，所有信息的表达既要重点突出又要条理清晰。一般来说是一句话或一个词组传达一个完整的信息，信息与信息之间可以是承接关系，也可以是悬念与解开悬念的关系。比如“资生堂男士系列中任意产品赠送”，这个词组之间，前两个是悬念的关系，而最后的片名则解开了受众心中的疑惑，原来下面的产品是赠送范围内的。

图6.42　114上机通

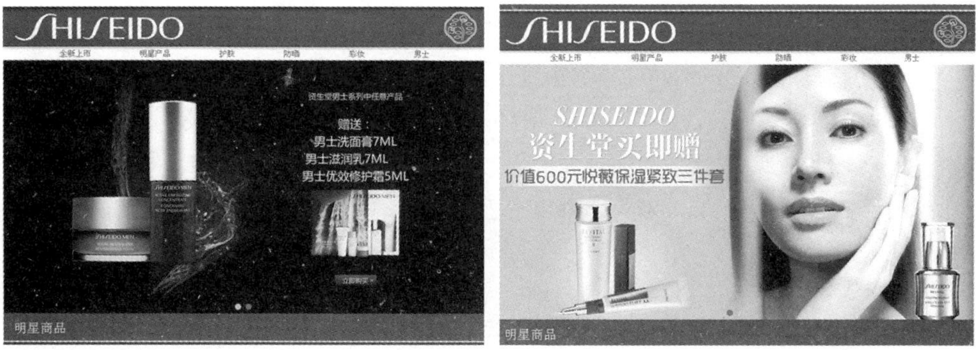


图6.43　资生堂

图6.44　耐克

无论是哪一种超短文本，网络广告都必须拿出真正吸引受众的信息，比如产品的价格折扣、产品的显著效果等。

### 6.4.2　长文案

尽管网络广告的总体特点是短小精悍，但在一些专门的产品推销网站和一些弹出窗口广告中，长文案也还是可以见到的。

2001年韩国电视台收视冠军继《蓝色生死恋》后，又一部能让你哭得花容失色之作！笑容最甜美的金贤珠，韩载硕、苏志燮两位帅哥，编织了一个水晶般的玻璃童话！如果不是《野蛮女友》的加入，它将成为2013年韩国影视星空中最耀眼的一颗星星！如果不相信，请看《玻璃鞋》吸引你的七大亮点！(注：本剧为中韩双语配音)

如果她打你，一定要装得很痛。如果真的很痛，那要装着没事……让你一会笑得晕过去，一会感动得泪水涟涟，一个伤痕累累的“野蛮女友”，怜香惜玉的你怎会忍心不要？？想要《野蛮女友》VCD的朋友，点我吧。

这是一个专业经营电影电视光盘的网站，为了推销最新的韩国电影电视光盘所做的推介广告。从写作内容看，它们像是电影简介，但它们的网络广告特点还是十分明显的。

(1) 强烈的煽情。多用夸张的语气，像笑得晕过去，哭得花容失色；最高级形容词经常露面：最甜美，最耀眼；还有很多的感叹号，连问号都是双份的。所有这些都是在渲染电影带给人的强烈感受，从而吸引受众的眼光和好奇心。

(2)直接的促销口吻。“点我吧”如图6.45所示，“怎会忍心不要”，“如果不相信，请看《玻璃鞋》吸引你的七大亮点”，这些内容在其他电影简介中都是不会出现的。这两则广告的促销用词较为巧妙，或者和电影的名称形成双关，或者通过刺激好奇心的方式来进行诱导，如图6.46所示。

图6.45　点我吧

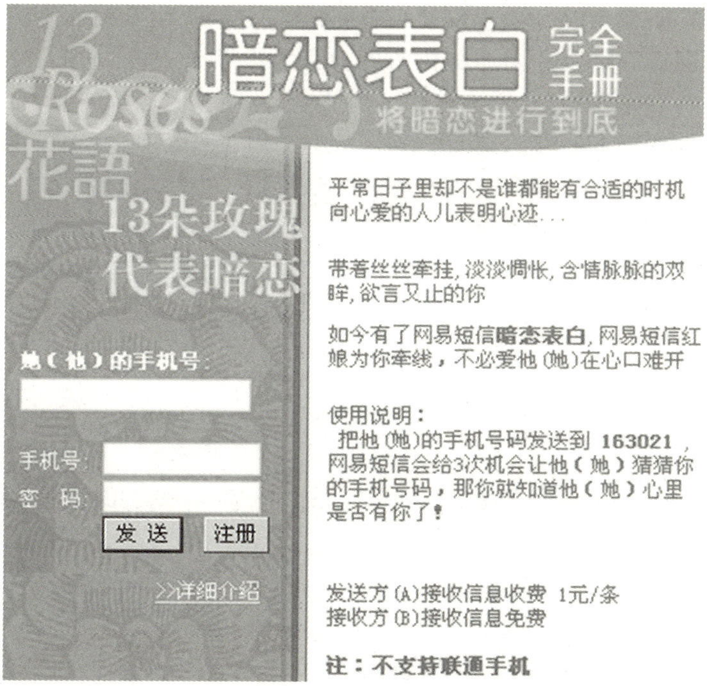


图6.46 13朵玫瑰代表暗恋

**广告案例**

### 13朵玫瑰代表暗恋

平常日子里却不是谁都能有合适的时机向心爱的人儿表明心迹……带着丝丝牵挂，淡淡惆怅，含情脉脉的双眸，欲言又止的你，如今有了网易短信暗恋表白，网易短信红娘为你牵线，不必爱他(她)在心口难开，使用说明：把他(她)的手机号码发送到×××，网易短信会给3次机会让他(她)猜猜你的手机号码，那你就知道他(她)心里是否有你了！

发送方(A)接收信息收费1元／条，接收方(B)接收信息免费。注：不支持联通手机。

他(她)的手机号：

手机号：

密码：

发送　　　注册

**案例解析**

这是一个标题、正文、附文都很完整的广告文案。它以弹出窗口为载体，为其传递较为复杂的广告信息提供了足够的网络空间和文字空间。现评析如下。

(1) 典型的感性诉求文案。广告针对的是那些习惯在网上和用手机短信交友聊天的少男少女。这些受众对说教式的理性诉求方式不会产生太大的兴趣，能够打动他们的就是用感情说话。文案从受众的角度出发，首先把暗恋的尴尬和无奈描述出来。意在引起有相关心理经历的受众的好感。对服务内容的介绍采取聊天式的口吻，好像在替自己的好朋友出谋划策。

(2) 选择流行语言。目标受众对流行的言情小说和言情电视连续剧，自然不会有恶感。这则文案就抓住了这个特点，把“将爱情进行到底”这一电视剧的名称改头换面成“将暗恋进行到底”，不仅很有趣味，也打消了一些羞于把暗恋挂在嘴边的受众的尴尬心理。

(3) 充分利用网络广告的优势。这则广告附文介绍了发送短信的价格和服务的范围。附文的后面还提供了一个即时报名的小窗口。也就是说一旦受众对这一服务产生了兴趣，就可以马上行动，提高了广告的有效促销程度。

**广告案例**

**TCL王牌XQB42——21B洗衣机——263商城——精彩时尚在线购物**

@263在线•在线购物
您的位置：
主页>在线购物>家用电器>洗衣机>全自动
会员登录／订单查询／察看购物单／去收款台
商品编号：XQB——42——21B
名称：TCL王牌XQB42—21B
市场价格：￥1450.00元
单位：台
品牌：TCL
销售商店：××××
支付方式：网上支付
　　　　　现金支付
　　　　　邮局汇款
详细说明
商品规格
外形尺寸：525mm×530mm×844mm(长×宽×高)
容量：4.2kg
三段水位：高／中／低
四种程序：标准／快速／浸泡／羊毛
时尚造型：流线设计
防鼠底板
三小波轮、拳击棒
含防霉变添加剂的塑料内桶
商品详细信息
21世纪新动能创造混沌水流，不缠绕、更洁净。

国际流行CHAOS理论指出，越是无序的力才能越保证衣物洗涤的洁净，减少衣物的磨损率。该机是新动能理论的最佳诠释者，它能充分利用水流塑造出适度的力，在适宜的角度对衣物进行洗涤，不仅提高了衣物洁净度，还将磨损率降到了最低，是21世纪洗衣机的典范。

水是这样被搅“混”的。

*三小波轮

桶底的三小波轮，跟随水流和衣物摩擦而转动，产生轻细的揉搓力，提高洗涤均匀度……

*强力拳击棒

桶底特设拳击棒，随着大波轮的旋转上下运动，产生一股强劲向上的水流，将衣物打散，降低磨损率，提高洗净度。

*高效瀑布

上下两个瀑布水流，促进水流流动，增强漂洗效果。

主要特点

*三段水位

高、中、低侧排水随意洗涤任何一种织物。

*四种程序

标准、快速、漫泡、羊毛，洗涤剂量自动显示，微电脑控制洗涤剂用量，绝无浪费和残留。

*防鼠底板

降低噪声、防止腐蚀。

*三小波轮、拳击棒

使衣物均匀揉搓、深入洗涤、适度捶打、防止缠绕、防止磨损。

*含防霉变添加剂的塑料内桶

防止霉变污染，有效清洗衣物。

配送与售后服务

商家配送地域

北京四环以内，免费送货

北京四环以外，免费送货

北京以外地区，暂不提供

北京以外地区的送货服务。

退换货天数：7天，保证商品正常包装，无损坏。

备注：

整机维修3年，电机保修5年。24小时以内，城区服务到位，边远地区预约服务。24小时全天候电话服务，节假日正常服务。

**案例解析**

上面的网络广告文案，为我们提供了许多有益的启示，主要表现在下列几个方面。

（1）根据网络媒体的特有性能，广告文案要写出“您的位置”，如“主页>在线购物>家用电器>洗衣机>全自动”，以及“会员登录”“订单查询”等词语，而报刊、广播、电视等媒体广告是不会出现上述字眼的，因为它们的性质与网络的主动很不相同。

（2）网络广告与电子商务存在着密切关系，因而在“支付方式”上应标出。“网上支付”的结算方式。

（3）要写出信息反馈的重要内容，如“您的姓名或称呼”“填您的电子邮件”等，其目的是为了让消费者或用户“与信息发布者取得联系，获得更多的信息”。这正是网络媒体独特性能的表现，因为它可以让潜在消费者与广告主迅速在网上取得联系，进一步获取广告中所没有的信息。这种交流和对话可使消费者更全面、更深刻地把握产品或服务特点。

（4）对广告产品的有关情况的说明较传统媒体广告仔细、具体得多，如“市场价格”“单位”“商品编号”“名称”“外形尺寸”等，在一般平面广告中几乎是见不到的。

网络广告长文案，需要注意的是把握受众心理，提供受众喜爱的语言表达方式，并且充分利用网络的优势把广告和销售结合在一起。

### 6.4.3 从个案看网络广告的写作技巧

网络广告和许多媒介的广告一样，依赖语言发挥传播功能，因此各种写作技巧的运用是必不可少的。这里列出的仅仅是其中的一小部分，其他的诸如夸张、比喻、拟人等修辞技巧在网络广告中也都时有所见。

1．留空

**广告案例一**

史上最全大牌
手表云集

**案例解析**

这则广告通过一个画面留出大量的空白，让人产生思考史上全大牌手表有哪些呢？如图6.47所示。

图6.47　史上最全大牌

### 广告案例二

**CHLOE（克洛伊）品牌**

正文：Chloe（克洛伊）品牌创立位于1952年，诞生时只有女装，后来逐渐增加了眼镜、香水和包包手袋、鞋靴系列。Chloe品牌的鞋和包包，采用皮革材质，艳丽夺目，时尚前卫……。

### 案例解析

这是一则留空文案，广告画面冲击力强，能引导人们视觉中心停留在Chloe的品牌字样上，接着引起人们的兴趣让人不知不觉就回去点击画面，进入网站，如图6.48所示。

图6.48　Chloe（克洛伊）品牌

### 广告案例三

**网易联盟**

正文：加入网站联盟

送你一个 短信赢利网站

http：//用户名.sms.163.com

网易网站联盟 不用做网站 也可以

### 案例解析

这一旗帜广告一共有4幅画面，每一幅画面中都有一个完整的句子，前3幅都是一个人在奔跑，第一幅文字：门槛低合作灵活；第二幅文字：可信赖结算快速；第三幅文字：需求大收益稳定；但最后一幅画面与前面的不同，服务好数据准确的文字后面是一幅图片：是成功的标志握手。这里文字的留空技巧，一则避免了使用“与前面一样的表现形式等用得多而滥的视觉感，二是形象生动，三是通过语言和画面之间突然的转换给受众留下深刻的印象，四是强调了诉求点，如图6.49所示。

图6.49 网易联盟

2．双关

**广告案例一**

**科学战痘方法**

正文：只要青春不要痘
用清热暗疮片。

**案例解析**

这则文案用“痘”与“斗”的谐音在“战痘”一词上形成了双关，战斗表示治疗的决心，而战痘则表示治疗的对象，两相结合，妙趣横生。

**广告案例二**

**一切从音乐开始**

正文：想泡水吗？
来吧，来吧，
尽情享受属于自己的暑假

**案例解析**

该则文案的泡水，一是指听音乐就像炎热的夏天在水中泡着时的清爽感受，另一方面也是指这个音乐网上栏目的名称：“水吧”。

3．对偶

**广告案例**

时尚近季
奢侈近人

**案例解析**

这则文案，文字简练，表意清晰，朗朗上口。对偶工整，但感情色彩浓郁。表现了对品位生活的追求，容易博得年轻人的好感，如图6.50所示。

图6.50　时尚

4．反复

**广告案例一**

**网大国际学院**

正文：引国际化课程 聘国际化师资
创国际化学院 育国际化人才

**案例解析**

这则文案将“国际化”一词反复使用了4遍，意在强调学院的办学特点就是国际化。并从课程、师资、办学目标等方面进行了条理化描述，诉求集中有力。

广告案例二

新闻周刊

正文：中国权威时政杂志
影响有影响力的人

案例解析

这则文案，重复使用了“影响”一词，在语言上造成了一种气势，表明了中国《新闻周刊》的受众群体和编辑方针。

广告案例三

公益广告

正文：无女又怎能成事
百年子合
无女又怎能成事
传宗拉代

案例解析

这则文案是香港生育计划委员会的公益广告，重复使用了“无女又怎能成事”一词，以巧妙的创意来阐述一个深刻的道理：如果没有女性，“百年好合”就“好”不成(成了“百年子合”)，“传宗接代”就成了“传宗拉拉代”，成了一句空话。由此语重心长地告诫、劝导大众：没女孩是不行的。

5. 引用

广告案例

耐克

正文：那些年一起上的学
耐克的双肩包

案例解析

这则文案引用的不是文学作品，也不是电视电影中的对白，引用的是一则当下流行的电影《那些年一起追的女孩》的名称。广告利用图片，配以原来的台词，恰当又生动，如图6.51所示。

图6.51　耐克

# 本章小结

本章深入地论述了网络广告概论的相关知识。细说网络广告从发展到网络广告地位的确立及特点。然后根据网络广告依据不同的标准可分为很多类型，相应地，网络广告文案写作也有不同的特点和要求。尽管网络广告形式各异，网络广告文案有其共同的特点。网络广告文案写作主要指各种超链接广告的写作，也就是狭义的网络广告文案写作，广义的网络广告文案写作类似于平面广告。针对网络广告文案而言，掌握网络广告概论知识并理解与学习网络广告文案相关的特点和写作要点等内容，就可以进行网络广告文案的制作。最后本章通过网络广告案例分析来加深对网络广告的理解。

# 本章习题

一、填空题

1. 时间是在________，世界最早的网络广告出现在美国著名________网络版上。

2. 传统四大媒体的大众媒体，________、________、________和________等。

3. 三网合一是________、________和________。

4. 音像、数据产品将不仅可以通过________，还可以通过有________传输，覆盖面将大为增加，接收成本也将大为降低。

5. 最常用的按钮广告尺寸有4种，它们分别是：________、________、________和________。

二、选择题

1. 传统的四大媒体范围之外的，成为第五大媒体的是（　　）。

A．电视　　B．文字放送　C．互联网　　D．卫星放送

2. 互动式数字化复合媒体是一种复合媒体(多媒体)，具有(　　)的特点，使得新媒体的内容呈现方式可以根据需要，在文本、视频和音频之间任意转换或兼而有之。

A．针对性　B．便利性　C．无空间性　D．独特性

3. 网络广告文案的写作要点中的引人入胜包括以下哪些方式？（　　）

A．提供免费和语言简洁　B．造成悬念和提供免费

C．语言简洁和号召参与　D．号召参与和造成悬念

4.“最酷的交友网站”在吸引力上就不如“看你和F4速不速配”，后者采用了（　　）的写作方法。

A．增强文字的创造性　B．力求生动有趣

C．突破传统结构模式　D．语言简洁但不简单

5. 横幅广告又称（　　）。

A．按钮广告　B．弹出式广告

C．浮动广告　D．旗帜广告

6. 以下哪个不是按网页位置的不同来分类？（　　）

A．扩张式广告　B．弹出式广告

C．横幅广告　D．浮动广告

## 三、思考题

1. 什么是网络广告？网络广告有哪些特点？
2. 网络广告可分为几大类？具体有哪些类型？
3. 网络广告文案的特点如何？写作网络广告文案要注意哪些要点？
4. 试述网络广告语言与电视广告语言的区别和联系。
5. 谈谈你对当今网络广告信息泛滥、缺乏佳作现象的看法。

# 第7章 广告文案测试

**【训练要求和目标】**

本章主要讲解的内容是广告文案测试的基本理论知识。

训练要求：

● 了解广告文案测试的含义。

● 了解广告文案测试的必要性。

● 掌握广告文案测试的类别。

● 理解广告文案测试的意义。

● 重点理解广告文案测试的标准。

训练目标：

编写本书的目的就是让更多的教师能够充分利用本书中的各种测试效果对广告写作进行更有针对性的教学，让学生通过案例和理论注释进入模拟广告测试的现实环境中，体验广告环境的真实性和复杂性。在案例教学中，没有“标准答案”，教师掌握的情况也很有限，学生必须在分析现实中种种矛盾和因素的基础上独立做出判断和选择，因此，本书也为教师和学生搭建了一个相互学习的平台。

最终通过对本章的学习，掌握不同广告文案测试的类别，学会不同广告文案应该运用的各种测试方式，从而实现广告文案的测试效果和目的。

**【本章引言】**

广告的影响力如此微妙，而且在大多数情况下几乎不可能进行测量，所以我们没办法想象，为什么一名优秀的广告人能在事先对创意进行效果预测。广告效果的不可知似乎是个普遍现象，这是全世界所有进行过广告投入的企业普遍面临的问题。为了使广告文案透明化，在广告实践中，许多广告人付出了艰辛的劳动，发明了许多检验广告效果的方法，其中就包括广告文案测试。本章首先对文案测试概念进行了界定，对广告文案测试的必要性进行了阐述，接着提出了广告文案测试的标准，系统地对广告文案测试的方法进行了介绍。

# 7.1 广告文案测试概述

## 7.1.1 广告文案测试的含义

广告调查是指伴随着广告活动所进行的一切调查活动，它包括事前、事中和事后调查，它的目的是提供与广告有关的资讯，作为广告决策的依据，有助于减少广告活动的浪费，可以发现广告传播效果是否与广告设计的预期目标吻合，以提高广告作品质量，节约广告成本，是广告科学性的重要体现。广告文案测试是广告调查的一部分，是指对广告包括平面、电视及其他媒介广告所做的调查的总称，它让被测试者充分了解广告的内容，给出对广告信息的理解，然后做出评价。

有关广告文案测试有两点值得注意。

(1)广告测试包括广告作品的诉求效果测试和广告通过媒介达成的传播效果(如到达率、接触频率等)测试。

广告文案测试是对广告作品诉求效果的测试，不包括各种媒介的发布效果测试。我们通常所说的广告调查包括事前、事中和事后调查，广告文案测试也有事前、事中和事后调查之分，事前调查占多数。有时人们会把广告效果的事前调查称为文案测试，因为在媒介发布过程中所做的广告调查，以及广告发布完成后所做的调查很难将广告作品的诉求效果与媒介的传播效果区别开来。在本章所称的广告文案测试是指在广告作品发布前、发布中和发布后所做的测试，主要针对的是广告作品的诉求效果。如有时有些广告公司会在小范围内进行市场实验，在同样的控制环境下，在同样的媒体上发布不同的广告表现，以考察不同的广告效果，这不属于对媒介效果的测试，它应该属于广告文案测试的范畴。

(2)广告文案测试不仅包括对广告中的语言文字部分的测试，更是对整个广告作品的测试。

在广告文案测试初期，文案测试仅限于对平面作品的测试，后来随着广告发布媒介的多样化，目前广告文案测试还包括对电视广告(CM)的测试。

小赫伯特·戈德纳曾说过："预先测试会帮助你取得更好的效果。我们通常把这种预先测试称为文案测试，尽管实际的测试还包括各种对于促销方法及其吸引力的事先测试。如果不是因为人们对文案测试有某种误解，广告公司可能会做更多的文案测试。"目前，很多市场调查公司和广告公司都会承担大量的文案测试工作，甚至有些市场调查公司的文案测试占到其营业额的80%以上。尽管如此，广告界对文案测试的重要性认识不足，在实践中不进行文案测试就盲目投放广告的现象仍然大量存在。

## 7.1.2 广告文案测试的必要性

### 1．预测广告目标的达成程度

广告目标是广告活动要达到的最终目的，它是在营销目标的指导下制定的，通过广告活动要完成的目标。广告目标的制定不仅使整个广告活动有了一个明确的方向，在媒体计划、表现计划以及实施阶段可以成为决策的判断基准，而且以此基准来检测广告活动效果的好坏。

在广告作品发布前，预测广告目标究竟能否达成，达成的程度如何都是广告文案测试要解决的问题，广告文案虽然无法直接判断销售目标能否完成，但是它可以通过对受众的调查，考查传播目标的实现程度，再依据以往的数据和经验，以此来推断能否达成销售目标。

2．促使广告公司提高服务水平

广告文案测试可以使广告公司提高服务水平有两个原因：首先，广告公司经过文案测试总结出某些经验和广告原则、原理，经过推广、传播，可以有利于整个广告业服务水平的提高。罗瑟·瑞夫斯(Rosser Reeves)，如图7.1所示。他是广告界公认的大师，广告科学派的忠实卫道士，也是获得“纽约广告名人堂”荣誉的5位广告人之一(其他4位是威廉·伯恩巴克、李奥·贝纳、乔治·葛里宾、大卫·奥格威)。瑞夫斯曾任达彼思广告公司的董事长，并提出了著名的“USP理论”，即“独特销售主题”，这一理论对广告界产生了经久不衰的影响。他运用这一独特理论策划了经典广告案例M&M巧克力豆，如图7.2所示。

图7.1　罗瑟·瑞夫斯(Rosser Reeves)

图7.2　M&M巧克力豆视频

## 广告案例

### M&M巧克力豆

女：能给我们拿点巧克力吗？

男：嗯，没问题。

(走去厨房，打开柜子)

男：快到碗里来！

巧克力豆：你才到碗里去！

画外音：香浓牛奶巧克力，五彩薄脆糖衣，M&M'S，妙趣挡不住。巧克力豆：哼，就不能找个大点的碗嘛！

## 案例解析

这则广告是M&M's巧克力在 2011年做的电视广告。这是USP理论运用的经典案例。USP，即独特的销售主张。USP理论核心就在于发现和确认产品独一无二的好处和效用，并有效地转化成广告传播的独特利益承诺，独特购买理由，来诱导消费者，影响消费者的购买决策，实现产品的销售。总而言之，就是找出商品与众不同的独特卖点。同以往强调“只溶在口，不溶在手”不一样，这次M&M's巧克力广告定位为妙趣挡不住。妙趣如何体现？那就是把巧克力豆“活化”，让其变成调皮可爱的小人儿。这是背后创意的出发点。广告中通过M豆与男生的对话和行为，把M&M's 巧克力的妙趣实体化，表现了性格鲜明的 M&M's卡通形象，最后M豆还说了一句：“就不能换个大一点的碗嘛！”表达了它的妙趣不是一个碗就装得下的，同时表现出品味巧克力时的一种乐趣，也迎合后面的广告语：M&M's，妙趣挡不住。使消费者看完这则广告，过目不忘，产生印象。香浓牛奶巧克力，五彩薄脆糖衣，向人们传递了色彩缤纷的巧克力乐趣，激发了人们的购买欲望。

罗瑟·瑞夫斯曾基于达彼思广告公司数十年的广告实践，在经过无数次广告测试的基础上，出版了《实际的广告》，系统地阐述有关广告的一些理论和经验总结，这些理论和经验总结可以说是花了数十亿美元写就，价值连城；现代广告教皇大卫·奥格威在纽约创办奥美广告公司的时间是1949年，那一年，奥格威38岁。那时，他没有文凭、没有客户、银行账户里只有6000美元。十年过后，奥美公司成为全球最大的5家广告代理商之一，在29个国家设有分公司，拥有1000个客户，营业额8亿美元。大卫·奥格威在数十年的调查分析的基础上，写下了《一个广告人的自白》，书中提出了许多现代的广告人仍奉为圭臬的神灯原则……当今广告创意水平的不断提高，优秀的广告作品层出不穷，皆因站在巨人肩膀上的缘故。广告文案测试可以检验不同的标题、正文、字号、图像、编排等所造成的诉求效果的差别，通过不断地测试和总结，许多广告诉求的原则和理论应运而生。其次，在广告作品正式发布前，广告公司通过文案测试将不合格的广告作品淘汰掉，强制性地使广告公司提高服务水平，意义可谓深远。

3．稳定广告公司与广告主关系

目前广告主对广告公司普遍存在一定程度的不信任，这一方面是因为我国广告公司服务水平良莠不齐；另一方面也是因为广告公司有时不愿实施相关的调查，其中也包括文案测试，因为文案测试有可能导致原先的建议和方案取消和修改，增加费用和时间成本，所以许多广告公司有可能完全避开此类检验和费用。殊不知广告文案测试通过对广告作品的预先测试，无法达到广告目的的广告将不会在媒介刊播，广告公司另起炉灶实施新的创意，不仅可以杜绝广告费的浪费，还可以保证广告公司的服务水准，使广告主全心全意地支持广告策略的实施，减少广告投放过程中的决策危机，建立起广告主与广告公司之间的诚信。通过文案测试，优秀的广告作品会越来越多，这样也有利于广告业整体水平的提高，有利于建立广告界的良性环境。

4．减少广告费的浪费

有些企业在做广告预算时，根本没有预计文案测试的费用，大量的钱都用做媒体投放，以提高广告的总视听率或接触率。而且鉴于目前媒体刊播费用居高不下，尤其是电视媒介发布费用水涨船高，许多企业投入大笔金钱，但仍不能确保广告有效，因此在花大钱进行广告投放之前，先花点小钱进行文案测试，确保向外传播的广告是有效的，这是避免广告费浪费和经济损失的有效方法。罗瑟·瑞夫斯说“错误的广告只能使销售下滑更快”，企业或广告公司在进行预算决策时，应把文案测试费作为广告预算表中的常规项，以减少广告活动的盲目性，减少广告费的浪费。

### 7.1.3 广告文案测试的类别

广告文案测试根据不同的标准，可以分为不同的类型。根据调查方法的不同，可以分为不同的类别，如根据是否进行数据分析，可分为定性调查和定量调查；根据调查时间的不同，可分为事前、事中和事后调查；根据调查地点的不同，可分为实验室测试和实地访问测试。

(1)根据调查对象的不同，可以分为对广告公司内部人员的测试和针对诉求对象的测试。大部分的测试属于针对诉求对象的测试，但在广告作品正式发布之前，还没有找寻目标受众进行测试时，可以先在广告公司内部进行测试。

广告公司内部的文案测试最早是从文案人员本身开始的，当文案撰写人写作完成后，首先做的工作就是对广告文稿进行检核，如平面广告文案是否流畅通顺，是否正确地表达了创意，电视广播广告文案能否在限定的时间内念完，画面能否与文字相配合等，当然，这只是非正式的文案测试。

正式的内部文案测试是在广告作品定稿之前进行的，平面广告可以由设计部设计成可以直接在报纸或杂志上发布的作品，广播广告可以简单地录制成样带。电视广告多数用电视广告脚本来进行测试，有时也可以简单地录制成样片。内部的测试一般由广告公司的创作部门或创作小组的人员组成，有时也包括公司内部的员工和高层管理人员，这样可以更广泛地听取意见。内部文案测试有时是感性的，每个人可以对几个备选的文案或作品进行选择，有时可以提出自己对某个文案的意见，有时可采用内部检核表的方式。每个广告公司对广告文案的要求不一样，每个广告作品所诉求的产品类别、诉求对象、诉求方式不一样，因此对广告作品的检核内容也不一样。这主要由公司的资深创意人员根据公司内部对广告文案的创意要求、广告策略及经验的积累来进行内部检核表的制作。列明需要检查评价的项目，检核表可以针对文案、画面和广告的整体表现详细列出多个项目，几乎包括一切可以对广告进行评价的标准，然后将完成的作品初稿对照检核表进行检查。

在广告公司内部进行测试只是完成测试前的准备工作，广告公司内部人员并不能代表诉求对象，要真正全面、科学地进行广告文案诉求效果的测试必须寻找到合适的目标对象，对之进行测试，这样才能保证测试结果的可靠性。

(2)按测试时间的不同，可以分为事前测试、事中测试和事后测试。

①事前测试是在广告文案投放前进行测试，也称预测试，用来评估广告文案的优缺点，或在几个不同的广告文案中进行选择，不仅可以决定哪一类广告文案更具传播效果，而且可以对某些不尽完善的地方进行修正。这一类测试在广告文案测试中占大多数。常用的事前测试法有以下7种。

a. 专家意见综合法将设计好的广告作品和媒体组合计划，交给几位有经验的广告专家、社会学家、心理学家、推销专家，从各个角度、各个层次，预测出将会产生的广告效果。

b. 消费者意见法，就是让消费者给广告作品和媒体组合方式打分。一般有两种方式：积分计算法和配对比较法。

积分计算法是让消费者在选定的态度量表上划上自己对广告的态度，然后再将这些态度汇总统计，进行量化分析。态度量表如表7.1所示。

表7.1 态度量表

| 非常赞成 | 赞成 | 无所谓 | 不赞成 | 非常不赞成 |
|---|---|---|---|---|
| 2 | 1 | 0 | —1 | —2 |
| …… | …… | …… | …… | …… |

配对比较法，就是每次只测试两个广告方案，让消费者两两对比，选择出最喜欢的一个，再将第二轮选出的广告方案两两对比，让消费者再次选择，经过多轮的对比筛选，直到消费者最后选定一份满意的广告方案为止。再将每位消费者的选择结果综合起来分析，就可以预测出正式推出广告方案时的情况。

c. 投射法、自由联想法。比如，心情联想(垃圾——肮脏、好坏……)；叙述联想(小鸟——会唱歌……)；状态联想(冬天——很冷……)；动作联想(化妆品——擦、抹……)；因果联想(打斗——受伤……)；要素联想(手表——发条……)等等。

d. 语句完成法。如："要买彩电就买——品牌的；要喝果汁就喝——品牌的"。

e. 绘画测定法(picture frustration method，PFM)。根据调查需要预先画好若干人物，让其中一个人物的会话部分空着，让调查对象来填充。用这个方法，往往能反映出一些仅用语音难以表达的内容。

f. SD测定法(semantic differential method，SDM)。针对某一商品形象或某一广告表现，要了解消费者的态度评价或感情好恶时，可用这一方法。SD测定法的通常做法是，排列若干意见相反的形容词，由调查对象加以选择，从中了解调查对象的态度。

g. 机械测试法："生理电流计""瞳孔照相机""视向摄影机""瞬间显露器"。

②事中测试是在广告文案投放中进行的测试，用来评估广告创意的突出性及信息被了解和记忆的程度，可以帮助广告公司了解广告是否达成了预期的效果，弥补事前测试的不足。有时在事前测试反映出来但被广告公司所忽视的问题，在事中测试时会更加明确、清晰。例如有些广告公司在进行事前调查时，会对某些测试结果进行有利于自身的

解释，或对某些调查结果视而不见，但是在事中测试时，显示这些问题已经极大地影响了广告的传播效果，亡羊补牢为时未晚，就要及时对广告作品进行更换，不要心存侥幸。常用的广告效果事中测评方法有以下几种。

a. 市场试验法，即先选择一两个试验地区推出广告，然后同时观察试验地区和未推出的一般地区的消费者反应、销售反应，比较二者的差别，以此检测广告活动的效果。这种方法简便易行，能比较直接、客观地了解消费者的反应和实际销售情况；可以及时、有效地调整整个广告运动的方向，特别适用于周转率很高的商品，节令商品粽子、月饼和流行商品等，如图7.3所示。

图7.3　粽子和月饼

b. 回条法，即在报纸、杂志、商品包装等印刷广告上设置一个特定的回条，让受众在阅读广告后将其剪下寄回，以此来了解广告的接收情况。另外还有手机在线、网上问卷等，如图7.4 所示。

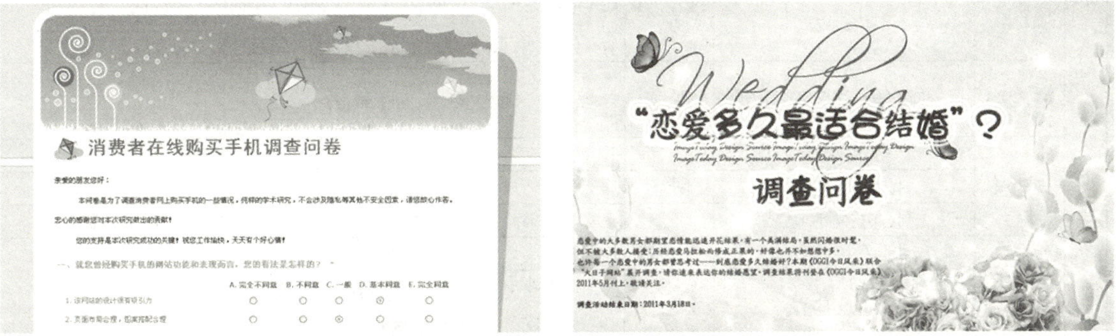


图7.4　问卷

c. 分割测定法。此法是回条法的变形，它比回条法更复杂和严格，具体操作是将两种广告文本分别在同一期的广告媒体公开刊出。一半份数刊登一种广告文本，另一半份数刊登另一种文本，通过回条的回收情况，来测定哪一种广告文本效果更好。此法在国外很常见，但在国内则几乎没有使用过，关键在于印刷排版比较困难，广告媒体拒绝接受这种做法。

③事后测试是在广告刊播完成后的测试，测试广告究竟达成了什么样的效果，目的在于总结经验教训，为后续的广告活动提供参考。事后测试虽然无助于在作品发布过程中提高其诉求效力，但是它有利于广告公司提高服务水平，有助于广告业的良性循环。广告效果的事后测评方法有以下几种：回忆法、识别法、销售反应法。

(3)根据广告文案测试效果的不同，可以分为心理效果测试、经济效果测试和社会效果测试。

①心理效果即广告文案的沟通效果，目的在于了解广告在知晓、认知和偏好等方面的效果，这是广告文案测试的主要方面。它可以知道广告作品本身的冲击力、震撼性、原创性如何，以及消费者是否对广告、品牌产生正确的认知，如表7.2所示。

表7.2 广告效果的心理测评法

| | 测评 | 广告效果测评法 | 场所 | 技巧 | 资料出处 |
|---|---|---|---|---|---|
| 达到范围 | 频度 | 印刷媒体 | | | 日本APC协会 |
| | 视听率 | 电视媒体：视听率调查 | 现场 | 电视制造厂家，录音磁带制造厂家 | A.C.尼尔森，电视调查 |
| | | 交通广告：乘客调查 | 现场 | 编号 | 奥利科麦《流通资料》 |
| 接触知觉了解 | 注目率 | 印刷媒体：注目率调查 | 现场 | 面接法、电话法、邮送法、斯他奇法、指出重点法、隐藏法 | 各报社，一部分杂志社 |
| | 视听率 | 电视媒体：日记式调查 | 现场 | 留置法、日记法 | A.c.尼尔森，电视调查 |
| | | 交通广告：注目率调查 | | | |
| | 刺激 | 知觉心理学 | 实验室 | 速示器、拷贝制造厂家 | 电通、博报堂 |
| | | 实验法 | | 距离测定机，立体声测量仪测试印刷广告效果照相法，瞳孔反射测量仪 | |
| | 精度率 | 印刷媒体：精度率调查 | 现场 | 指出要点、隐藏法 | 各报社，一部分杂志社 |
| | 视听率 | 电波媒体 | | | |
| | | 记忆再生法 | 现场 | 日记法 | A.C.尼尔 |
| | | 记忆再次承记法 | | 日记法 | 电视调查 |
| | 记忆率 | 记忆实验法 | 实验室 | 记忆测定装置 | 电通、博报堂 |
| | | 生理反应法 | 实验室 | 精神电流皮肤反射测定装置加操作条件 | |
| | | 心理学实验法 | 实验室 | 程序分析器，比较法 | |
| | | 评定法 | 实验室 | 集体见面法、监视法 | |
| | | 版定顺序 | 实验室 | | |

②经济效果，指的是在广告刊播后，产生的在产品销售额和市场占有率的变化。广告带来的传播效果不仅仅限于经济效果，经济效果评测指标的变化也不单单由广告本身所引起，广告作品和销售额或市场占有率之间没有直接的、对应的关系，但是广告的终极目的就是提高销售，作品本身的好坏确实会对之造成影响。在进行某些变量控制的情况下，考察经济效果能够发现广告作品本身在诉求效果方面的差别。

③社会效果指的是广告刊播后对社会文化、风气等方面的影响，这类影响是间接的，一般广告公司出于经济利益的考虑，很少对社会效果进行测试。在广告道德上，广告公司有义务对社会造成正面的影响，在不违背社会主义精神文明的前提下，进行广告创作。

### 7.1.4　小赫伯特·戈德纳的预先测试原则

小赫伯特·戈德纳在《广告代理公司经营实务》中提出了预先测试原则，可以给我们提供以下参考。

第一条原则：不要期望不可能的东西，广告文案测试并不是万能的。

第二条原则：每次只测试一件。令人惊奇的是，这条原则经常被违背。当一个以上的要素出现时(比如，标题和广告语，或标题和图片)，将其中一个与另一个要素分开是不可能的，而且分清是哪一个要素在发挥作用也是不可能的。这种方法也适用于测试广告刊载的时间和空间。当季节性因素可能发挥作用时，不要试图去比较7月和11月登出的广告的效果(你很容易忽视这些季节性因素，但是它们往往在发挥着较大的作用)。同样的原因，也不要试图比较规模不同的广告，你不可能做到。

第三条原则：提防实验测试，这种方法愚弄了我们当中的很多人。实验测试是容易的、吸引人的，并且常常是欺骗性的。如果知道有多少人愿意索取一本免费的烹调书是一回事，那这能不能说明有多少人会对你的广告做出反应并愿意购买这种商品则是另外一回事。

第四条原则：搞清楚进行小规模的测试是否是可行的和经济的。特别是当我们坚持每次只测试一个因素的原则的时候。为了比较，我们需要找一个小版面(小于一页报纸的1／8)而不是一块大版面。但是，我们必须注意，如果后来使用较大的篇幅，小篇幅的刊登还是会有效果的。当然，这是判断的问题，也是常识。为了取得真实的测试结果，你必须在测试和实际中使用同等篇幅的广告。

## 7.2　广告文案测试的意义

广告效果评价是现代广告活动中的重要环节，并在企业活动以及广告自身的发展过程中逐渐完善。科学地实施广告效果评价不仅可以避免广告的盲目性，而且能及时准确地掌握广告效果，以对广告活动进行整体评价。对广告效果进行测定还有助于密切广告代理与广告主的关系，而且有助于修改既定广告计划或指导文案，进一步做好广告设计及广告制作等方面的工作。

### 7.2.1 广告调查的目的

广告调查亦称广告研究，就是为了有效的广告测定和广告效果评价所做的调查。在未支出广告费之前，预测广告效果，谋求广告合理化和有效运用广告费，从企业的立场而言，是十分必要的。广告发布之后，作为今后广告活动的参考依据，测定广告效果也有意义。

过去主要以改善广告文案或媒体计划为目的，现在按使用者使用的目的不同，广告调查的目的至少包括下列4项。

(1) 可提高企业营销主管或高层经营者对广告及其他行销手段进行评估，合理分配广告预算。

(2) 广告主管、产品经理、AE透过广告调查，把什么样的商品向谁传达，做正确之决策。

(3) 使广告制作者针对目标受众、听众，创作的主题更加明确。

(4) 使媒体计划者以适当的广告频度长期向观众、听众有效传播，对媒体组合的选择，以“传播与销售”为广告效果的焦点。

### 7.2.2 广告调查的意义和广告效果测定的意义

1．广告调查的意义

要想广告有效，必须了解广告测试的重要性，因为透过测试可让你的构想大量的传播出去，而最后会传达预期结果。在产品营销过程中，广告的确会产生一些特别的效果，但你不知道究竟产生了什么效果，而测试可以让你知道这种效果。也许你在一些毫不吸引人的广告上浪费金钱，而测试会让你发觉这种错误的选择从而放弃这则广告。测试可以让你发觉你的构想对这则广告也许不利，并且可以让你了解不利之处何在。把测试的结果归纳起来，可以让你了解广告表现的趋势如何。如几年前一些脍炙人口的好广告，也许现在也已过时不适合今天消费者的胃口。

大众的喜好随时代在变，广告的表现趋势也不断在变，但无论如何有一个原则是永远不会变的，那就是广告测试的好处。当你花大钱做全面广告之前，不妨先花点小钱，测试一则小广告。你可以利用测试过的有效广告，向外大量传播你的信息。

测试使你预知顾客的喜爱倾向，以便抓住大众心理，保证你瞄准目标市场，从而赢得市场。

2．广告效果测定的意义

(1) 可以检验广告目标是否正确，广告媒介是否运用得当，广告发布时间和频率是否合适，广告费用投入是否合理，以便提高制订广告计划的水平，争取取得更好的效益。

(2) 通过收集消费者对广告作品的接受程度，可以鉴定广告主题是否突出，广告诉求是否针对消费者心理。广告创意是否感人取决于广告的情感表达方式，在广告《将爱心传递下去》中应用的就是情感性诉求，一句广告语：“给妈妈洗脚”收到良好的效果。因此，在广告的制作中要充分考虑消费者对广告作品的接受程度，从而可以改进广告设计，制作出更好的广告作品，如图7.5所示。

图7.5 给妈妈洗脚公益广告

(3) 由于广告效果测定能客观地肯定广告所取得的效益，可以提高广告主的信心，使广告企业易于安排广告预算，广告公司容易争取广告客户，促进广告业务的发展。

### 7.2.3 广告效果研究的18个奇迹

广告人不重视广告研究，犹如军队将军不重视敌军通讯密码一样危险。以下是大卫•奥格威认为广告研究能为你带来的18个奇迹。

(1) 广告研究能测知一般大众对你的公司声望和地位的评价。

(2) 透过数学模式运用，广告与研究能预估新产品的销售量以及欲达到最高效益的广告费数额。

(3) 广告研究能在一个新产品概念刚形成时，就取得消费者对它的反应。

(4) 当产品准备上市时，广告研究能告诉你消费者的反应，如果消费者认为你的产品质量粗劣时，最好把它退回研究发展部门重新定位。

(5) 广告研究能告诉你：你的产品哪一种配方、口味、香味以及颜色最受消费者喜爱。

(6) 广告研究能指出：哪一种包装设计卖得最好。

(7) 广告研究能帮你为产品决定最适合的商品定位。

(8) 广告研究能界定你的目标消费群，如男性或女性、贫或富、教育程度、生活形式、媒体接触性习惯等。

(9) 广告研究能找出决定购买的最重要动机是什么，以及当消费者谈及你的产品时，他们用什么样的形容词。

(10)广告研究能决定哪一种系列产品会卖得好。

(11)广告研究能在消费者对某一知名产品表现出兴趣大不如以前的迹象时，提出事先警告。此时也许消费者已经注意到你生产那个产品开始使用便宜的成分。

图7.6 大英旅游协会广告

(12) 只要看竞争厂商的试销研究报告，你就能对他们的制造成本及利润有所了解。只要你知道门路，这些资料就唾手可得。

(13) 广告如果不对消费者做利益承诺，就什么也卖不出去，广告研究能决定哪一种“承诺”最具说服力。

(14) 广告研究会告诉你：哪一种“赠品”最有效。

(15) 广告研究能告诉你：广告是否如你所想要的扮演沟通的角色。

(16) 广告研究能告诉你：哪一部广告影片销售效果最好。

(17) 广告研究能告诉你：有多少人看过你的广告，有多少人记得你的广告。

(18) 广告研究可以解决争论。如大英旅游协会坚持在广告上强调“钓鳟鱼”的画面，经广告研究指出美国观光客对钓鱼的兴趣远不如其他旅游项目有趣后，才停止争论，如图7.6 所示。

### 7.2.4 广告效果的特性

广告效果，既体现于广告整体策划过程中，也存在于广告表现和广告计划的实施过程中，更显露于广告活动告一段落之后。因此，广告活动各个环节都会影响到广告效果。同时，社会环境、市场环境和政治环境也会影响到广告效果。而且，广告活动本身始终处在调整、变化之中，这种动态的过程使预测和掌握广告的效果也极为复杂。因此，在评价广告效果之前，必须清楚广告效果本身所具有的特点。

1. 复合性

广告效果是经济效果、社会效果和心理效果的统一。广告的经济效果不是观念化的、抽象的，它与企业的利益是一致的，而企业经济效果的好坏，具体说就是产品销售的好坏。这些效果除了受广告活动的推动外，还要受产品价格、质量、消费者的购买力及消费习惯、路线和其他促销手段等的影响，因此广告效果是受诸多因素限制的。而且，从传播角度看，广告为一种综合性的信息传播活动，既可以通过多种形式的广告作品表现，又可以通过多种媒体组合来达到目的。尤其是企业在进行广告活动的同时，还会从事一些公共活动、新闻传播活动等来提高企业的声誉和信誉。这就是使广告效果的具体化更为复杂，难以用简单的方法加以区别。所以说，他是一种复合多种因素的极为复杂的传播活动的结果。

2. 累积性

广告活动是一个动态的过程，消费者接收信息的过程也是动态的。企业宣传的目标信息进入消费者脑中，并对消费者产生影响，往往是一种信息传播积累效应的结果。这也是广告总是长年累月重复出现的原因所在。大多数广告效果需要长时间的周期。因此，在广告活动中，战术与战略结合，绩效与长期效果结合，在重复中创新，是企业应该重视和追求的。

重复性和累积性是广告效果的两个基本特点，以此为基础，可以衍生出其他一些特点。

3. 时效性

广告效果受多方面的影响，是一个复杂的动态过程，而不是一个立竿见影的简单过程。消费者接收广告信息之后，有相当部分作为信息转化为消费者的意识而沉淀和积累下来，以便对以后的购买行为产生影响。从这个角度看，广告从接受到发生作用经历了一定的时间间隔。再者，消费者接受信息后，产生了购买欲望，但由于购买力和时间、地点的限制等，只能延后实行购买行为。在进行广告效果评价时，要特别注意到广告效果的时效性，不能单纯从短期内产生的效应去判断。

4. 间接性

广告效果的最直接表现是消费者接受广告信息后产生欲望并最终产生购买行为。但有时即使消费者收到了广告诉求的信息并对广告商品建立了深刻的认识，由于某种原因未实现购买行为，却介绍他人购买，这是广告效果间接性的表现。这种特性，为广告效果评价增添了难度。

## 7.3 广告文案测试的标准

广告能否正确地传达有关产品的信息，并使消费者的态度和行为发生有利于传送者的变化，必须用科学的方法加以测定。广告文案测试利用定型性和定量的研究方法来评判广告文案能否把传送者的意图正确地传达给消费者，提高对商品、品牌的评价，激发购买欲望，这些都必须要有一定的评判标准。

传播学理论的集大成者施拉姆曾经说，信息的“内部处理过程是在黑匣子里进行的，因此我们只能猜测到这一过程”。广告信息如何对消费者发生作用，进而影响消费者的态度及行为，这一过程向来也是一个神秘的黑匣子。不同的看法和理论对这一点有不同的认知，因而测试广告文案发生作用也具有不同的标准。

威尔伯·施拉姆(Wilbur Schramm)是传播学科的集大成者和创始人。人们称他为“传播学鼻祖”“传播学之父”。他建立了第一个大学的传播学研究机构，编撰了第一本传播学教科书，授予了第一个传播学博士学位，也是世界上第一个具有传播学教授头衔的人，如图7.7所示。

图7.7 威尔伯·施拉姆

### 7.3.1 AIDA法则

广告信息传播的过程就是对消费者进行说服的过程，说服本质上是一种沟通方式，是通过有效的信息诉求让消费者对广告产品及品牌产生认知，形成对产品及品牌的良好态度，进而产生购买行为。广告信息通过各种媒介传播给受众，并对受众产生不同程度作用的过程就是一个完整的传播过程。在1898年，美国人路易斯提出了AIDA法则。

路易斯认为：广告的说服功能是通过广告信息刺激受众而实现的。广告的终极目标是要促使消费者产生购买行为，消费者在购买某一品牌之前，通常都会经过一系列的心理阶梯，以酝酿、评估、决定其购买行为。尽管途径不一样，但从认知到购买都经过了一级一级的阶梯，一则广告要引起人们的关注并取得预期的效果，必然要经历：引起注意(attention或awareness)、产生兴趣(interest)、培养欲望(desire)和促成行动(action)这样一个过程才能达到目的。路易斯的提法主要是从心理学的角度，也就是从广告受众的心理活动过程这个视角，来探讨广告如何产生作用和效果。后来在此基础上加以补充，增添了满意(satisfaction)、回忆(memory)等，广告发生作用的过程还包括使消费者产生对产品的记忆，广告的目的不仅仅要使消费者产生购买行为，而且要消除消费者的心理失衡现象。

AIDA法则非常明晰地讲明了广告发生作用的过程，并在20世纪初期指导广告文案人员撰写文案，一步一步地引导受众产生购买行为，但是未免流于直观和简单，现实中许多广告信息发生作用的过程并不总是如此。

### 7.3.2 DAGMAR法则

1961年，美国人瑞瑟·科和(R.H.Colley)在为美国全国广告主协会所做研究并出版的《制定广告目标以测定广告效果》(*Defining Advertising Goals for Measure Advertising Results*)一文中发表了DAGMAR理论。

(1) 广告只是传达信息，单凭广告不能增加营业额。即广告的效果与销售效果不能等同，要衡量广告的效果主要是衡量广告的传播效果。

(2) 广告传达信息，可分为五个阶段。

①未知：对广告产品信息一无所知。

②知名：消费者知悉品牌或企业名称等。

③理解：消费者不仅知道广告产品。而且理解产品的特色、功能等。

④确信：消费者确立选择购买使用该品牌的信念，但未采取实质性的行动。

⑤行动：消费者要求提供说明书、参观展销会、咨询营销人员或产生购买行为等。

因此广告传播发生效果的五个阶段称为传播谱，在不同阶段可以采取不同的手段和策略，这一理论使广告的目标明确化，便于广告效果的测定。

依据AIDA和DAGMAR法则，可以把广告文案测试的标准定为以下四个。

①对广告的认知，包括对品牌和产品信息的知晓。

②对广告的理解，包括对广告内容和诉求重点的了解，对产品的属性、特色和优势的知晓、了解。

③对产品或品牌的情感，包括对广告和特定产品、品牌的喜好。

④行动趋向，包括广告能否有效地克服影响购买的干扰因素、能否有效地激发强烈的购买欲望、能否成功地促使消费者采取行动。

DAGMAR法则所描述的广告信息发生作用的反应顺序与AIDA法则一样，虽然在逻辑上无可挑剔，但在实际的反应次序上并不总是如此。

### 7.3.3 广告文案测试的指标

在《市场研究实务手册》一书中，提出了广告文案测试的两大指标。

1．传达力(intrusiveness)

(1) 广告回忆，指广告从众多广告中被区分出来，并被消费者记住的能力。

(2) 记忆力，指记得广告片中的哪些内容，如产品名称、企业名称、诉求重点、广告内容(故事内容、画面、音乐、主题歌、对白、人物、景象)、产品特性和优点。

(3) 沟通效果，指广告表达的主要信息(诉求重点)。

2．说服力(persuasion)

指广告创造广告品牌的有利印象的能力。我们用图7.8来表示传达力和说服力。在该图中，纵轴表示传达力，横轴表示说服力。一个典型的有效广告应该在传达力和说服力两方面都有高的数值，如图7.8所示中A点所示；不过在实际问题中，更重要的却是要处理好两者之间的主次关系。事实上，在某些产品类别中广告诉求主张的说服力更为重要，如图7.8所示中C点所示；而在另一些产品类别中，有效的传播更加重要，如图7.8中所示B点所示。

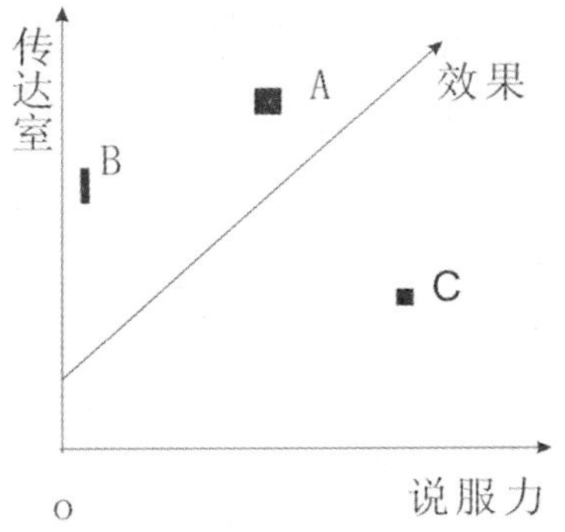


图7.8　广告传达力与说服力

一般来说，一个广告如果不能传达到足够的消费者中，那么它们也就没有足够的机会来表现其广告诉求主张，因此任何一个广告必须具有一个最低的传达力。

用另外一种表述方式，根据Rajeev Batra、John G.Myers和David A.Aaker的观点，文案测试主要有五个标准。

(1) 诉求对象对广告的认知。

(2) 诉求对象对广告及其内容的回忆。

(3) 广告说服或者改变诉求对象态度的效果。

(4) 广告对于产生购买行为的效果。

(5) 广告在提高品牌忠诚度或产品消费量方面的效果。

要考察广告的诉求效果，要全面地考察这五个方面，它们互相独立，不可替代。如果一个广告可以达到相当高的认知度和回忆度，如一些被消费者称为广告暴力的广告，它无助于改变消费者的态度或者建立品牌忠诚，甚至会达到相反的效果。所以文案测试应该重视广告在每一个方面的表现。

一般来说对广告文案进行测评有以下几个指标。

(1) 认知测试。用于测试是否看过广告作品，是否知道广告作品所诉求的品牌和企业名称。这是广告进一步发生作用的基础。

(2) 理解测试。用于测试消费者对广告所传达主要信息的理解，这必须依赖于受众对广告的记忆及联想。

(3) 态度测试。用于测试消费者对产品的喜好程度、品牌倾向性、信任程度、购买动机等，如图7.9所示。心理学上的许多方法可以用来进行态度测量，如投射法、态度量表等。

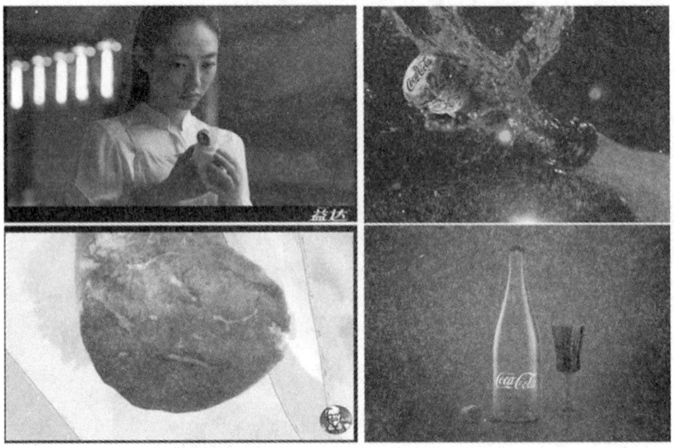


图7.9　各种品牌

(4) 行为测试。用来测试消费者是否产生对广告的实际反应，包括主动寻求广告信息，如打电话、上网查询等，还可以通过购买者率、品牌变更者率、销售额及市场占有率进行测试。

## 7.4　广告文案测试的方法

广告的传播效果，是以一则广告能引起多少消费者注意所产生的宣传效果为衡量标准。消费者看广告一般要经过三个心理过程，即感知阶段(包括觉察、认识)、影响阶段(包括喜好、偏爱)、行为阶段(包括依赖、购买)。测定传播效果是研究消费者对某一特定广告的认识、感受、说明度的影响，也就是心理效应的测定。广告文案测试按照测试时间的不同，可以分为事前测试、事中测试和事后测试。事前测定的目的在于收集目标受众对广告作品的反应，以便在广告发布之前修正该广告作品。事后测定是在广告发布后收集消费者对该广告作品的注意和理解程度，从而提高传播效率。按测试地点环境，可以分为实验室测验及实地访问调查等。按照方法的不同，有定量、定性之分，有使用仪器和不使用仪器之分。但是无论使用哪一类方法，都是为了评定广告的效果，提高广告的成功率。

### 7.4.1 意见直接测试法

可以由专家小组来进行评定，也可以请普通的消费者来进行评定。专家一般由对广告、心理、市场比较有研究的人组成，可多角度、多层次地对广告进行审评，一般由专家直接评定，比较简单快捷，但是因为缺少客观的评判标准，比较主观，受制于专家本身对市场的敏锐度和对消费者的了解程度，而且广告所诉求的对象，是消费者而非广告专家，专家认为妥当的广告，消费者不一定认为是妥当的。

因此，专家的意见要与消费者的意见结合起来进行考察。请普通消费者来评定时，一般预先要选择合适的受测对象，他们要具有一定的代表性。为了使测试更可靠，测试对象最好采用科学的抽样方法选定。如由通过抽样方法选定的固定的调查对象，可以使用这些固定样本来进行。如果时间有限，无法进行抽样，也可以在产品或服务的潜在消费者比较集中的人群中进行，比如，超级市场、购物中心的购物者等。

1．评分法

这种方法是把供选择的广告展露给一组消费者，并请他们对这些广告进行评比打分。这种评比用于评估消费者对广告的注意力、认知、情绪和行动等方面的强度，以测试广告心理效果为主。虽然这种测定广告实际效果的方法还不够完善，但一则广告如果得分较高，也可说明该广告可能是有效的。

在进行评分时可以采用表7.3的评分标准进行评定，但在现实中也不应拘泥于此表，可根据广告测试的目的自定表格，不同广告作品的结果，可以进行得分上的比较，也可根据累加的方法得出每一份作品的综合得分，从而选出更好的作品。

表7.3 评分标准

| 打分项目 | 评价的主要依据 | 该项满分 | 得分 |
|---|---|---|---|
| 注意力 | 信息是否单纯 | 5 | |
| | 是否能引起注意 | 10 | |
| 记忆力 | 品牌名称是否记住 | 10 | |
| | 对重要利益是否描述清楚 | 15 | |
| 说服力 | 广告引起的兴趣如何 | 10 | |
| | 对广告产品的喜好程度 | 10 | |
| 行动力 | 由广告产生的购买行为 | 15 | |
| | 广告唤起的购买欲望 | 10 | |
| 传播力 | 由广告创意而引起的传播程度 | 7 | |
| 综合评价 | 广告的整体效果 | 8 | |

评分标准(总分)

0 ～ 20 ～ 40 ～ 60 ～ 80 ～ 100

差 较差 一般 及格 较好 好

2．比较排序法

比较排序法也称优点排序法，即请消费者对多个广告作品在各种要素上按照事先给定的标准进行排序，由此选出最佳作品，也可以将广告成对呈现，要求消费者比较选出更好的作品。对所有广告比较后，绘制出一个矩阵，被更多次选中的是更好的作品。这种方法可以用来评定几则备选作品的优劣，从中选择可能产生最好效果的作品。

在进行比较排序时一定要事先设定评定优劣的标准，可以覆盖认知、回忆、态度、行动、品牌忠诚等方面，比如“你最喜欢哪一则广告？”“哪一则广告最可信？”“哪一则广告可能最先被你注意到？”“哪一个标题会使你继续读下去？哪一个标题最不吸引你？”“你看到最想买哪一则广告中的产品？”等。也可以同时询问调查对象对某一广告评价最高的原因。

3．语音差异法

根据预先设定的测试标准设计一个评分量表，在评分量表中给出意义相反的多个形容词，由被测试者给所看到的广告打分。测试标准通常是诉求对象阅读、收听、收看广告后对企业、产品或服务的印象。

如下面是“语音差异法”评分量尺的一个实例。

在阅读此广告后，你会说某产品是：

| | | | | | | | |
|---|---|---|---|---|---|---|---|
| | 非常 | 相当 | 稍有 | 稍有 | 相当 | 非常 | |
| | –3 | –2 | –1 | +1 | +2 | +3 | |
| 非常可信 | | | | | | | 极不可信 |
| 高品质 | | | | | | | 低品质 |
| 有吸引力 | | | | | | | 没有吸引力 |

4．淘汰法

一次呈现多件被测广告作品，要求消费者根据某种选择标准每次淘汰最差的作品，经过多次淘汰后，剩下的一件或多件即为效果较好的广告作品。也可进行两两配对，比较后淘汰其中较差的，然后补充另一件作品与保留的配对，再进行比较，如此反复淘汰，最后也能获得最优结果。

意见直接测试法一般是对某一项广告活动的各种被测的广告作品进行比较，如果要比较某一广告与其他产品广告在认知、记忆等方面的差异可以选择组群测试法。

5．要点采分法

要点采分法(rating factors)也称“cheek list”采分法，认为凡是对广告的效果有影响的要素，譬如插图、标题等，摘出各种用以评价的事项列成一个表，按照每一项目的重要程度对这个表进行评分，哪一项目分数最高，该项目即最具广告效果，如表7.4所示。

表7.4　采分表

| 要素 | 分数 |
|---|---|
| illustration(插图) | |
| headline(标题) | |
| 要素 | 分数 |
| Body copy(正文) | |
| logotype(标识) | |
| Lay out(排版) | |
| 合计 | |
| 广告的整体效果 | 8 |

（续表）

这种评价不仅消费者可以担任，广告专家也可担任。但在实际应用上是否合理，尚有疑问，因为check list采分法，在“check list”里必须包括所有要素，同时对影响广告冲击力的各要素被测验是否全部明了无法断定，对各要素的评分是否客观不无置疑之处。

6．询问法

从对象者的询问数来测定诉求效果的方法，称为询问法(inquiry test)。一般是附有赠券(coupon)的广告，在券的一角，预先加上符号，以便知道是哪一种媒体的读者。如果是电台和电视媒体的读者，交换回信的住址及收件人的姓名、职业等，也可测出视听者的多寡，例如甲台报告收件人为张三，乙台可改为李四。但寄回赠券的，不仅仅是预期的顾客，也有相当数目的好奇者。这种询问法与其说是文案测验，不如说是测定媒体价值。

### 7.4.2 组群测试法

1．混杂测试法

将被测广告和非被测广告混杂在一起，让受试者依次观看或收听，然后要求他们回忆所看到的广告，可分为未提示记忆和提示记忆。

他们的回忆水平表明广告的突出性以及信息被了解或记忆的程度，可以测试作品与其他广告相比竞争力如何。

**广告案例**

**组群测试一次可以测试5～10则广告**

在调查中，通常询问的问题主要有以下几个。

“这几则广告中您记得哪几则广告？”

“您喜欢哪一则广告？”

“这则广告宣传的是什么？您明白了吗？”

“您觉得广告中的文字和图案是否有需要改进的地方？”

“您看过广告后，最深刻的印象是什么？”

“看了广告后，您有没有产生进一步了解广告产品的兴趣，或者近期购买产品的打算？”

**案例解析**

组群测试法与意见测试法可以互相取长补短，从不同的方面来了解广告的诉求效果。一般在进行测试时将被测试者分成两组，一组进行意见测试可以考察具体广告作品的诉求效果，一组进行组群测试用来测试广告作品记忆度和冲击力，模拟真实的广告情境，具有较强的说服力。

2．消费者判定法

消费者判定法也称消费者判定测验或价值序列法，是指抽出一定的消费者团体做裁判员，询问几种广告文案是好是坏，认为最好的为第一位，其次为第二位、第三位……以此来决定广告价值的一种测验方法，也称顺位法。这种方法如果固定于某一团体，由于在观点上比较熟悉，容易变为半职业性，应予以注意。

如果有A、B、C三种广告稿，可用顺位法测出其中哪种最适合广告目的。这里所谓的广告目的，应涉及广告诉求点、广告时期、商品新发售时期以及商品成长期等问题，其包括的范围相当广泛。

首先，测验时以哪种作为判断标准，必须明确规定。例如广告的诉求点是否能真实地传达出去，判断标准要明确。所有判断者(调查或测验对象)必须对这一判断标准充分了解后，才能对A、B、C三种广告稿的顺位加以评价。其次，测验过程中，首先要提示A、B、C广告稿给被调查者看，然后询问被访者：这三种广告稿，哪一种能把商品特征和它的实惠感受传达给消费者？根据以上两点把这三种广告稿加以评判，并可排成顺位。

调查对象，如果是现场访问(field work)时，样本需300～500人；如果是在实验室内，30～50人即可。现场访问时其对象是由随机抽出的，可是在实验室内测验，其所选出的受测者，必须具有一定的代表性。因此其性别、年龄、职业等要具有多样性。另外，如果是特殊的商品，如唇膏，要从使用该商品的人中选出调查对象。

现在，如果对30名调查对象征询A、B、C 这三张广告稿的顺位意见，结果如表7.5所示。

表7.5　顺位表

| 顺位 | A | B | C |
|---|---|---|---|
| 1 | 15 | 10 | 5 |
| 2 | 8 | 13 | 11 |
| 3 | 7 | 7 | 14 |
| 顺位计 | 52 | 57 | 69 |
| 中央值 | 1.46 | 1.92 | 2.45 |
| 顺位 | 1 | 2 | 3 |

顺位表中，认为A广告稿是第一位有15人，认为是第二位有8人，认为是第三位有7人，那么它的顺位合计应当是1(位)×15(人)+2(位)×8(人)+3(位)×7(人)=52，B、C广告稿也用同样方法计算得出分别为B＝7，C＝69在平常情形下以30(人)来除，可算出A、B、C的平均值，可是实际情形却是不对的，因顺位法只调查顺位不能用除法。严谨的做法应当是用最容易辨别的数量来辨别A、B、C的顺位。因此，比较方便的做法是取其中央值，其顺位A=l，B=2，C=3。

3．节目表分析法

为了测定节目或电视广告的视听者对该节目或广告喜恶的反应情形，而在播映前所实行的一种测验，称为节目表分析法(program analyzer)。由以十几个人为对象的小型按钮记录仪(little annie)和以一百人左右为对象的大型按钮记录仪(big annie)，让被测验者视听电视广告影片之前，在被测验者的座椅旁，设置表示“正”“负”的两种按钮。随着每一画面的转换，按“正”表示有趣，“负”表示无趣，随被测验人员的趣味反应变化而做记录。所以节目表分析法主要用做分析广告表现趣味的效果。

可是，运用这一方法时，因为被测验者不得不按按钮，就有一种义务感，被逼迫着去评判，那么在视听态度上会不如在家里看电视那样随意。

再者，在被测验者被吸引到节目或广告里时，有时因发慌而按按钮，会与实际注意步调不符，可能会有时间脱节的情形发生。另外当选定受测者时，要特别注意其代表性。

4．雪林法

雪林法指美国纽约雪林调查公司(Schwerin Research Corporation)所倡导的一种电视节目及广告效果测定的方法。

节目中的广告播出前后，按“竞争选择技巧法则”(Competitive Preference Technique)，根据视听者对该品牌是否选择的情况，将其作为衡量电视广告效果的好坏。此种研究方法，称为雪林系统(Schwerin System)。

1)测验节目

召集约300名观众代表到会场，说明测验方法后，请观众对实验所使用的节目，按个人意见评分，评分标准分(a)有趣、(b)普通、(c)无趣3种。评分之后，对该节目的各部分为何喜欢、为何不喜欢等问题展开讨论，由时论所收集的资料，亦被用做评价参考。像这样所得的调查结果，将其作为节目制作成败的关键因素。显示一个好的节目应具备下列5要素，即(a)亲切感(familiarity)；(b)接近(approach)；(c)气氛(mood)；(d)强调(emphasis)；(e)方向(direction)。它们成为广告主、广告代理店、广播网、演员等对节目改进最宝贵的资料。

2)广告测验

测验电视广告和测验其他节目大致相同，召集代表性的视听受众(audience)于戏院或摄影棚，让他们欣赏包括所要测验的广告在内的备用广告影片。与其他节目测验不同之处，即在未看广告影片前，按入场者号码，令其选择所喜欢的商品。这些商品中，有被测验的广告商品品牌，也包括其他一些竞争商品，测验后把这些商品赠送给参加者。如果参加者对所测验的商品选择度高时，称之为变换选择，那就归功于广告的效果。欣赏广告之后，要求参加者尽量写出广告上出现的商品名称，这称之为记忆资料(remembrance data)，经过这样的过程所得的资料，就成为CM测定的结果。

### 7.4.3 心理——生理仪器测定法

有时消费者会受社会环境的约束和制约，或者由于语言本身的局限性，很难正式地表达自己的意见或情绪，在广告领域，作为一种辅助手段，借助仪器测试广告作品效果的做法越来越常见，这些仪器可以测试消费者看到或听到广告文本时的生理反应，由此推断出消费者的心理反应如何。

目前采用的方法主要如下。

1．视向测验法

视向测验法是利用视向测定器(Eye camera)来测试广告作品视觉效果的一种方法。当人们看广告时，总会先看某一部分，然后再看其他的部分，越显眼的部分就越早注意到，越有意思、越感兴趣的内容人们视线驻留的时间就越长。视向测定器利用某些科学原理，可以记录下视线移动的顺序及在某一位置停留的时间长短。通过视向测定器获得广告作品各部分的显眼程度及受众对各部分的信息感兴趣程度，因而广告策划者可以更好地对广告作品进行编排。

视向测定器也可以进行瞳孔测验。研究表明，当人们注视感兴趣的事物时，瞳孔会放大。视向测定器可以将瞳孔收缩情况记录下来，以测定瞳孔伸缩与媒体受众兴趣反应之间的关系。

有时广告公司会设计出几种不同组合编排的作品，如改变字体、文字排列、语言表述方式、标题和广告语的位置、图画的位置等，考察广告作品是否符合设计者的意图，是否最需要突出的内容受众最先注意到，最需要强调的内容受众注目的时间最长。

但是视向测定器无法准确地测定视线的移动，而且注目时间的长短与受众的感兴趣程度并不能完全画等号。视线停留的时间长很有可能是因为广告内容令人费解，需要花更多的时间去琢磨，停留时间短有可能是受众对之不感兴趣，但也有可能是这部分的内容一目了然。因此，视向测定器一定要结合其他的非仪器测试法进行，并且要对测试结果和广告的内容进行具体的分析。

2．皮肤电流反射测试法

皮肤电流反射测试法主要利用皮肤电流反射器(Galvanic Skin Reflex，GSR)来测量媒体受众的情绪的方法。皮肤电流反射器，就是我们经常在电影、电视里见到的测谎仪。或叫精神电流计，它把人的左食指与无名指通电极，当受众看到广告时，受众情绪会发生起伏，当情绪激动时会导致汗腺分泌的增加，皮肤的导电性能会发生变化，这种反应会放大地呈现在示波器上。

这种方法主要用于电波广告效果的测定，随着时间的推移，可以大体上判断最能激起受众情感反应的情节和语言，以便查知哪些刺激最能引起消费者的注意。但是每个人分泌汗腺的情况有很大的差别，个人的情绪波动的幅度也不一样，在进行测试时需要对比个人的情况加以修正，来考察广告刺激的强度。同时，情绪的波动有可能是正面的，也有可能是负面的，必须辅助其他的方法来进行具体分析，同时内分泌情况符不相同，情绪反应也有快有慢。因此，必须事先加以测定，再根据实际反应情况进行修正，但工作程序非常烦琐；情绪的波动，内心的冲动，每个人的情况各不相同，较难把握；情绪的波动，有的可能是积极的，有的则可能是消极的。因此，必须辅助其他的方法，进行全面的分析。

3．瞬间显示器测验法

瞬间显示器测验法是利用瞬间显示器(Tachistoscope)来测验广告各要素注目程度的方法。瞬间显示器利用重力或电源的间断刺激，可以控制广告作品显示的时间。这种方法通过将广告作品显示的时间由短变长，测试出在各段时间内受众注意到了哪一部分内容，考察在特定时间内，受众注意到的广告内容和注意顺序。

就其种类而言，有文度式、振子式、道奇式、哈佛式等。前三者指利用重力，以调整刺激物(广告)的显示时间。较常用的是哈佛式，指利用电源的刺激，在短时间内呈现刺激物。由于电脑科技进步，目前已脱离上述方式，而以电脑荧屏作为暗箱，将广告输入电脑，由电脑控制广告显示时间。

测验时，最先在极短的时间内呈现刺激物(广告)，然后逐渐延长呈现时间。将能够确认出来的东西，让被测验者画在白纸上。在开始时，由于显示时间过短，当然什么都看不出。时间逐渐加长以后，就能记得广告的内容。按记得其内容的时间性变化，可以测出广告作品的辨认程度。

一般而言，其主要功能如下。

(1) 平面广告中，各广告要素的“显眼程度”(salient)。

(2) 平面广告中，各种构图的“位置效果”(attention values of various position)，以决定大标题、图案、文案、公司名称等的适当位置。

(3) 各种商标设计的“易认程度”(readability)，以便设计出具有最佳“完美结构”的商标，这种商标能使消费者在匆匆一瞥之下就完全认出。

(4) 各种商品标签、标志的“易读、易认程度”，如旺旺标志的设计与应用原理就保持了这一点，如图7.10所示。

图7.10　旺旺标志

(5) 广告文案的“易读、易认程度”。

(6) 利用照片、图案的模拟，甚至可以用来研究户外广告，诸如霓虹灯广告、墙壁广告、大型广告招牌的用色、构图等。

(7) 商品包装设计的“显眼程度”“易读程度”等种种的用途。

利用实验及统计的方法，将艺术效果计量化，并且在适当的时候，区分出艺术效果与广告效果哪个优先，以便在其中有所取舍。

某杂志刊登了一幅有关伏特加酒的广告，在该广告上描绘了一所住宅门口发生的情景。一位年轻妇女夹着一个公文包，正在亲着站在门口的丈夫，而且在画面上还有一条道路通向远方。这个男人腰围围裙，一手抱只猫，另一手拿着瓶牛奶，正在转身微笑着，以表现跟陈腐思想对立的现代男女关系。该广告的高处有一小标题：“他们说……我们将成为一对美满夫妻。这是诺言吗？”在该广告下部画有这种伏特加酒的商标。

当瞬间显示器以1／10000秒显示该广告时，大多受试者已看出有人。其中近一半人说出这是一对年轻夫妻。几乎所有人都没注意到广告背景，而且似乎引起一种消极的感觉(“一个老头靠在一堵破墙上”“混乱，商业街上乱七八糟的”)。

在1／50秒时，受试者的注意力都集中到了画中人物的行动和外表上，能说出女人年轻、漂亮，对男人的形象也颇有好感，但对周围的情境却做出了错误判断：“门前交易(出售保险)”，或这个男人是“提箱子的搬运工”等。在1／10秒时，这已经可能是人们运用理性判断和最终经验了，但此时仍然出现对广告中人物的错误判断。在1秒时，一般说感觉过程已经结束。所有受试者都看清了其中人物所扮演的角色，但对其中的意义仍认识不清。而且，根本没注意到广告上的标题和有关产品线索。直到更长的显示时间，从视觉的形成到内容的描述，都几乎还遇到困难，表明该广告设计的前提条件都未能实现。

可见，这种方法可以测试各种广告的主题传达的程度，也可以测试各种构图的位置效果，以决定标题、正文、随文、广告语、图画适当位置，使广告整体设计具有最佳效果，便于阅读和观看。

4．记忆鼓测试法

记忆鼓是现代心理试验常用的一种仪器。在广告测试中，专用来研究在一定时间内，人们对广告作品的记忆程度。该方法是：被调查者在一定时间内，经由显示窗看完一则广告后，支持测试者立即用再确认法，测验被调查者对广告文案的记忆，从而评估出品牌名称、广告主名称、广告文案的主要内容等易于记忆的程度。

这种测试法结果与被测试者的精神状态和记忆力的强弱有着直接的关系，而这两者又很难分辨。

5．双眼竞争测试法

使用可以同时使人双眼看不同广告的仪器，利用双眼竞争来确定哪个广告占主导地位，以比较两个广告作品的吸引力。根据每则广告被看到次数的多少及占据时间的长短来作为吸引力的指标。

6．脑电波测试法

用测试脑电波的仪器来判断广告吸引力的强弱。实验证明，当人们观看广告时，由于情绪的波动，脑电波会发生变化，当人们对广告或产品感兴趣时，在大脑中产生快速的β波，当对广告或产品不感兴趣时，会产生慢速的α波。电波的变化可作为受众是否发生兴趣的指标。

### 7.4.4　分割法

分割法(Split—Run Method)是报社为了测验文案效果所提供的劳务之一。按报纸印刷轮转机的特别操作，将特定的广告主所准备的两种文案，在同一报纸、同一发刊日期、同一个版面、同一个位置，交互印刷。换句话说，所印出来的报纸，第一张的广告文案是A文案，第二张则是B文案，这种交互刊载的方法，称为“交互分割刊载法”。两种广告文案印出后的总数，各占总发行份数的一半，但其排列顺序第一张为A文案，第二张为B文案，依此类推。

报纸版面上除了特定的广告，其他部分完全相同。经过这种轮转机的特别操作所印出来的报纸，才能普遍而平均地送达各地订户或读者。两种文案内容通常都相同，仅在表现形式上加以变化，并在各个文案上附上赠券并做上不同的记号，按寄回数的多少，判定两种广告文案效果的优劣。但关于质的分析，即该文案的优点在何处，则无法求得解答。

本来文案测验是为了刊登有效的广告文案，但分割法测验是测验已刊出的广告，这种事后的效果测定，似乎无济于事。但是，若将同一广告多次反复刊登时，就能发挥极大的功效。时间若充裕，可将预定刊登在发行份数较多的报纸的广告，在未刊登之前，在发行份数较少的报纸上，先行刊出，以测验A、B两种文案哪种效果较好。此时必须预先考虑希望达到多少反映者人数，如果所得的询问者人数过少时，这种测验则难以进行。

分割法虽稍有缺点，但其他文案测验多少都带有实验的色彩，如果不在自然状态下进行测验，其结果与实际的反映可能会有距离，可是分割法是在完全自然的状态下所做的测验，毫无勉强之处，因而测验效果准确，这一点是其他测验法所不及的。

### 7.4.5 实验法

1．实验市场法

所谓实验市场，指在新产品发售前，在特定地区进行试销，调查其销售情况的一种方法。虽然只是测试销售情况，其中却涉及销售(推销员、零售店等)、广告(使用媒体、频度、表现等)等问题。为了测定广告效果，用实验法时，主要调查媒体效果，当然亦包括广告表现、广告活动问题在内。

一般而言，实验市场的主要目的，是为了调查广告活动效果或销售效果，如何研究广告表现的效果，其先决条件是必须两个市场所有条件相同，而广告表现不同。但因为试验地区不同，其他条件也难相同。因此，唯有在比较适宜的地区来做销售或广告效果测定。

譬如选择大致条件相同的A、B两个地区，A地区用A的广告表现，B地区用B的广告表现，过一定时间后，再调查两个地区广告商品的销售额差异。如果除广告表现因素外，两个地区其他条件大致相同时，销售额的差别可以说是因广告表现不同而产生的。尽管两个地区每户家庭、每一个人看起来是不同的，但如果把它看成一个群体，则可以视为相同。

如果测试广告活动效果，须选择特定地区，在该地区实施广告活动，按商品销售如何以测定广告效果。但影响销售的因素很多，广告只是其中之一而已。因此，仅以本测验判断广告效果较为困难。测验地区的经济结构应具独立性，以不受周围地区影响的为佳。同时，该测验地区须具备一个重要条件，就是必须要有相当渗透力的媒体。领土辽阔的国家，符合上述条件的地区比较容易选择。但在国土狭小，经济结构与全国息息相关的地区，则不易选出符合标准的测验城市。对销售测验地区如何进行销售额的调查，也是重要的课题，一般所用的方法，是以被测验地区的零售商为对象，调查其销售量。

2．透视镜研究法

透视镜(one-way mirror)研究法，指在一间特别设计的房间，在室内墙壁镶上一个极大的镜子，该墙壁与邻室毗连，从这间特别设计的房间来看，完完全全是一面镜子；但从其邻室向这边看，却像一扇大窗户，能看到这间特别室的内部。利用这种特别设计的房间来做测验的主要原因在于，测验时尽量不要让被测试者有被测试的意识，以便在自然状态下观察被测试者，如图7.11所示。

图7.11　透视镜室

在特别设计室的另一方，可通往另一个测试室，这可称之为准备室，室内桌上堆集杂志，请被测试者进入这间准备室以备质询。因为被测试者在等待被质询时，为了解闷会翻阅杂志。这时，镜子的背后两位主持测试者，透过透视镜，按照被测试者如何翻阅杂志、如何去阅读、阅读哪一页、视线注视情形如何等加以详细记录。然后，针对被测试者所读的内容或所看过的广告，当面询问。由于并非强制测验，而且限制条件少，因此是一种极度接近正常的状态之下所做的测验。这虽然是很原始的做法，却能获得令人信赖的丰富内容。

### 7.4.6　BBDO事先、事后测验法

1．BBDO事先测验法

BBDO事先广告测验通常有3种方法：电视播出测验法(onair testing)、会场测验法(theater test)、面谈法(one-to-one interview)。每一种测验法都有不同的测量尺度及实验方法，其利弊亦不同。电视广告测验，最常用的方法为广告播出后回忆测验(on air delayed recall test)，此法本来用于事后测验(post-test)，现在也渐渐用于事前测验(pre-test)。

这种方法最大的特征是用于测验一般电视节目播映24小时后，在最自然的收视环境中(如在家中的广告吸引力)。广告刚播出24小时后，因观众对该广告不会有太大印象，所以其测验重点是测验视听者对所播映的广告商品品牌的正确指认能力，将所获分数与标准分数比较，以决定视听测试的广告成功与否。

这种方法最大的缺点是无法测定视听对广告了解的深度。同时，用这种方法测验需要相当的预算能力，必须购买媒体时间，才能进行测验。在美国事先测验经常采用的方法是会场测验，其做法是在会场或小型戏院，将电视广告播映给观众看，然后提出一连串的问题，对其做深度的探问。测验的重点是传播效果的反映及消费者态度的改变等，所以本测验方法是诊断性的，用以调整广告制作的方向及做法。不过此种方法也有其缺点，诸如样本缺乏选择弹性，所选的样本不能广泛代表一般消费者，而且具有高度的强迫观赏性等。

BBDO可采用一种使用视听器材，放映带有声音的故事版，以鉴定广告效果。这种方法既可测验消费者对广告的记忆，也可做深度调查，从对它的反应，以获得“诊断”广告的资料。其做法是放映10～12分钟的节目，其中插进3部广告影片，其中一部为测验用

的影片，另两部不做任何试验。放映24小时后，召集观众以面谈的方式向他们提问，内容包括被测验者所记忆的以及比较广泛而深度的问题，问卷可自行设计，以符合所需获知的资料。这种方法有若干优点。

(1) 较具弹性，可针对自己的需要，经过适当观察后，获知市场情报。

(2) 具有更广泛的诊断能力，可进一步了解所设计的广告内容如销售重点、信赖度等的正确程度，以确定你的传播策略是否正确。

(3) 较为精确敏感，由于时隔仅24小时，消费者对广告记忆犹新，你可对你的广告的潜在影响力获得较为可靠的指数。这种方法同时可获知其他资料，诸如从消费者的购买兴趣、态度反应等方面得知广告的说服力。

2．BBDO事后测验法

BBDO事后测验法，一般而言，播映中测验(on-air test)比较常用，因为它包含各种可测验广告成功与失败的因素，经过与标准规范资料比较后，可正确地判定该广告是否成功。

进行事后测验主要在于保证广告在下列两种情况下被接触。

(1) 消费者在家中很自然的环境下，而不是在强迫或控制的情形下观赏。

(2) 有其他干扰如儿童吵闹等，以及在同类竞争商品广告播出情形下，其是否实际地传送了所要传送的信息。

事后测验在美国相当受重视，消费者每天接触数以百计的广告信息，你必须确知你的广告确实在消费者心目中留下产品印象，并且正确地传送给消费者该产品的销售资料。因此播映中测验24小时后的记忆测验法是很有价值的。事实上播映中测验已被证明为评估电视广告影响力的一种可靠的工具，其原因有二：

(1) 可测验出在自然嘈杂的收视条件下对广告的回忆力。

(2) 测验广告的销售重点(selling point)在消费者心目中的印象程度。

### 7.4.7　广告销售效果及其测定

1．销售效果测定方法

销售效果即经济效果，它通常反映在广告刊出之后，是否增加了销售额，市场是否有了扩大，是否加速了资金周转，这是企业经营者最关心的问题，也是衡量经济效果的标志。广告所带来的经济效益如果大于广告所花的费用，则是经济效果显著。销售效果的测定包括市场反应调查和销售量测定，具体来讲有三个方面。

1) 销售试验测定法

销售试验测定法，这种方法是尽量控制其他一切影响销售量的因素，让广告宣传成为影响销售量的唯一因素。先选择某些地区作为广告宣传活动的实验区，实验区的经济结构最好具有独立性，不受周围地区的影响，同时，还须拥有较为普及的传播媒介。

销售测验一般采用的方法，是在被测验地区之内选择若干个零售商店，同时出售某种商品，其中有的企业不做广告，有的企业做广告，然后根据每个商店销售量之差得出效果指数。同时，还可以分别在不同媒介物上做广告，然后根据各商店的销售量来判断经济效果。这种测定方法，因为被试验区在各方面条件都相似，如果某个企业产品的销售量增加，就可归功于广告宣传，其精确较高，但要控制销售量不受其他因素的影响难度较大，时间与花费亦多。

2) 综合衡量法

综合衡量法，这是根据以下几项标准来检查广告所取得的成功程度的方法：①公众是否对该企业或该项产品已经有所认识或了解；②是否在提到该企业的时候就想起了它所经营的产品；③是否招徕了新的顾客；④是否对该企业产生好感，或对产品增强了信心；⑤是否使老顾客对企业近期的业务活动有所了解；⑥是否在增加销售的同时，附带起到了降低成本的作用；⑦是否起到了调节价格、调节商品品种、调节营业额的作用。

3) 销售增长率计算

(1) 通过销售量的增长幅度来估算广告经济效果，是一种简便、实用的方法。其公式为：$A=(S_2-S_1)P-R$。其中，$A$表示广告收益，$S_2$表示本期做广告后的平均销售量(月、季、年)，$S_1$表示做广告前的平均销售量(月、季、年)，$P$是每销售一件产品的利润额(金额)，$R$表示广告费。

公式表明，当$A>0$时，广告的经济效益是好的；$A<0$时，广告是亏本的。这种计算方法是存在缺陷的，因为广告与销售额之间的关系，还要受到其他因素的影响，如政治、经济因素，市场需求变化、市场竞争状况的影响等。

(2) 测算一产品在不同时期的广告促销效果，其计算公式为

$$B=\frac{X}{N}\times 100\%$$

式中：$B$代表广告效果增长比率；$X$是销售额增加率，指第二次广告比第一次广告所增加的销售量；$N$是广告费用增加率，指第二次比第一次增加的广告费用。这一公式表明，只要对比不同时期$B$的大小，便可得知某一时期广告促销效果的好坏。

(3) 其他一些统计广告效率基本指标的公式如下。

$$广告费比率=\frac{广告费}{销售金额}\times 100\%$$

$$每元广告效益=\frac{广告前平均销售量-广告后平均销售量}{广告费用}$$

$$全部广告效率=\frac{广告利益总额}{广告费总额}$$

2．销售效果测定的注意事项

销售额的增加受多种因素的影响，广告只是促进销售的诸多因素之一。必须指出的是，广告的销售效果和传播效果是有区别的。传播效果是以接收者人数和产品知名度等间接因素为根据。例如，因为提供了喜闻乐见的电视节目，使广告视听率大为提高，通常被认为达到了广告传播的效果，而不一定促进了产品销售。但广告的传播效果和销售效果又是互相联系的。一般来说，广告的销售效果好，传播的效果一定好；而传播效果好，其销售效果不一定好。因此，在考虑广告的销售效果时，既要同广告传播效果联系起来，又要同它区别开来。

在测定销售效果时，还应注意以下一些因素的影响。

(1)广告销售效果的整体性。广告不是孤立的，它是和其他市场营销组合因素，如产品、价格、渠道、营业推广、公共关系等互相作用的，只看其中的一项不容易看出效果。

(2)广告销售效果的即效性与迟延性。广告发布以后，对于受众的影响有时是立竿见影，有时则要经过一段时间才能表现出来，很难立即衡量它对销售效果的作用。

(3)商品质量和数量对销售额的影响。只有商品的质量和数量能满足市场的需求时，广告的促销效果才能最佳。如果商品质量不好，刊登的广告言过其实，最终不可能取得好的销售效果。

(4)服务态度和服务方式对销售量的影响。现代市场营销需要有良好的服务态度和服务方式，才能促进销售。

(5)广告促销效果以产品销售量的饱和水平为界限。当产品销售量达到饱和水平以后，这时的广告效果将主要取决于产品的质量与特殊性能，以及市场的竞争能力和市场信誉。否则，只要出现另一种同类产品居于领先地位，其市场占有状况就将被新产品取代。这时广告攻势再大也徒劳无功。相反，这只会加速产品销售的衰退。

## 本章小结

本章中我们深入地论述了广告文案测试的相关知识。除产品广告文案测试的必要性、方法和意义等外，还涉猎了一些管理学、心理学这些人文学科知识，由于消费者对于广告文案测试的反应表达情感性以及在应用中所表现出来的复杂性难以控制，也就决定了广告文案测试必须要通过一些物理学科的理论支撑，才能在应用中有效地体现广告文案测试的效果和可操作性。针对广告文案测试而言，掌握广告文案测试知识并理解与其相关的物理和人文学科(主要有消费者心理学、消费营销学)等内容，就可以对广告文案进行测试了。

## 本章习题

一、填空题

1. 广告文案测试是对________的诉求效果的测试，不包括各种媒介的发布效果测试。

2. 广告目标是广告活动要达到的最终目的，它是在________的指导下制定的，通过广告活动要完成的目标。

3. 广告效果本身所具有的特点有________、________、________和________。

4. 广告文案进行测评有________、________、________和________等指标。

5. ________是尽量控制其他一切影响销售量的因素，让广告宣传成为影响销售量的唯一因素。

## 二、选择题

1. 哪种方法不属于组群测试法？(　　)

A．消费者判定法　　B．节目表分析法

C．雪林法　　D．市场实验法

2. 不属于心理——生理仪器测定法有(　　)。

A．视向测验法　　B．瞬间显示器测验法

C．双眼竞争测试法　　D．会场测验法

3. 在新产品发售前，在特定地区进行试销，调查其销售情况的一种方法是(　　)。

A．透视镜研究法　　B．试验市场

C．面谈法　　D．会场测验法

4. 不属于BBDO事先广告测验方法是(　　)。

A．面谈法　　B．电视播出测验法

C．会场测验法　　D．透视镜研究法

5. 在测定销售效果时，还应注意以下(　　)因素的影响。

A．服务态度　　B．广告销售效果的整体性

C．商品质量　　D．以上都是

## 三、思考题

1. 广告文案测试与广告测试的关系如何？

2. 为什么说进行广告文案测试是必要的？

3. 广告文案测试根据时间的不同可以分为哪些类别？分别举例加以说明。

4. 试述小赫伯特·戈德纳的预先测试原则，同时结合实际，说说此原则在当今广告环境中的适用性如何。

5. 什么是DAGMAR法则？它在广告文案测试中所起的作用如何？

6. 广告文案测试的方法有几类？具体方法有哪些？

7. 选择报纸上关于某一品牌的几个不同的广告表现，选择目标消费者进行广告作品测试，并提供调查报告。

# 第8章 经典行业广告文案实例

**【训练要求和目标】**

本章主要讲解的内容是经典行业广告文案实例分析。训练要求：

- 消费者广告文案：食品类、酒和饮料类、服装和服饰类、烟具类等。
- 产业广告文案：农牧、农机和家禽业、汽车、摩托车及配件等。
- 数字新媒体行业广告文案：数字电视、网络流媒体、手机媒体、移动广告等。
- 服务及其他行业广告文案：商店、百货公司、专卖店等。

训练目标：

通过精挑细选这些广告文案的经典案例，让学生在真实案例中理解和体会广告文案写作的要点和精髓。经典案例分析帮助学生培养一种经典文案写作的能力，并且学会创意文案的创作，在面临复杂的行业广告文案时，果断而正确地写出创意广告文案。运用案例教学加强对学生的思维和技能训练，帮助他们掌握文案写作的方法和技巧是本章的重点。

**【本章引言】**

本章主要在消费者广告文案、产业广告文案、服务及其他行业广告文案特性的基础上，阐述了不同行业广告文案的写作特色和表现手法。如果想吸引消费者的眼光，文案内容自然重要，但表现方法也不能忽视。不同行业的广告文案，其特点和表现方法是不一样的。文案撰写人员在为不同的行业撰写广告文案时，应该根据该行业的基本特点和对广告的要求，采用针对性的表现手法。

## 8.1 消费者广告文案

消费者广告文案更多地从产品给消费者带来的心灵慰藉、身心体验入手，让人回味无穷。因而，情感式广告文案方法多用于消费者广告的创作。

消费者广告按产品分为六大子类：食品、烟酒茶饮料、服装与服饰、饰品、家用电器、化妆美容用品。不同产品的广告，其消费文案的特征和写作方法也各有特色，如图8.1所示。

图8.1 消费文案

### 8.1.1 食品类

依据《广告审查标准》，食品包括：各种供人们食用或饮用的成品和原料，但并不包括以治疗为目的的药品。由此可见，食品业包括我们通常所说的食品行业和饮料行业。随着人们生活水平的提高，现代人一成不变的饮食习惯发生改变，开始向多样化和复杂化的方向发展，它主要表现为以下4种趋势：节约时间、品味多样化、注重天然和绿色概念、注重保健价值。

1．特征

食品广告文案应尽量采用感性的诉求方式(当然有些产品以理性诉求为宜)，表现一种健康、安全、营养、快乐又富有生活气息的气氛，文案应配合广告画面，充分调动消费者的各种感官和想象力。但应注意的是，在健康、安全、营养、快乐、富有生活气息的基础上，不同类型的食品应有不同的诉求方向。如快餐食品，除了强调其方便性、快捷性，还应该通过对美味的诉求刺激消费者的食欲；休闲食品的目标消费群体主要是年轻人，除了突出美味外，还应该表现其产品的个性和时尚，如图8.2所示；而对于主要由家庭主妇选择的食品，经济实惠是最有魅力的诉求点；对于新产品应尽量向消费者介绍产品的配方、制作过程以及食用方法等，以建立消费者对产品的信心。

图8.2 上好佳

这则广告讲述上好佳食品选择优质原材料，严格质量体系加工，是居家生活常备食品，方便美味。清脆每一口，让您回味无穷，休闲消遣，朋友聚会，常备食品，突出了口感、便捷、时尚、营养等，符合青少年需求。

2. 写作方法

作为广告文案的写作者，要了解随着社会生活的变化，人们的饮食习惯已呈现出以下4种倾向。

(1) 节约时间。各种各样的速食食品的兴起，就属这种类型，这符合活动繁忙的现代人的生活方式。

(2) 多样化。欧美风味、中国风味、日本风味，顾客可以按照时间、地点、场合加以选择。

(3) 西洋化。传统食品多以惯常的方式来食用，而在现代营养食品方面，西洋食品则显示出了显著的优势。同时，冰箱的普及大大延长了这类西洋食品的保存期限，开拓了大片闲暇快餐市场。

(4) 天然食品需求。在今天人们已经开始意识到化学肥料为公害，人们对天然食品的需求倾向日益强烈。

在现代食品兴起的同时，食品广告在写作和表现上也各不相同，其中的关键是如何有效传播有关产品特征的信息。广告文案中要把“味觉出色”“品质卓越有保证”“纯正食品”“新鲜且卫生的健康食品”“营养价值高的食品”作为信息要点来强调。食品广告文案在这样的基础上进行写作，符合更愉快、更具时尚性的饮食生活方式，同时也体现出产品的亲切感和依赖感。

美国宝洁公司在1970年首创发明的品客(Pringles)薯片，至今已有34年的历史。从1998年起至今，品客(Pringles)薯片的销售量一直维持着市场第一品牌的地位，品客海报广告文案主要在于突出他的品牌形象，并且品客(Pringles)薯片已经成为年轻人零食的最佳选择之一。“分享好滋味”，从画面中看，这则广告语仿佛味道不仅是吃得到的，还是看得见的，如图8.3所示。

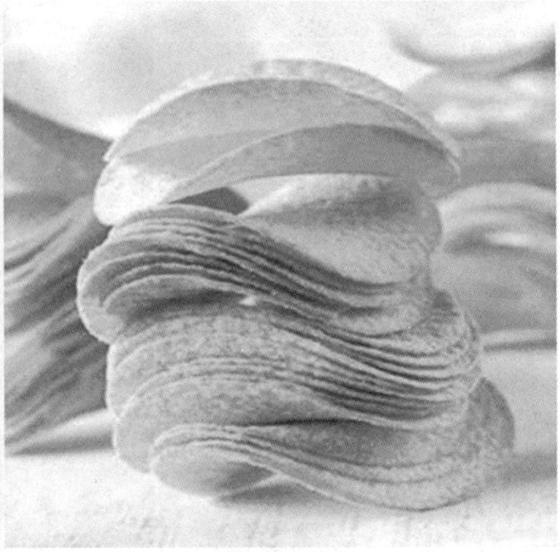

图8.3 品客

专家提示：

食品广告应该遵守国家法律法规，我国《广告法》第19条规定：“食品……广告的内容必须符合卫生许可事项，并且不得使用医疗用语或者容易与药品混淆的语句。”

3．精彩实例及简评

广告案例一

**你能想象的最美味的比萨——草帽比萨**

正文：让我们开始这则广告。首先请闭上眼睛。现在想象一下一张美味无比的比萨馅饼带给你的快感。那是草帽比萨饼！这么浓郁的芳香，这么甜软的……上面覆盖着一层鲜鲜的……这么鲜美……现在……请睁大眼睛。嘿！你梦见的草帽比萨。

**案例解析**

食品，最基本的功能就是充饥，这也是人们创造食品的最原始目的。因此，表现“食欲”向来都是食品广告的诉求重点。这则广告充分利用了画面生动的表现力，加上富有挑逗性的文案语言，充分刺激了观众的其他感官，唤起了他们对美味比萨的“食欲”。

**广告案例二**

**何妨以想象力为画笔，美味材料为色彩，然后尽情发挥**

正文：画面里一片方面包被置于画架上充当画布。嘉顿三明治面包食法多多，只要花点心思，加点创意，搭配简单材料，便可创造出超乎你想象力的三明治。

**案例解析**

面包是一种很普通的食品，食法方便、快捷、多样，其广告难以引起消费者的“食欲”。而这则广告以轻松快乐的语调鼓励消费者，尤其是年轻消费者充分发挥想象力，创造生活美味。面包片与画布的新鲜类比，正与年轻消费者追求的时尚生活格调相吻合。

**广告案例三**

**“中秋之月”：曾几何时**

正文：人们已不再把吃月饼当作排解乡愁的事情。
然而，它像临近十五的月亮那样，
召唤着背井离乡的儿女，
催促着久别思念的亲人。
金秋月下尝一口，
团圆桌上献一盒，
甜了人心，
亲了人意。

**案例解析**

这篇广告文案中并没有体现出绿色、健康、安全、美味、营养等主题，而是着力表现了亲人久别的思念以及渴望团聚的心理，真情流露，情真意切，符合中国人传统节日盼团圆的文化心理。

**广告案例四**

### 我叫肥城桃

正文：我叫肥城桃，这次来香港，还是生平第一次。所以也难怪各位看见我就直叫“啊呀”了(谁叫我生得那么大得惊人呢)？在俺们家乡山东，我可是早与莱阳梨、“香蕉”苹果齐名了。人们只要一提起山东水果的三绝，总不会忘记提到我的“小名”。

我之所以迟迟不出“闺门”一步，并不是因为我架子大，更不是因为我见不得人——丑怪，恰恰相反，我生得一点不丑，不是说大话，可能比莱阳梨好看得多哩。就是比香甜吧，我也不比它们两位差。讲内在呢，在某些方面，我还比它们强得多，什么维生素A、B、C……我都有，而且很丰富。只有一样，我始终没法跟它们比，那就是我生来身子(皮)单薄，而且越到好吃的时候，皮越加薄，汁更多，谁只要把皮一挑，我就完蛋——汁就会流个一滴不剩……

**案例解析**

这是山东特产“肥城桃”在香港所做的广告。桃子说话了，足够特别、足够吸引人吧，所以它说完之后，叫人口水都流不停！这篇肥城桃的广告文案运用了拟人的手法，借桃子之口说出其种种优点，趣味性十足，让人印象深刻。

**广告案例五**

### 我们添加的唯一的东西就是盐

正文：(画面为一条大鲑鱼，身上套着S&W罐头标签)我们公司的鲑鱼没有必要添加油料以增其汁味。因为它们都是特别肥大的鲑鱼。这些健康的鲑鱼，每年溯游到菩提山之北的长长河川。如果我们在蓝碧河选不出理想的鲑鱼怎么办呢？我们会耐心地等到明年。为什么？因为如果不是完美的，不会被S&W装入罐头，如图8.4所示。

图8.4　S&W罐头标签

**案例解析**

就S&W这则广告来说。首先，周身鳞片闪闪发光的鲑鱼和缠着鱼身的S&W标签跃入眼帘。由于造成的视觉冲击力较强，让人不愿移开视线。乍看标题“我们添加的唯一的东西就是盐”，无法马上读出它的意思。知道它是想讲鲑鱼罐头的味道，但还不是很清楚。假如就这样跳过不读也无可厚非，但看一眼难免会嘴馋，想到里面可能会提到什么好吃的东西，加上内文又不长，于是在一瞬间的判断后，便开始读了第一段文字。

想要吸引的读者有两类。一种是可能的消费者；另一种是普通的消费者。

标题的创作技巧也因而大异其趣。这则鲑鱼罐头广告文案的宣传重点是产品的健康无害化处理，采用递进的句式结构一层层推进。为什么？答案一步步呈现，最后用一句短促有力的句子沉着地结尾，使产品诚信稳健的形象深入人心。

## 广告案例六

**月光下的收成**

正文：无论日间或夜晚，绿巨人豌豆都在转瞬间选妥，风味绝佳……从产地至装罐不超过3小时。

## 案例解析

这是一则图片与文字有机结合创作而成的广告，整篇广告六分之五以上的篇幅是一张大图片，图片的最上边是那远在天际的月亮，它正以其特有的温柔，关切地注视着大地，因为在大地的某一个角落，绿巨人豌豆它正在朦胧的月光下紧张地工作：收割机在忙碌地收打，大卡车在来来往往地运输；其间人影隐然，忙碌非凡。看着这一派夜晚的繁忙景象，人们似乎闻到了豌豆蘸着月光和露水的清香，还有那泥土的芬芳。图片的下方是一粒粒新鲜硕大的豌豆的特写，它们盛在一个长方形里，圆鼓鼓、水灵灵，使人馋涎欲滴；图片的右下角，还有一筒罐头，在罐头的贴纸上，一个身强力壮的男子吃力地抱着一个粗大的豆荚，那豆荚足有半人多高，里面的豆粒大似西瓜；看着男子那吃力的样子，使人想去帮他，把那豆荚中的豆粒掏出来，让他也轻松一下。若非是“月光下的收成”，哪有如此的硕大丰满；若非是“月光下的收成”，哪有如此的香醇新鲜！而又因为是在月光下，中、远景中的那些意象：操作中的收割机，行进中的运输车，各处忙碌的人影，及更远处那隐约可见的，是厂房，还是……一切都披上了神秘的面纱，一切都充满了诗情画意，任你想象，令人神往，如图8.5所示。

图8.5 月光下的收成

这是由美国广告大师李奥·贝纳为“绿巨人公司”所撰的广告，如图8.6所示。广告画面展现的是一轮明月之下收获罐装豌豆的情景。李奥•贝纳说：“如果用‘新鲜罐装’做标题是非常容易说的，但是用‘月光下的收成’则兼具新闻的价值与浪漫的气氛，并且包含着某种温馨的关切，这在广告作品中是难得一见的妙句。”

图8.6　李奥•贝纳

### 8.1.2　酒、饮料类

1．特征

对于食品业的饮料行业来说，其产品的基本功能和原始目的就是“解渴”。但随着人们饮食习惯的改变，人们关心更多的则是饮料的营养和健康功能，更注重在饮料中所体现的文化内涵、流行时尚以及环保意识。因此，一般来讲，运动性饮料广告除了强调解渴外，还应体现补充能量，增强活力与流行时尚，历史与文化，品位与个性。

2．写作方法

在世界各个国家，酒都具有浓厚的文化象征意味，无论是白酒、黄酒、葡萄酒还是啤酒，悠久的历史和丰厚的文化底蕴都能给它增添魅力。同时，生产历史和储存年代也是消费者判定白酒和葡萄酒与黄酒品质的重要标准。因此，历史和文化象征就成为酒类广告一个典型的诉求点，与之相联系的是悠远、凝重的风格。

同时，喝什么样的酒也代表着消费者的品位与个性，与消费者的身份、自我认同、社会地位密切相关，“品位之选”“张扬个性”也是一个能够与诉求对象有效沟通的诉求点。

酒也是一种最能够寄托情感的东西，友情、爱情、怀旧，都能够与酒产生关联。酒类产品的广告也可以以各种情感性内容作用于消费者情感世界。相比之下，像牛奶、酸奶等饮料广告则应该更加强调产品的营养、健康、绿色、天然等特性，以理性诉求的方式，详细分析产品的营养成分和保健原理，注意一定要做到条理清晰、说服力强；而对于茶、咖啡等休闲类型的饮料广告来说，则应该突出产品的文化韵味和高贵品位。汽水、茶饮的突出特点是口味多样化，消费者以追求新鲜感的年轻人为主，广告应该以个性、活力和时尚感吸引消费者。包装饮用水(包括矿泉水、纯净水)的消费者更关注产品品质，自然、纯净是饮用水的基本诉求点，广告也应该做纯净自然的表现。为吸引年轻消费者，此类产品的广告也可以做个性化的表现。

此外，饮料产品中还有一种特殊的、能够补充人体所需元素的功能饮料。这类产品特点突出，功能主要在于补充体力、消除疲劳等，广告适合突出动感、强调功能。

3．精彩实例及简评

**广告案例一**

**“舒味思”的人来了**

正文：引见从英国伦敦“舒味思”厂所派出的特使，制造师爱德华•惠特海，如图8.7所示。

“舒味思”厂自1874年起即为伦敦的一大企业。制造师惠特海来到美国各州，是确查在此地所煮的每一滴“舒味思”奎宁柠檬水是否都有本地厂所独具的口味。这种口味是长久以来由“舒味思”厂所制的全世界唯一杜松子酒及滋补品混合而成。他进口了“舒味思”所独创的虔修醇剂，而“舒味思”碳化的秘方就锁在他的小公事提箱里。这位制造师说：“从头至尾具有毫厘不差地地道道的‘舒味思’制法。”“舒味思”历经百余年之经验，才把他的奎宁柠檬水造成现在这种半苦半甜的完美境地。但你把它和杜松子酒及冰块混合在高脚杯中却只需要30秒钟的时间。然后，高雅的读者们，你将会赞美你读过这些文字的这一天。

图8.7 “舒味思”的人来了

附言：你如果喜欢这篇文字而没有喝过“舒味思”，请以明信片通知，我们即做适当的安排。

函寄：纽约市东60街30号“舒味思”收

**案例解析**

这是由广告大师奥格威为总部设在伦敦的“舒味思”柠檬水厂的美国分部做的平面广告，他曾多次为这一广告而得意，因为它的确使“舒味思”成为享誉世界的名牌饮品。在这个广告中，奥格威让工厂的制造师惠特海(Whitehead)出现在自己的广告中，收到了意想不到的良好效果。这个广告持续刊登了18年。

这则广告诉求目标是“舒味思”特殊而严格的品质。为了达到这一目标。广告以英国伦敦“舒味思”总裁惠特海先生来美国分部检查产品品质为内容，创造了一个高贵、严谨、自信的氛围，将这些感觉作为“舒味思”的品质特征传达给受众。氛围的营造完全采取了烘托的表达手法：贵宾级的专机和红地毯，衬托了来人的身份不俗；礼帽、手杖和西装革履，透露出来人的绅士风度；那个神秘的手提包密锁着“舒味思”碳化秘方，标题将严肃的氛围烘托到了极点，同时也将产品品质表现到了极点。

## 广告案例二

### 七喜——非可乐

正文：比可乐更胜一筹。新鲜、纯净、爽口。不含过多的糖分，饮后没有异味。具有可乐的一切优点，并且比它们更多。七喜，非可乐，唯一的非可乐。

广告语：新的生活时尚的倡导者。

## 案例解析

七喜汽水在刚上市时定位于“非可乐”，希望消费者能像注意可乐一样注意七喜这一非可乐饮料。该广告文案除了突出“非可乐”这一定位外，还表现出现代饮料应该具有的时尚、独特、自信的风格。如今的七喜，用FIDO DIDO做形象代言人。那个时而捣乱嬉戏，无拘无束，充满青春的躁动不安感、叛逆感，不知忧愁不知天高地厚的FIDO仔，与现在流行的“我”，所谓新世代、所谓青春一族，在骨子里已没有太大差别。轻松、自我和机智的个性与七喜“一点就透”的品牌主张相吻合，如图8.8所示。

图8.8　一点就透

### 广告案例三

**发现一瓶好水，黑松天霖水**

挑逗的水(画面为香水)；
游戏的水(画面为游泳池中的水)；
补充的水(画面为输液的液体)；
冒险的水(画面为托着小船的海水)；
欢乐的水(画面为酒)；
成长的水(画面为奶瓶中的奶)；
这是无可替代的水，满足人类基本需要。

### 案例解析

黑松饮料的广告一直以来都很受消费者的欢迎。作为饮用纯净水的黑松天霖水，其目标消费群体为年轻人。因此，其广告采用了非常时尚且具有个性化的诉求方式，以凸显自己的品牌特性，如图8.9所示。

图8.9　黑松天霖水

### 广告案例四

**为什么乔丹说：佳得乐比水更解“体渴”**

正文：画面为美国篮球明星迈克•乔丹手拿“佳得乐”饮料。

“当我感到口渴时，身体早已出现‘体渴’”：口渴人人都知道，但对影响身体状态的“体渴”却并非人人了解。当身体不停地流汗时，体内的水分和矿物质也会随汗水大量流失，造成体内水分及矿物质匮乏，这就是“体渴”。“体渴”若不及时解决将会引起抽筋、疲劳及头痛等热病，不仅影响健康，更会大大影响我的表现。由于“体渴”很难察觉，同时并不是所有的饮料都能解“体渴”。所以我更需要以科学的态度，选择正确的饮料解除“体渴”，以保持体内的水分和矿物质。

“解‘体渴’，佳得乐是我唯一的选择”：佳得乐就完全不同了。它采用科学配方，能迅速渗透全身，及时补充随汗水流失的水分、能量和矿物质。佳得乐含有6%适量碳水化合物，不但增强身体对水分的吸收能力，更为活动中的肌肉提供能量。此外，佳得乐不含碳酸气，配合天然果味，能大大提高饮用量，我只选择佳得乐。解“体渴”没有什么能比它做得更好。记得我常对你说的：谁可抵挡佳得乐。

解口渴，更解体渴。

图8.10 乔丹

**案例解析**

在该广告中，广告创作者提出了一个新的需求概念 “体渴”，因为以往消费者只知道可以用饮料解口渴，而“体渴”这一概念的提出显然制造了一个新的需求空缺，让消费者意识到解“体渴”的重要性。而解“体渴”就要选择佳得乐，从而引起了消费者对该产品的注意。同时，“体渴”这一新的解渴观念也体现出了健康、流行的时尚，如图8.10所示。

**广告案例五**

### 令人凉爽的主意

正文：记得这个画面吗？

6年前我们用它提醒你，一杯加冰苏打水的“四玫瑰”，在一个炎热的盛夏下午，会何等美妙地令你凉爽清新。要是你曾试过一杯的话，我们可以肯定你没有忘记。因为一杯加苏打水加冰的“四玫瑰”威士忌那无比的芳香和成熟温顺的口感给你带来的极度享受会在你脑海中长久驻留。

今天，和当年一样，没有任何其他威士忌有“四玫瑰”这样与众不同的芳香。只要你一试就可以把这个为你带来凉爽的主意变成难忘的现实——就在现在，你就会看出我们是多么的正确。试一试“四玫瑰”加苏打水——难道你不想吗？

**案例解析**

这则平面广告是出自美国广告大师雷蒙·罗必凯之手闻名世界的作品。画面给人第一感受是人们面对着一个无与伦比、令人极其惬意的艺术杰作！这惬意，不是别的，是在盛暑难当的夏季遇到的沁人心脾凉爽的那种惬意，如图8.11所示。

图8.11 四玫瑰

**广告案例六**

慨当以慷，忧思难忘。
何以解忧，唯有杜康。

**案例解析**

河南杜康酒厂广告诗是从曹操的著名诗作《短歌行》中摘录而成。杜康是传说中的酿酒大师，曹操诗中的“杜康”用的是一种借代手法，以酿酒大师之名泛指酒类。而河南杜康酒厂却用杜康来为自己的酒命名，并摘引曹操名诗来写广告文案。其巧借大师、巧借名著的创意，是“点铁成金”法的灵活运用，对广告文案创作有着十分重要的启示意义。

**广告案例七**

**乐百氏纯净水——27层净化**

正文：1996年对于中国饮料业来说，是出现黑马的一年。在此之前，在“两乐”的冲击下，国产饮料一溃千里，哀鸿遍野。而此时靠乳酸菌饮料崭露锋芒的乐百氏出人意料地决定开拓纯净水市场，“27层净化”就在此时横空出世。1996年上马的矿泉水企业多达上千家，年产量达到创纪录的170万吨，产品质量良莠不齐且缺乏统一的标准，消费者对纯净水质量普遍持怀疑态度。乐百氏在此时打出“27层净化”的口号。

案例解析

口号无疑切中要害，产品一上市即受到消费者的热烈欢迎，直到今天仍然被推为饮料业广告理性诉求的经典。很多人都认为，正是这句广告语开创了国产饮料开始运用现代营销手段经营产品的时代，如图8.12所示。

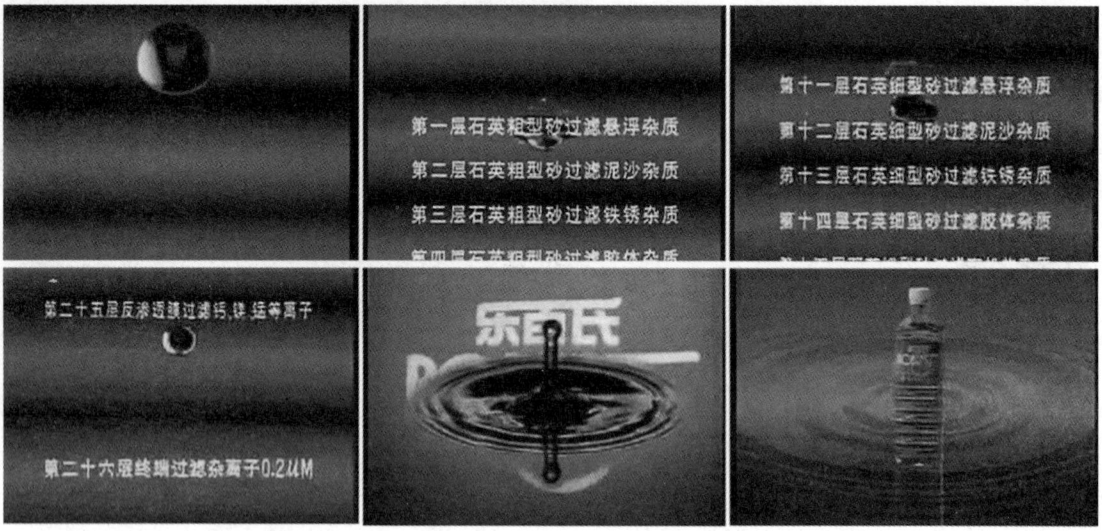


图8.12 乐百氏纯净水

## 8.1.3 服装、服饰类

1．特征

(1) 现在的服装广告在创意与表现上越来越注重对文化的渲染，“仓廪实而知礼节，衣食足而知荣辱”。现在的人已不再仅仅将服装作为物质必需品，而是更重视服装中体现出的精神价值与文化特色。

(2) 注重人性化，人性化即对人本身内在欲望的诠释。能实现和受众深层交流的目的，在获得受众对品牌认知的同时建立起品牌美誉度。

(3) 注重质量、舒适、合身。尽量给人们诠释一种精工细作的产品。

(4) 请大牌明星代言，利用明星的人气做好宣传。个性张扬，适应充满创造力的新一代青年。

2．写作方法

服装产品的广告的诉求是个性、品位和气质，服装可以衬托穿着者的内涵。服装广告的画面表现应该着力突现产品的品质，语言可以根据不同风格的服装灵活运用。

服饰产品包括鞋、皮带、领带、包等，通常有风格上明显的划分，因消费者的购买力不同，产品也区分单纯的产品广告和明确的品牌广告，两种广告方式诉求点不同，带给购买者的心理感受也不同。

3．精彩实例及简评

**广告案例一**

## 男人不止一面

正文：暖黄纸灯前，青灰砖墙下，东方神采透过木漆屏风弥散在生活格调里，5位品格代言人演绎了属于他们的“中国式时尚生活方式”。“优雅”品格名士冯绍峰儒雅淡定，“自由”品格名士汪峰率性自由，“责任”品格名士孙红雷含蓄稳重，“坚毅”婆娘革命史张涵予目光笃定，“奋斗”品格名士李晨气宇轩昂。西式的服装是形，东方的气韵是神，形神合一、兼容并蓄，正是2013秋季七匹狼品格男装“中国式时尚生活方式”所倡导的精髓。

**案例解析**

这篇广告充分体现了七匹狼男装的狼文化，也体现了七匹狼的广告标语：男人不止一面。几乎所有的服装广告都有自己的一句标语。同时也把握住了产品销售目标的心理，更人性化地表达衣服的文化内涵。同时让影帝代言增加品牌的美誉度。可以说是涵盖了所有服装广告的特点。同时又将USP理论发挥得淋漓尽致，如图8.13所示。

图8.13　男人不止一面

## 广告案例二

### 像母亲的手一样柔软舒适的儿童鞋

正文：孩子的脚像富有生命的精致小桥，每一步都需与地面十分吻合。

“凯兹”童鞋正是这种吻合的体现，它不像其他鞋那样，像把孩子的脚塞进了不舒服的模式里。“凯兹”鞋是特为孩子们设计的。前面留有适当空隙，使脚趾自如伸展。那些狭小的鞋，不但挤压、摩擦双脚，还会形成拇指外翻引起疼痛、红肿。不合适的鞋还会使脚形成多种疾病，例如鸡眼、毛囊炎等。与僵硬的牛筋鞋底不同，“凯兹”鞋柔软和富有弹性，穿了它，孩子的双脚会得到像母亲手心般的舒适的呵护。

今日的“凯兹”童鞋，款式新颖，由多纹尼龙、加厚羊皮、印花皮等多种材料制成。加垫后跟，绚丽的花边、柔软的内底以及时髦的鞋面，穿在孩子们脚上，看起来就像一辆小赛车，舒适而充满生机。“凯兹”童鞋，犹如孩子跟随母亲一样，紧跟孩子的每一步。

## 案例解析

这是一则非常杰出的情感性表现的广告作品，如图8.14所示，画面具有极大的视觉冲击力，一双圆实的儿童小脚让人感动。它使我们得到了一种生命之美和稚嫩之美的强烈震撼，小脚放在一双年轻母亲的手心里，共同构成了一幅美丽的图画。母亲和孩子，本身就是人类情感世界的主人，他们优美的手脚结合构成的画面，不但引起美感，同时怜爱之情油然而生。这则广告，人们视觉一接触，便会受到深切感染。

画面初看似乎与童鞋无关，一旦阅读标题：“像母亲的手一样柔软舒适的儿童鞋”，受众就会明白广告运用了比喻的手法。童鞋的舒适度很难感受，但小脚在母亲手心里的感觉却是人人都可以体会到的，如图8.14。

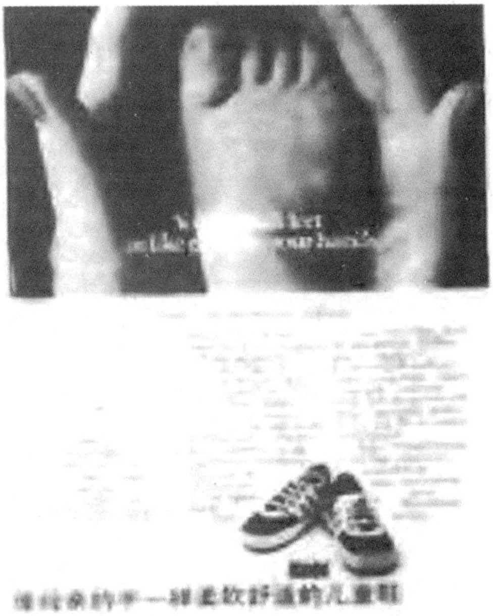

图8.14 “凯兹”童鞋

## 广告案例三

### 快乐的走路族——PUMA——彪马运动鞋

正文：(男声)我是个庸庸碌碌的上班族，不过在平淡的生活中，我倒有一样法宝PUMA。

星期一，我喜欢走仁爱林荫道来公司，以平和我的“星期一忧郁症”。

星期二，故意挑公司后面的小巷道，多绕些路，只为了听听附近住家起床号的声音。

星期三，我会从小学校旁经过，看看年轻的生命活力，顺便感怀一下我自己消逝的天真童年。

星期四……我索性来一段慢跑。

(旁白渐弱)

**案例解析**

这则广告文案引入了一个大众化的叙述主体——一名男性上班族，广告利用这一普通的人物，带出了许多生活化的东西：星期一忧郁症、住家起床号、消逝的天真童年……广告利用这一贴近人们生活的人物和高度生活化的内容，拉近了与人们的心理距离，而文案以“快乐的走路族”为广告语，抒发了平凡中的某种自在情致。其成功之处正在于男性上班族这一叙述主体的引入。

**广告案例四**

### 捉老鼠与投篮

画面：一只球鞋，一只小猫。

正文：猫在捉老鼠的时候，奔跑、急行、回转、跃扑，直到捉到老鼠的整个过程，竟是如此灵活敏捷。这与它的肉垫有密切关系。

同样的，一位杰出的篮球运动员能够美妙地演绎出冲刺、切入、急停、转身、跳投到进球的连续动作。这除了个人的体力和训练外，一双理想的篮球鞋，是功不可没的。

新推出的阿迪达斯两色底皮面超级篮球鞋，即刻就获得喜爱篮球运动人士的赞美。

因为它有独创交叉缝式鞋底沟纹，冲刺、急停时不会滑倒。

因为它有7层不同材料砌成的鞋底，弹性好，能缓解与地面的撞击。

因为它有特殊功能的圆形吸盘，可密切配合急停、转身、跳投。

因为它有弯曲自如的鞋头和穿孔透气的鞋面，能避免脚趾摩擦挤压，维护鞋内脚部温度。穿久不会疲劳。不相及的两件事，但作者却把它们巧妙地联合在一起。

**案例解析**

这则广告文案是台湾爱达广告公司为Adidas球鞋进行的广告创意，讲述的是“捉老鼠与投篮”的标题和“一只球鞋，一只小猫”的图看似都是“风马牛不相及”的，但是，广告主创人员则巧妙地利用联想把它们联系起来，给人以新颖、奇妙之感。反过来分析，如果去掉“猫捉老鼠”的内容，在整个广告创意中剩下的“只有打篮球得有一双好的篮球鞋”，这鞋子怎么怎么好，广告效果肯定不如原来的广告创意所产生的社会效果。

### 8.1.4 首饰、手表、眼镜、烟具类

1．特征和写作方法

1) 首饰

首饰是财富和美的象征，它的广告写作一般追求奢华的表现形式，尽情展示首饰独到精湛的工艺及情感上的象征意义。

2) 手表

表除了计时功能，还有身份的体现，尤其是高档手表。当然手表广告也可以适用于情感类广告表现方式，通常是恋人之间互送手表来表达心意，子女送父母手表来表达感激之情等。

3) 眼镜

眼镜是用以矫正视力不良人群的一种消费品，它有实用性和装饰性两个特点，根据不同消费者的具体需求，这类商品的广告文案可以有偏重实用功能和偏重感性诉求两种表现方式。

4) 香烟、烟具

香烟一般是男性消费者消费份额比较大，所以香烟、烟具通常的表现方式偏重于男性的男子汉气质的表现，也有强调口味的享受和身份象征的表现手法。

2．精彩实例及简评

**广告案例一**

**新超长云丝顿**

正文：新超长云丝顿广告：一对年轻情侣骑在一辆双人自行车上，骑在前面的年轻女人说：“不在于你多长时间制造了它……”后面吸着一根卷烟张开两臂的年轻男人说：“而在于你使它有多长。”

为了强调云丝顿的与众不同，一个广告是：一个牛仔手中拿着一盒云丝顿，称云丝顿盒使它与众不同，烟盒适合任何衣服的口袋，使其与众不同。云丝顿的味道也与众不同。对于没有添加剂的云丝顿新品，云丝顿的广告是：“新云丝顿没有添加剂，纯正味道。”为了突出云丝顿与众不同的过滤嘴，云丝顿推出了一组广告，有时髦美丽的女士给绅士讲解云丝顿过滤嘴的不同之处；也有绅士向女士展示过滤嘴的画面。这些广告强调云丝顿过滤嘴，是时尚过滤嘴和过滤嘴混合口味的产品。云丝顿超淡味的广告则是一只展翅飞翔的鹰，背景是紫红色山峰，意境非常美，给人以超越和卓尔不群的感受，如图8.15所示。

图8.15 云丝顿

**案例解析**

云丝顿的发展离不开这些富有魔力的广告。由于成功的广告“云丝顿卷烟好味道”，云丝顿在1966年到1972年在美国卷烟中独占鳌头。此外，在20世纪80年代，云丝顿卷烟成为波多黎各最畅销的卷烟品牌，主要是因为他们的广告口号：云丝顿和波多黎各：没有更好的，而且把云丝顿的文化与萨尔萨舞联系起来，赢得了当地消费者的情感认同。

**广告案例二**

**辛迪·克劳馥的选择**

正文：当今，炙手可热的顶尖模特儿——辛迪·克劳馥，深谙演绎之道，举手投足，皆体现了世界一流时装设计师的风格，展现万千形象，如图8.16所示。无论日常生活或出席盛会，她都喜欢选戴欧米茄表，以辉映她的迷人美态。辛迪•克劳馥说：“信任你的选择，信任欧米茄。”

广告语：欧米茄——卓越的标志。

图8.16 信任你的选择，信任欧米茄

**案例解析**

这则文案是随着时光的流逝，辛迪·克劳馥为星座系列所拍摄的广告最终发展为欧米茄“我的选择”主题广告系列：举世闻名的欧米茄名人大使的形象位于品牌海报或平面广告之上，旁边是欧米茄星座系列腕表的图像。仅有的文字便是名人大使的名字和“我的选择”字样。该文案的广告主题是单一而鲜明的，诉求重点在于该品牌的高质量、高品位和时尚性，但却是通过不同的有典型意义和象征性的名人之言加以反复强调的。

**广告案例三**

**赫柏林(Herbelin)代言人**

正文：Herbelin赞助2012年度法兰克福高尔夫球赛，并启用高尔夫球女球员Anja Monke为品牌代言人。

Michel Herbelin表示，来自高尔夫球界的女球员Anja Monke在2008年就赢得她职业生涯中的第一个职业联赛冠军，她所具备完美的运动个性、优雅自信，且富有吸引力，与Michel Herbelin的品牌特质不谋而合，如图8.17所示。而Anja Monke则这么评价Michel Herbelin，“Herbelin的设计很完美，款式多样化，细节和做工也很到位，可靠性和精度让我选择了赫柏林，因为作为一个高尔夫球选手，时间对于我来说非常重要，因此对于手腕上手表的选择，是要经过多层筛选的。”

图8.17 Michel Herbelin赫柏林

**案例解析**

在运动手表中，Herbelin的主张是“我的运动，我的优雅”，他们将运动视作一场优雅的行为，与此相衬的赫柏林手表，具有表现力和动感的手表线条，而不失优雅的不锈钢表链，一定能深深吸引同样崇尚优雅运动的你。

品牌理念：岁月中的恒久坚执，一旦拥有，一生相伴，如图8.18所示。

图8.18 岁月中的恒久坚执

### 8.1.5 家用电器类

家电包括：彩电、冰箱、空调、音响、洗衣机、微波炉、电脑、电熨斗等。家电属理性购买商品，其价格相对较高、使用时间较长，是一种典型的耐用商品。家电行业是近年来我国发展较快的行业之一，这不仅表现在家用电器普及程度提高，还表现在消费者对家电种类的多样化需求上。目前的家电广告主要诉求产品的价格、质量、服务、功能等方面；同时，树立品牌形象的企业形象广告也对家电产品的销售起了很大的促进作用。总的来说，家电是高卷入度商品，消费者进行选择购买时往往比较慎重，在对产品特性有了充分了解后才会做出购买决策，而广告便是消费者获取产品信息的重要渠道。因此，在创作家电业广告时，必须先要了解该行业的特性，掌握消费者的心理特征和需求。

1. 特征

1) 以功能和质量为主要诉求点

由于家电是卷入度较高的商品，其价格相对较高，使用时间较长，同时，消费者缺乏对商品的专业了解，因此家电广告中要重点向消费者传达有关商品的功能、质量等专业信息。

2) 突出强调所运用科技的先进性和专业性

家电产品的科技含量较高，科技运用的专业性或处于行业领先的技术，是很有竞争力的广告诉求点。

3) 诉求功能、质量的同时，更加强调良好的售后服务

如今，由于产品市场的同质化，消费者更注重产品提供的服务，这也是企业给消费者的一种利益保证。

4) 树立重技术、重质量的企业形象

由于家电行业的竞争日益激烈，即使是科技含量较高的技术领先产品也很难保持其行业领导者的优势。因此，树立重技术、重质量的良好企业形象，也是家电行业广告文案的特色之一。

2. 写作方法

家电是一种典型的耐用产品，消费者在做出购买决策之前，需要经过谨慎的思考。家电广告所面对的需要说服的消费者一般不会产生冲动购买的行为。因此，家电广告文案的创作需要科学有效的创作策略，毕竟广告是消费者获取产品信息的主要渠道。

1) 重点诉求产品功能和特性

家电业产品的广告文案应该把诉求点着重放在产品的功能和特性上。例如，冰箱应主要诉求其保鲜性强、制冷效果好、环保无辐射等；洗衣机应诉求其清洁力强、不伤衣物、省电、无噪音等；电视机应诉求其画面清晰度高、色彩生动逼真、省电、对眼睛无刺激等。而“科技运用的先进性”则是产品功能和特性的有力支持点。热情周到的售后服务更能增强消费者对产品的信任度。

2) 产品的品质、价格、品牌形象等基本诉求不可忽视

消费者在做出购买选择前，会对相关产品的质量、价格、服务等方面进行慎重比较。因此，家电广告不能一味“求异”而忽视了对产品质量、价格、服务等基本方面的诉求。

3) 表达方式生活化

由于家电产品是日常生活的必需品。因此，家电广告文案中可以采用生活化的表达方式，表现家庭的温馨与欢乐以及企业对消费者家庭生活的关心。如此，可以让消费者从中体会到家庭的温暖。

3．精彩实例及简评

**广告案例一**

## 全心全意小天鹅广告文案

正文：小天鹅水魔方洗衣机电视广告文案

小天鹅全心全意新一代水魔方全自动投放洗涤剂，升级洗护空间，12段水位，全新一代水魔方完美生活苛求洁净。广告语是："全心全意小天鹅"，如图8.19所示。

图8.19　小天鹅水魔方洗衣机

**案例解析**

该广告文案以产品独特的洗涤功能为主要诉求点，并在对产品的基本功能进行诉求的基础上提出了"全自动投放""升级洗护空间"和"12段水位"的新概念，使消费者头脑中对洗衣机的固有概念受到冲击。而产品进入全自动投放的同时，消费者原有的消费观念也步入了一个新境界。

## 广告案例二

### 美的空调创意广告文案

正文：创新科技 美的空调
空调应该很节能，最好完全不用电；
要够聪明，自动给我想要的温度；
遇到问题还能自己解决；
样子吗？越时尚越好，
对！他就该是一件艺术品；
这听起来很疯狂，但我们就是敢想，
Dare to dream，
创新科技 美的空调。

## 案例解析

该广告文案就是以客户各种看似无理的需求为诉说点，让这些提起来很疯狂的要求，都成为现实。只要你敢想我们就敢做，“创新科技 美的空调”，如图8.20所示。

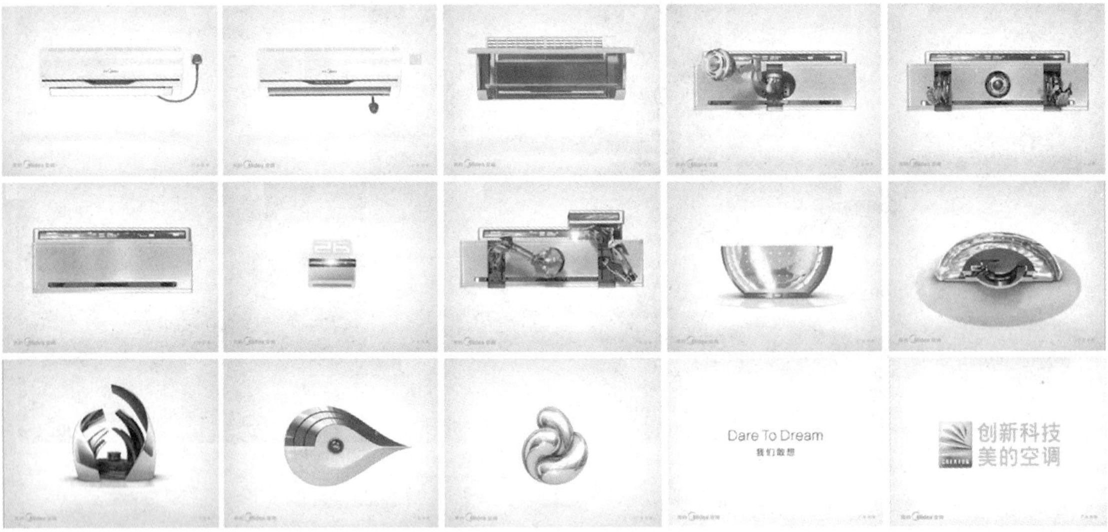


图8.20　美的空调

## 广告案例三

### 方太油烟机电视广告文案

中国卖得更好的高端油烟机
不是洋品牌，而是方太，

因为方太更专业，

“方太 中国高端厨电专家与领导者”，如图8.21所示。

图8.21 方太油烟机

**案例解析**

该广告文案主要采用了理性诉求的手法，并加入了一些对中国民族精神“不是洋品牌，而是方太”，主要向消费者传达了中国产品也够大气和上档次。激起民族自强心，从而有购买该产品的情绪。

**广告案例四**

### 格力空调电视广告文案

画面：首先出现成龙，然后是他在打太极，最后拿着大毛笔写书法。

正文：中国人走向世界，不能靠花拳绣腿。只有掌握核心，才能出奇制胜。

成龙：格力掌握核心科技，成为世界名牌。

好空调·格力造

**案例解析**

这是我国格力空调最新出的广告文案。该文案结合当下民族精神高涨的社会氛围，为格力创造广告经典代表之作。讲出中国当下自强不息的精神，掌握核心科技，成为世界名牌，如图8.22所示。

图8.22　好空调·格力造

**广告案例五**

### 海尔冰箱新鲜乐趣篇电视广告文案

画面：一对年轻夫妻，在玩切水果游戏，一不小心拿了一块肉，男主人蹦一脸的冰，如图8.23所示。

正文：这这这怎么切……

海尔无霜，三能冰箱；　　变频风冷，无霜保鲜；

让新鲜更出色……　　海尔冰箱，天下无“霜”。

Haier，一个世界一个家

图8.23　海尔冰箱

案例解析

这是上海红萝卜广告公司为海尔制作的新鲜乐趣篇的冰箱电视广告文案。利用当下手机最红的水果忍者游戏为题材，制作一个有趣味的真人切水果的游戏，以吸引当下年轻人的眼球，这则广告针对比较时尚新潮的人群。为博消费者一笑，潜移默化地影响购买者。

### 8.1.6 化妆、美容用品类

1．特征与写作方法

化妆品和美容用品是以年轻女性为主要消费者的日用品。这类产品既提供实际的功能性利益，又与女性的外在形象和自我感觉密切相关，因此产品的功能和良好的自我感觉、个性和时尚感是这类产品的主要诉求点，因而在进行广告文案的写作时，应将表现手法集中在力求格调高雅、精致清新、自然方面。

2．精彩实例及简评

广告案例一

**飘柔植物精选系列2013杨幂全新广告片**

正文：飘柔为您带来，天然柔顺新体验；
全新飘柔植物精选系列；
配方含10种植物精华，展现5重柔顺秀发；
带来柔顺自然美；
飘柔植物精选系列，全新飘柔清新上市。
亲近生活，美化生活。

案例解析

这则广告中的一些重要信息，如植物精华和柔顺秀发，在画面所表现的，加上有趣的故事小情节，让消费者联想翩翩。同时广告还强调这个飘柔是新上市的，全新、上市等字样来吸引消费者去购买，如图8.24所示。

图8.24 飘柔

## 广告案例二

### 宝缇嘉(Bottega Veneta2013)春夏太阳眼镜广告

画面：弗莱娅·贝阿·埃里克森戴着宝缇嘉夏太阳镜很酷的形象在画面里。夏天完全不用担心太阳会对你的眼睛造成伤害，可以无视阳光，如图8.25所示。

正文：超模弗莱娅·贝阿·埃里克森 (Freja Beha Erichsen) 最新演绎宝缇嘉 (Bottega Veneta) 2013春夏太阳镜系列广告大片，摄影师彼得·林德伯格 (Peter Lindbergh) 掌镜。

图8.25 宝缇嘉夏太阳镜

## 案例解析

这则是海报广告文案。通过超模弗莱娅·贝阿·埃里克森时尚的形象来演绎宝缇嘉时尚超酷的气质，展示消费品的独特功能。

**广告案例三**

## 巴黎欧莱雅范冰冰代言电视广告文案

正文：浓密分明的睫毛，禁得起零距离的观看；
全新欧莱雅，纤羽至密睫毛膏；
巨密橡胶刷头弹性齿梳，反复涂刷浓密倍增；
谁说美需要距离，
你值得拥有

**案例解析**

这则电视广告是2013年最新的巴黎欧莱雅请范冰冰代言的睫毛膏。该文案强调“密”，告诉消费者你为什么值得拥有。范冰冰的高贵冷艳，不光吸引男人的眼球，更吸引女人的关注。那种完美而自信的魅力在她的目光中流露出来。整个画面完美呈现，突出睫毛膏为你增加自信心，如图8.26所示。

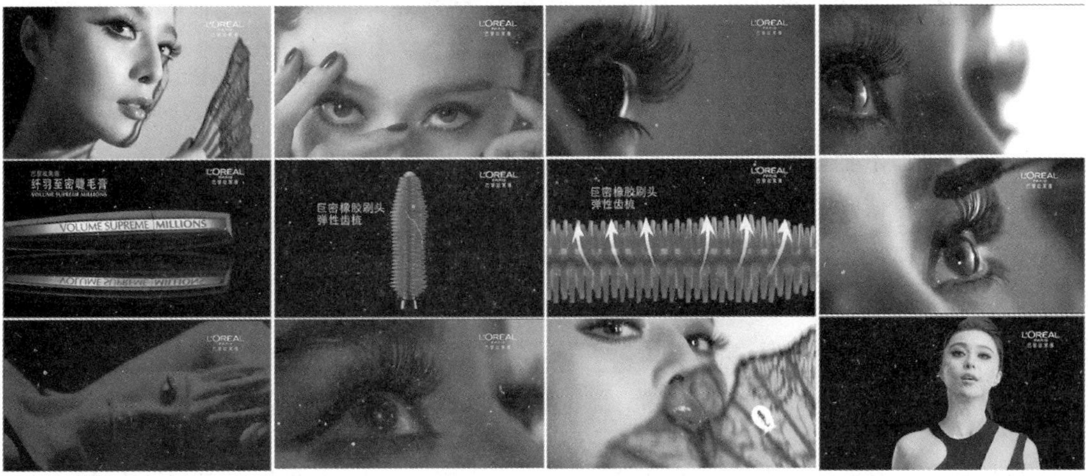


图8.26 欧莱雅睫毛膏

**广告案例四**

## 百雀羚电视广告文案

正文：肌肤保湿，我要天然不刺激。
百雀羚保湿霜：
添加珍贵草本原液，
天然不刺激、水嫩又柔滑、够天然够温和。
草本护肤就用百雀羚，
天然不刺激百雀羚草本。

**案例解析**

这则广告是百雀羚电视广告文案。该文案的主旨在护肤，其次是不刺激皮肤，给肌肤一个天然的环境。百雀羚的保湿霜使用天然的草本制作的，可以你给肌肤一个天然的环境。强调天然不刺激，让消费者放心，如图8.27所示。

图8.27　百雀羚护肤霜

## 8.2　产业广告文案

与消费者广告文案的目标不同，产业广告文案一般针对专业的部门或批发商。因而，其广告文案的写作多采用理智型，有些情况也使用认识型。具体方式有：典型特征诉求文案、承诺文案、引导文案、比较文案、历史悠久文案等。少数也可以运用双关语、幽默等方法。

### 8.2.1　农牧、农机和家禽业

1．特征及写作要求

由于农牧、农机和家禽业广告文案的主要诉求对象是针对专业部门和批发商的。因此，在进行理智诉求时，应讲求语言的真实性、可靠性。在诉求方式上应采取直白或知识引导、优惠承诺等方式。主格调应以说理为主。

2．精彩实例及简评

**广告案例一**

**鲁城牌发电机广播文案**

正文：男：正抗旱，停了电，
女：农民急得团团转；
男：夜校自习停了电，
女：校长摇头把气叹；

男：医院手术停了电，
女：病人生命多危险！
男：不要急，莫慌乱，鲁城牌发电机组来供电。
女：柴油做燃料，物美价又廉。
男：能孵蛋，能磨面，能充电，能抗旱！
女：带着电机溜溜转，帮你致富把钱赚。
男：鲁城牌发电机组何处买？
女：请到山东曲阜电机厂。

### 案例解析

这篇广播广告文案采用口头韵文的形式表现广告内容，句子全用口语，长短不等，读来抑扬顿挫，很顺口。该广告被中国广告协会广播委员会评为一等奖。

### 广告案例二

## 谷王收割机电视广告文案

正文：收得快：超宽割幅、超大喂量、超高效率；
收得好：双滚筒脱粒更彻底、双层振动筛选干净不跑粮。
谷王收割机为您提供全面的收割解决方案，
全球收获真专家，
奇瑞农业装备机。

### 案例解析

提出问题、解决问题的典型案例。大量的待收水稻，谷王帮您解决了收割的问题，同时它还可以收割玉米和小麦等粗粮农产品，是农民的好帮手，你值得拥有，如图8.28所示。

图8.28 谷王收割机

### 8.2.2 汽车、摩托车及配件

1．特征

(1)以产品的性能诉求和个性、身份、地位的诉求为基本诉求方向。绝大多数消费者购买汽车，主要关注它的基本性能、价格等方面；少部分消费者购买汽车时，除了关注产品的基本性能外，他们还要求产品的特殊款式、品牌个性能充分体现自己的身份和社会地位。

(2)以科技化、人性化、多样化树立独特的品牌个性。诉求产品的时尚动人、高贵品质、宽敞的内部空间、灵活的操作性、优雅的内部装饰、百变的功能组合以及非凡的驾乘感受等，其目的是为了在热爱生活、务实进取、追求超越的社会中打造优质品牌。

(3)突出品牌文化，悉心探索消费者的心灵，提炼品牌的核心价值和品牌精髓，以品牌的文化精髓塑造品牌灵魂，并使之成为品牌特质。

2．写作方法

性能诉求和个性、身份诉求是汽车广告的两大方向。汽车广告的画面表现应该尽量精美，文案的语言也要较日用品广告正规，不能过于轻松、随意。

普通型轿车是非常典型的选购品，豪华轿车、跑车和越野车则是典型的特殊品。

汽车广告主要有两种类型，一是以产品性能为诉求点的产品广告，二是以品牌形象为诉求点的品牌广告。普通型汽车侧重产品广告，高档汽车侧重品牌广告。产品广告注重提供关于产品丰富翔实的信息，品牌广告注重表现品牌的个性、品位、承诺购买者将获得的身份感或自我满足感。

电视广告适合展示形象，平面广告适合传达具体信息。汽车产品平面广告的典型形式是富有吸引力的产品图片加上包含较多技术术语、产品性能数据的长文案。

3．精彩实例及简评

**广告案例一**

**每个人都有与生俱来的欲望**

正文：这一刻，重拾恋爱的感受
广告语：以感性驾驭性感，Audi TT

**案例解析**

这则文案简洁明了，没有对产品信息进行面面俱到的陈述，但却以感性诉求手法吸引着消费者的兴趣，如图8.29所示。

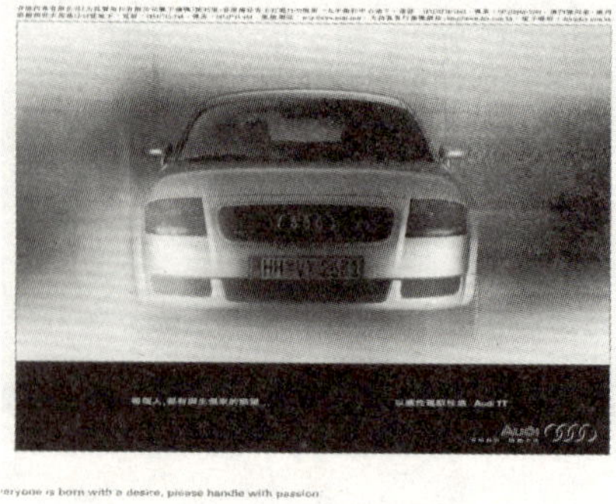


图8.29　以感性驾驭性感，Audi TT

## 广告案例二

### “这么大，小一点更好”——墨罕哈森汽车工人

正文：全新的SUNNY突破一般家庭式轿车的传统与定律，重写了何谓“大”“小”之分。其成果显而易见，实在令人难以忽视。

令人舒展身手的宽阔车厢

说全新的SUNNY已经全面革新，实在一点也没错。它的车厢更加宽阔舒适，坐下四位日本相扑手也没问题。前后上下左右的空间，令您有若置身于两公升级轿车之中。这一切还有待请君上座以亲身体验。

令人望尘莫及的功能与性能

若您想拥有一部家庭轿车级的劲车。现在该是行动的时候了。在SUNNY车系中，新改进的SUNNY 1.5型16活门双凸轮燃油注射，105马力或SUNNY 1.6型所提供的120马力的强劲引擎，皆令他人望尘莫及。

令人坐享其成的无双设计

日产SUNNY的精益求精，世上首创的多连杆轴式悬挂系统Multilinksuspension。单以这项设计就足以使SUNNY超群绝伦，使您犹如置身于两公升级轿车之中稳若泰山、宁静舒逸且掌握自如。

令人高枕无忧的安全设置

就算是两公升级轿车，ABS系统也属一项昂贵的装置，而在我们的1.6模型，它却属于标准装置而不需额外费用。理所当然，安全设置绝非一种奢侈，您和家人的安危，我们又岂能忽视呢？

令人毫不操心的耗油量

全新的日产SUNNY 1.5型的胃口真是小得可爱，创下每公升19.6公里的非常记录，足可以与一公升车系一较高低。1.5型和1.6型也一反常规与定义，融汇了两公升车级的性能、宽阔与安全，与一公升车级的灵活与耗油量，并介于两者之间，实为一部振奋人心的轿车。无论如何，您看着办好了。

## 案例解析

这则文案分别从产品的内部空间、产品功能、独特设计、行驶安全性以及它的耗油量等基本方面进行了介绍，其中包括很多技术术语和产品性能数据，提高了产品的专业性和可信度，如图8.30所示。

图8.30 这么大，小一点更好

**广告案例三**

## 舒适、豪华、可靠的最畅销的丰田COASTER牌

正文：十年来，丰田的COASTER牌，在中国一直是最畅销的小客车。

为什么它能成为最畅销的汽车呢？理由很简单：COASTER能确保每一位乘客在乘车时有一个宽敞、舒适的感觉。那先进的双叉独立前悬挂——这只有在高级汽车上才能看到的一个特点——使汽车即使在崎岖不平的道路上或高速行驶中，都能确保乘客在乘车时的平稳与舒适。

为了使乘客坐得更加舒适惬意，COASTER除了设有不少用风扇助力的通风口之外，还设有一个强有力的、恒温控制式空气调节器，从而使客舱能经常保持充足、干净而又新鲜的空气。在乘客享受COASTER小轿车带来舒适的同时，还可以饱尝它的豪华特点。例如：它华丽的、带软垫而又可以倾斜的舒适座椅，以及带任选的茶色玻璃的全视野式玻璃窗户。不用说，COASTER，包括高顶车在内有着许多类型的式样，您可以放心，这是因为每一种COASTER都具有丰田车的享有世界声誉的优点。丰田的COASTER是如此的舒适、豪华、可靠，怪不得能成为最受欢迎、最畅销的汽车，如图8.31所示。

图8.31　丰田COASTER小客车

**案例解析**

这个广告文案融合了新闻报道的特色，详尽介绍了商品(丰田车)的性能、特点和使用方法等，以减少广告的商业气息。这个文案的目标是以其真实性取信于消费者。

**广告案例四**

## 制造您身边的车

正文：曾经，
黄包车在中国人的生活中不可或缺，
辛勤的车夫，
把人们拉到他们想去的地方，
默默地，

让汗水洒遍这一条条大街小巷……
今天，
东南汽车把这种精神，
融入21世纪潮流的汽车制造中，
致力创造发现中国人理想生活的精品，
东南汽车，您身边的车。

## 案例解析

这则广告是东南汽车平面广告。通过车的发展历史提示您现在处在的时代，然后引出东南汽车能给你带来的品质生活等，如图8.32所示。

图8.32　东南汽车

## 广告案例五

### 水冷路旅

正文：内里知本色，中置后避震器；
优越知坚持，超大前后轮碟刹，全新水冷4V引擎；
动感知天性，人车的完美协奏曲，惊艳登场SMX。

## 案例解析

这是一篇YAMAHA 2013新车 SMAX 155水冷电动车电视广告文案。整个文案是介绍雅马哈电动车的性能，从内到外及车速做了一个宣传，如图8.33所示。

图8.33 雅马哈电动车

### 8.2.3 现代化办公用品

1．含义和写作要求

现代化办公用品(含网络产品)展示着科技的高度发展，它是现代社会文明的象征。在创作此类产品的广告文案时，用语应力求简洁明快，着力表现科技带给人们的便利，不要力求把产品内部构造等烦琐的内容打包批发给受众，那样只会使专业知识相对欠缺的消费人群对广告内容乃至产品产生距离感，宣传效果反而不好。

2．精彩实例及简评

**广告案例一**

**心中若是有结，误会如何化解？**

画面：一条打起结的电话线

正文：以前，人们说“隔墙有耳”，现在的人却常是“耳中有墙”。

人与人之间的相处本来就是充满着不同的声音，你有你的惊人之语，我有我的不平之鸣，我们的社会就是靠着大家的集思广益才能不断地成长和成熟。解开心中的结，听听别人的见解。

泰立电话 愿在我们和谐的社会中，祝福各位心有灵犀一点通。

**案例解析**

人与人之间有障碍需要沟通。沟通需要途径。电话就是其中之一，这则广告文案沿着这条思路创作了一个和谐的广告。

## 广告案例二

### 影像艺术大师

正文：该影片由尼康D600搭载尼克尔镜头拍摄。
尼康D600艺术大师，
成就超凡影像，
尼克尔镜头画质精细。
影像·从心·尼康。

## 案例解析

该文案邀请明星王力宏代言，进行理性的分析和说服。讲述每个人生活中的拍客的画面经历，从而引起消费者的共鸣。然后突出尼康D600的功能：尼克尔画面精细。它不仅把事物的属性、状态等告知受众，而且要让受众享受画面的过程，如图8.34所示。

图8.34　尼康D600

## 广告案例三

### 奥林巴斯相机变焦镜头广告

画面：一个具有强烈视觉冲击力的镜头，一位十分讨厌别人拍照的女艺人以惊恐愤怒和手掌拒拍来反对拍摄的一刹那，给人留下了深刻的印象。

正文：“再敢拍我。我就要越街过篱、穿林过河、攀上那座山头。把那台鬼相机摔到你脸上。”

案例解析

该广告通过艺术夸张烘托表现指称对象的某些诉求特性。运用这种表现手法，创意新颖，画面极具视觉冲击力，文案高度精准，将震撼性与趣味性有机结合。虽然她讨厌被拍，但她还是被拍摄下来，且清晰度极高。值得注意的是，文案标题反映了她的愤怒："再敢拍我，我就要越街过篱、穿林过河、攀上那座山头，把那台鬼相机摔到你脸上。"可见相机距她多么遥远！如此遥远的距离，还能拍摄得如此清晰。将夸张手法和一个饶有趣味的情节结合起来，对观众自然产生了震撼，如图8.35所示。

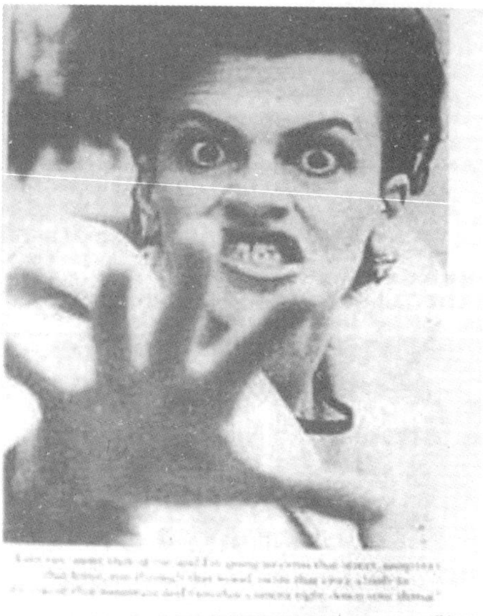

图8.35 奥林巴斯相机海报

### 8.2.4 建筑与装潢材料

1．特点

建筑与装潢广告文案应将着力点放在诉求产品的突出特性和展示产品的特有功效上。

2．精彩实例及简评

广告案例一

**百乐多果胶**

正文：Zeelandia生产一种独特的装饰用果胶系列，命名为百乐多。它用水稀释后可以形成优质果胶，在冷冻以后仍易于切割。另外，百乐多果胶保持原有水果的色香味。有3种口味可供选择：草莓味、无味和杏仁味。

百乐多混合果胶是百乐多系列产品中的一种，它是一种极好的装饰用果胶，液状百乐多混合果胶易溶于水，使用时您只需加入25%～50%的水稀释即可。装饰时您可用手涂刷，也可使用喷涂器。由于百乐多果胶有极好的易溶性，加热时也不会黏结盘底。

百乐多喷涂果胶专为喷涂器设计，它有快速结胶之特性。该果胶也有草莓味、杏仁味和无味三种选择。

案例解析

这篇广告文案直接向消费者阐述商品的功能特点，用叙述的方法进行合理的描写。

**广告案例二**

## 狮牌油漆广播广告

男播音：火炉方显真金色。

女播音：武汉是我国“气候温度中三大火炉之最”，狮牌油漆经受考验。

男播音：风雪岂能动容颜？

女播音：武汉的冬天风雪严寒，狮牌油漆色泽不减。

男播音：是钢是木难分辨。

女播音：黄鹤楼是水泥钢体结构，狮牌油漆使它看上去和古代木质结构一样。

**案例解析**

在这则广播广告文案中，商品要突出主题，一定会强调品牌，因为品牌本身就是广告。一种产品能有多种功能，但宣传时，最好抓住 1 到 2 种功能做重点描述，这则广告就是如此，如图8.36所示。

图8.36 广播电台

**广告案例三**

## 多乐士多彩开始

正文：

镜头一：刚新婚两个人都很开心，新的生活。

画外音：两个人都感到很幸福。

镜头二：镜头中两人在一起不说话，都自己看报纸。

画外音：婚后很平淡，无趣，没有了新婚的甜蜜。

镜头三：全景中两人继续不说话，男主人跟平时一样的出去工作。

配景：小狗也抬头看一眼，目送男主人走了……

镜头四：男主人走出房间，女主人看着他走了，然后开始刷墙。

画外音：女主人心想再这样下去不行，换个环境换个心情，拯救他们的婚姻。

镜头五：男主人回来进屋，惊呆了。

画外音：没想家里这么温馨？
镜头五：男主人笑着帮女主人擦掉脸上的红漆。
画外音：在一刻，他们恍惚回到了结婚时候，重温甜蜜。

**案例解析**

这则电视广告文案采用实证演示的方法，让观众亲眼目睹商品突出的优点，增加了感情因素，其目的在于介绍商品的性能、特征和使用方法等，如图8.37所示。

图8.37　多乐士

## 8.3　数字新媒体行业广告文案

随着数字媒体技术的不断发展，使广告传播的渠道变得多元化，从传统的广播、电视渠道发展到了今天的多种多样的新媒体平台。所谓新媒体，是相对于传统媒体而言的，新媒体是一个不断变化的概念。只有媒体构成的基本要素有别于传统媒体，才能称得上是新媒体。否则，最多也就是在原来的基础上的变形或改进提高。新媒体的广告投放是专指在新媒体上所进行的广告投放，目前调查数据显示，广告主在新媒体进行广告投放比例一般在20%左右。

### 8.3.1 数字电视行业广告文案

电视广告是当代最引人注目的一种广告形式，它集文字、声音、图像、色彩、人体和实物为一体，可以同时作用于人的视听感官，从时间、空间、静态、动态、声光画面的变化构成等多角度、多方面地表达广告主题，具有其他广告形式难以达成的表达效果。由于电视媒体的特殊性，电视广告文案的写作与其他形式的广告文案写作相比，无论在表现形式、结构安排或广告创意等方面都有着不同的要求和特点。

1．特点

由于电视广告文案需要进行二度创作，文案人员提供给制作人员的广告文案，必须要将文案创意的具体要求用一个个连续的镜头画面进行表现，同时需要标明画面的构图形象和声音的处理要求，将人物动作、场景、气氛等彻底形象化、具体化，使之成为制作人员拍摄制作的精确蓝图。因此，电视广告文案在文本结构上和一般的广告文案文本相比，就有着自己独特的表现形式，它不十分注重文案结构的完整性，而是从电视广告制作和播放的实际考虑，更强调文案结构的整体配合。为了更好地表现广告创意，便于制作人员的二度创作，电视广告文案在结构上或者通过画面说明、制作要求、解说词等形式对广告文案的创意进行立体的阐述；或者用分镜头的形式对电视广告的文案创意进行详细的解说。

一般而言，电视广告文案在文本结构上由以下几个主要部分构成，它们分别是：制作要求——景别——画面说明——解说词——背景音响——时间。其中制作要求指广告画面拍摄的运动方式、角度选择和制作方法。如俯拍、仰拍、推进、拉远、摄像、三维电脑动画等。它是文案人员根据创意需要，对电视画面表现的具体要求；景别包括近景、中景、远景和特景，是广告拍摄时对镜头组成的时间和空间等的具体要求；画面说明是指在电视广告文案写作中，为了表现广告创意而用文字形式对电视画面表现所进行的解释和说明。它是文案创意的具体表现，要求用准确、精练的语言对画面的表现形式进行说明。其中包括画面的场景安排、情节设置、人物造型、人物表演、动画表现、气氛渲染等；解说词包括画外音和字幕两种形式。所谓画外音是指在电视广告的播放中，随着画面内容的展开而进行的讲解，用以增加观众对画面的理解，强化广告的表现效果。画外音不仅仅是对画面内容的解释，它需要用简明扼要的语言对画面中最主要的信息元素进行突出的表现，同时对观众的接受思维进行规定性的引导；所用字幕是指广告播出时在电视屏幕上打出的文字。字幕可以加深有声语言及画面的印象，增加记忆度，可以弥补单纯有声语言的不足，避免同音误解。字幕使用得当，还可以高效利用播出时间，通过字幕和画面、画外音的立体配合，在有限的播出时间内，增加广告的信息含量。同时，恰当地使用字幕，还可以以“无声”来营造特殊的广告意境和表达效果；背景音响就是指在电视广告文案中，结合画面表现而运用的背景音乐。它需要文案人员用文字的形式进行说明，由制作人员进行合成或制作；时间是对每一个分镜头所用时间的注解说明。由于电视广告的播出是有着较强的时间性要求的。因此，文案写作人员在构思电视广告时，必须有明确的时间概念，要把每一个分镜头所需要的播出时间用文字注明，以方便制作人员在进行二度创作时参考，它一般以秒为单位。

在具体的电视广告方案写作中，以上的结构形式往往以表格的形式出现，如某减肥茶30秒的电视广告文案，如表8.1所示。

表8.1　减肥茶30秒的电视广告文案

| 制作要求 | 景别 | 画面说明 | 解说词 | 背景音响 | 时间 |
| --- | --- | --- | --- | --- | --- |
| 摄像纵轴推拍转弧线移拍 | 远景 | 清朝 | (画外音)<br>三百年的悠久历史 | 鞭炮锣鼓人群喧闹声 | 7秒 |
| | 近景 | 京城 | | | |
| | 特景 | “御生堂”药店开业全景 | | | |
| 摄像推拍 | 中景 | 药店内景。一个皇太后模样的人 | (画外音)<br>来自宫廷的减肥秘方 | 古筝 | 8秒 |
| | 近景 | 正在接受众人拜见。药店柜台前，许多人在抢购减肥茶 | | | |
| 电脑合成 | — | 现代，都市，数个大药店的闪回镜头，许多人在抢购“御生堂”减肥茶 | (画外音)减肥，防肥不伤身，美丽不减分 | — | 8秒 |
| 摄像推拍转弧线移拍 | 特景 | “御生堂”减肥茶的包装及商标特写 | (画外音)三百年的历史验证，三百年的真情奉献。减去你的忧愁烦恼，恢复你的青春自信 | — | 7 秒 |

2. 写作特点

所谓文案创意的说明性是指在电视广告文案的写作中，文案人员要通过对电视广告的制作要求、景别、画面说明、解说词、音响效果、时间等方面的具体说明，把自己的广告创意详细地进行表述，以方便制作人员的二度创作。对于一般的广告文案而言，广告文案就是广告创意的终极表现，无论是标题的制作，或者是广告正文、广告附文、广告标语等的写作，它都要把广告文案人员的广告创意完整地表现出来，而且，这种表现就是创意的最后体现。但是，对于电视广告文案而言，由于它需要制作人员进行二度创作，文案人员所提供的广告文案不能算作广告的最后完成形式。

因此，电视广告文案的写作就必须由文案人员对整个电视广告文案的创意进行说明，比如对电视画面的描述性说明、对镜头表现的限定性说明、对背景音响的规定性要求、对解说词的特别解释等，通过这些说明，文案人员可以把自己的广告创意更清楚、更准确地传达给广告的制作人员，方便制作人员的二度创作，使自己的表现意图达到更好的表现。应该注意的是，电视广告文案人员在进行创意说明时，一方面要把自己的创意要求用精练、准确的语言表达清楚，另一方面需要对一些制作细节进行具体的阐述，尤其对于那些需要制作人员二度创作时，精心表现的场景气氛、色彩、格调等方面的具体细节，更应该有准确的描述和说明，要使用制作人员能理解和操作的专业术语，不要用含糊其辞的语言，也不要使用那些容易产生歧义和让人误解的语言。其次，对于电视广告表现的整体要求也应该做出相应的解释和说明，使广告制作人员能领会和制作。

3．案例分析

**广告案例**

**乌发美髯酒**

镜头1：一辆豪华的白色小轿车在公路上飞驰而过。

意境：节奏紧张的现代社会气息。

镜头2：(特写)镜头移近，表现这辆小轿车与其他(两辆)小轿车的拥挤场景。

意境：充满竞争的现代社会。

镜头3：镜头切换到一个总经理模样、40岁左右、头发有些白、戴金丝边眼镜的男子在主持会议。

镜头4：(切入)男子走出公司大门白色轿车停在他身旁。侍者开门迎候。

镜头5：男子忽仰头久久注视天空，陷入沉思(男子的脸部特写注视的眼神特写)。

镜头6：天空有一轮光辉无比的夕阳(镜头切入)。

镜头7：在侍者的多次催请下，男子上车，汽车飞驰，驰过夕阳(同时出特写)，一轮夕阳迅速落下。

镜头8：夕阳消失，天空灰暗。接着迅速出现字幕：乌发美髯酒，提醒事业发达者，留住夕阳无限辉煌。

**案例解析**

在这一则电视广告文案的创意说明中，我们可以发现文案人员对每一个镜头都做了详细和具体的说明，它不仅有具体的电视表现画面，还有画面所应该表现的意境说明；不仅有电视画面中人物的表演，还对人物的身份、年龄甚至衣着打扮都进行了规定性的说明；同时，还对每一个镜头的拍摄要求也都进行了具体的注解。相信制作人员在拿到这样的电视广告文案时，一定可以根据要求制作出符合广告创意的电视广告。

## 8.3.2 手机媒体广告文案

手机媒体作为一种新兴的广告媒体，已经越来越受到广告运营商的青睐与追捧。随着手机用户数量的快速增长，手机广告所具有的市场潜力也在不断扩张。我国手机广告市场发展前景广阔，不仅得益于手机终端发展，政策、技术扶持，更主要的是拥有巨大的广告受众群——手机用户。我国手机用户已于2012年3月突破10亿元人民币，这使得我国手机广告受众细分群体也变得愈加复杂，要想实现最佳手机广告传播效果，对于手机广告文案显得尤为重要。

1．特点

目前，随着我国手机用户普及率的逐渐提高，手机作为一种新型媒体的应用价值也日益凸显。随着3G时代的日益临近，各种多媒体形式也将充分体现在手机上，这将给广告主更大的发挥空间。手机广告由于其平台的特殊性，使文案写作具有了其自身独有的特色。

(1) 语言精练。由于传输数据的限制，手机广告文案不可能有太多的篇幅，以手机短信为例，手机一次能接收的短信字数就在几十个字之间，在这么简短的空间里更需要提炼语言，将最重要的名称、时间或者联系方式表达出来，犹如发电报一样，尽量将重要的信息有的放矢地表达出来。

(2) 重点突出。一则手机广告文案字数一般会在100字以内，那么，在这么短小的篇幅之内要充分地表现出广告所宣传产品的特色，就不能像传统媒体广告那样面面兼顾。也就是说，手机短信广告不可能像一般印刷广告那样有完整的标题、广告语、正文等，所以在创作手机广告时，只要把重要的广告信息发送出去即可，不必过多注重形式。

(3) 在进行手机广告文案的创作过程中，要考虑到手机自身的特点，以手机视频广告为例，由于目前手机性能的限制，屏幕的像素并不是很高。因此，在广告文案写作时就要尽量考虑到镜头景别的设置，景特写等比较细致的镜头才是最适应目前手机广告特点的。

2．手机广告的主要表现形式

(1) 文字是最普通的广告表现形式。从报纸广告、杂志广告到电视、网络广告以致手机广告中，文字起到深化广告主题的作用。可以说，文字是广告中最原始、最重要的元素。最初手机广告类型——短信广告，它的主要表现形式是文字。另外，文字在短信、语音、内置、WAP、无线搜索、小区广播等手机类型中，都起到重要的基础作用。

(2) 图片是比文字更加形象的表现方式。从黑白到彩色，图片丰富了用户的视觉世界，对商品的描述更加形象，带给消费者更直观的消费体验，如手机内置多媒体菜单中的图片、壁纸、屏保等。

(3) 手机广告中声音的表现形式主要包括手机内置多媒体菜单中录音文件和手机内置多媒体菜单中的手机铃声、MP3文件。

(4) 视频，流媒体视频、动画的广告表现形式克服了文字、图片和声音形式单独表现的不足，综合了几种表现形式各自的特点，创造了理想的广告表现形式。例如，手机多媒体菜单中的手机视频、电影文件、MFlash 动画等。广告产品有汽车、网游、旅游城市风景区、电影预告片和新人音乐专辑推荐等。

3．案例分析

**广告案例一**

**培训信息**

亲爱的公务员考生：面试准备快人一步，公考路上步步为赢！仕捷成功面试分享会将于11日浓情举行，还有免费面试测评等你来！咨询电话：2870××××仕捷教育。

**案例解析**

这则广告是针对性极强的广告文案，有受众群体，针对公务员有一定的诱惑，有免费的字样，吸引你来咨询，提供了电话，没有过多的文字。不会引起接受者的反感。

**广告案例二**

IT 产品信息类

白色iPhone4 现已上市，建行信用卡分期付，月供245元即可享有；iPhone3 同步上市，月供仅需166元。咨询电话：2299××××(湖南建行)。

**案例解析**

这则广告，信誉度高，建设银行推出的一款信誉卡，来营销白色iPhone4，低廉的月供，直接写明目的，提供电话号码，供有意者联系，广告成本低。

### 8.3.3 网络流媒体广告文案

1．网络新媒体广告的文案

网络广告是一种新型的广告形式，它是商家促销的主要形式，同时也是商家与消费者之间进行信息交流的主要形式。网络广告能否对网络消费者产生影响，达到预期的广告效果，一定程度上取决于网络广告文案的创意、表现形式和特点、写作技巧等。

(1) 超文本性，网络广告通过互联网，把相关的广告信息通过链接组织在一起，不间断地传播到世界各地。网络消费者一层一层的点击，可以深入到无穷无尽的网络信息世界。这就要求网络广告文案的作者具有超文本的写作能力，在文字文本的基础上，轻松插入图片、声音和视频，提高广告内容表达的准确性。

(2) 简洁性，网络广告语言要简洁精炼、通俗易懂，并且赋予新内涵。同时广告语言尽量使用短标语、短文案。网络广告的标题和正文往往合二为一，用简短的几个词组甚至是几个字，起到吸引受众注意力和传达信息的作用，要具有诱导性、号召性。至于对详细的广告信息和电子商务内容的了解，可以通过吸引受众点击链接到企业主页中。网络广告文案的写作，一定要做到开门见山、直截了当，真正做到“立片言以居要”。

(3) 交互性，互动理念是网络广告超越传统各媒体的本质性特征，现在人们多关注或热心那种依靠强迫手段占领手中桌面的强迫性网络广告形式，而较少关注广告文案的表达技巧。从最早的气质广告、固定图标到飘动图标、弹出广告、整屏广告，网络广告形式的不断发展使得网民急切地想躲开强迫性网络广告的干扰，浏览一个干净的网页越来越难了。

网络广告文案写作应针对个性化的网民需求，吸引他们的主动注意和兴趣，采用能够促使网民积极参与的文案形式，有效引导网民关注广告信息。由于网络广告的载体基本上是多媒体、超文本格式文件。因此，只要受众对某种产品或服务感兴趣，仅需轻按键盘鼠标就能进一步了解更多、更为详细、生动的信息，甚至可以在虚拟环境下，让其亲身“体验”产品和服务。网络广告媒体的互动性，是其他广告媒体难以做到的，这有助于提高网络广告信息对受众的相关性，广告代理商能够顺应客户的要求投放广告，并为不同的受众制作不同的广告文案内容，从而增加网络广告的宣传效果。个性化的网络广告文案能够使网络广告回归“双向互动”的本质，回归“受众本位”的优势，树立网民对网络广告的好感与信心。

2．精彩案例及分析

**广告案例一**

**百事鼠洞篇**

百事减肥可乐所做的平面广告。猫喝了减肥可乐钻进了老鼠洞，其创意概念很清晰地把减肥可乐的功效告诉了我们，如图8.38所示。

图8.38　百事减肥可乐平面广告

**案例解析**

图片很完整地传递了产品的核心概念，文案自然无用武之地。百事推出一款减肥可乐，由于其品牌知名度已经很高，作为市场的领导者，其广告不需要连篇累牍介绍品牌历史。而可乐又是同质化程度相当高的产品，也不需利用文字费力宣传和解释。其创意的核心概念在于普通可乐热量和糖含量极高，而减肥可乐则很好地解决地这一问题。广告中利用猫喝了减肥可乐钻进老鼠洞这一创意，很好地传达了产品的功效。著名创意人、前奥美广告创意总监高祖侃认为：“对于很多成熟的产品，当诉求已经广为人知或者没有所谓的USP(独特的销售主张)时，用文字的方式重复传达诉求对消费者而言常常是一种‘疲劳的轰炸’。”

## 广告案例二

**三毫米的旅程，一颗好葡萄要走十年**

三毫米的旅程，一颗好葡萄要走十年，
三毫米，瓶壁外面到里面的距离，
一颗葡萄与一瓶好酒之间的距离。
不是每颗葡萄，
都有资格踏上这三毫米的旅程，
它必是葡园中的贵族，
占据区区几平方公里的沙砾土地，
坡地的方位像是为它精心设计过，
刚好能迎上远道而来的季风，
它小时候，没遇到一场霜冻和冷雨，
旺盛的青春期，碰上十几年最好的太阳，
临近成熟，没有雨水冲淡它酝酿已久的糖分，甚至山雀也从未打过它的主意，摘35年葡萄的老工人，
耐心地等到糖分和酸度完全平衡的那一刻，
才把它摘下，
酒庄里最德高望重的酿酒师，
每个环节都亲手控制，小心翼翼。
而现在，一切光环都被隔绝在外，
黑暗潮湿的地窖里，
葡萄要完成最后三毫米的推进。
天堂并非遥不可及，再走十年而已。

图8.39　平面广告

## 案例解析

文字当中仅有一颗葡萄的形象，并不能很完整传递出“天赋灵犀，地道好酒”的概念，配合上面的文字，则构成了一则完整的创意作品。整个文字非常流畅、大气，给人荡气回肠的感觉，如图8.39所示。

### 8.3.4 移动广告文案

1．特点

随着数字技术的发展，新媒体家族正在不断涌现出新的形式，相应地，广告也在努力突破传统媒体的限制，与新媒体融合并不断制造出新的广告表现形式。而广告形式的创新，又必然会引起广告文案写作的变化。

首先，由于目前广告可投放媒介的多样性，广告主也更希望自己产品的宣传广告投放在不同的媒体之中，但是出于经费上的考虑，广告主往往更喜欢可以移植的广告形式，即同一则广告可以在不同的媒介形式中得到体现——一则在电视媒体上播放的广告，同样可以搬到网络媒体、移动电视、地铁电视、手机媒体等不同的媒体上去播映，这样就不必在不同的广告发布渠道中花费不同的广告费用，达到一则广告多种用途的目的。由此可以发现，新媒体广告首先在性价比上就占据了巨大的优势。在文案方面，这种优势则体现在了写作的自由性上。由于广告传播媒介在新媒体时代具有了多元性特征，这也意味着文案写作形式的种类增多。因此，广告文案的写作形式比起传统电视广告来说限制力更小，从另一个角度来讲，文案写作形式上的自由性得到了极大地增强。

其次，新媒体时代是一个互动传播的时代，同时，新媒体也处于一个“读者”占中心地位的后现代语境之下。新媒体最大的特点即是互动性。因此，新媒体广告的文案写作充满着互动性的色彩，互动性文案写作产生了的互动性广告受众，他们可以自主地读取对自己有用的广告信息，并将不相关的广告进行自觉的屏蔽。而传统电视广告的无互动性、强制传播性，越来越成为阻碍电视广告发展的瓶颈。

最后，微型化趋势。微型化趋势主要体现在手机媒体广告以及网络微博广告身上。由于手机平台自身的特点，导致了其文案的微型化特点。以手机短信广告为例，由于一般的手机短信篇幅都是短小精悍的，因此手机短信广告文案的容量也往往控制在100字以内。另一方面，近几年兴起的网络微博也渐渐走入广告主的视角。由于新兴事物的广泛关注性，微博广告营销也成了热门的话题。以Twitter为例，在Twitter被众多社会名流捧红后，越来越多的企业也将其作为一种营销工具，加入了“织围脖”的阵营中。由此看来，微博虽“微”，但是却能够“四两拨千斤”，为广告主带来丰厚的销售收入。微型化是新媒体广告文案发展的一个重要方向，这种只需要简短的几句文字，甚至在文案写作时根本就不必考虑画面构图的文案写作形式，与传统电视广告文案对比起来具有了很大的优势：不必去考虑大量的书面文字，不必去考虑适合文案的镜头逻辑，更不必投入过多的时间。

2．案例分析

**广告案例**

**步步高音乐手机在网站上投放的旗帜广告**

共有两个画面，文案分别为“元旦快乐！步步高音乐手机祝您随心而乐！”“给力！魔法礼物免费随意送！”

### 案例解析

很显然，这是在元旦期间投放的网络广告，所以文案开头向所有用户致以节日的问候，时效性强且颇具节日气氛；紧接着祝所有用户“随心而乐”，一语双关，既表示任由心绪飞扬的快乐无边，也表示用步步高音乐手机听音乐，能够享受心灵与音乐的交融，突出了产品带给用户的第一个“利益点”；而“给力”一词，是近期最热门的网络流行语，意思接近于“牛”“很带劲”“酷”等词语，用于此，既与网络特点异常吻合又突显出品牌“与时俱进”的精神；最后，“魔法礼物免费随意送”将神秘与“实用主义”完美结合，道出了产品的第二个“利益点”，使受众迫不及待点击广告，产生一探究竟的欲望。

## 8.4 服务及其他行业广告文案

服务业已成为现代社会的重要产业，已深入现代生活的方方面面，传统的服务形式不断发展，新型服务也不断涌现。

广义的服务包括营利性服务和非营利性服务两大类。法院、警察、消防部门及社会公益机构属于非营利性机构，提供非营利性服务；航空公司、酒店、保险公司、律师事务所和各种咨询机构属于营利性机构，提供营利性服务。和生产企业、销售企业一样，服务企业也需要开展营销和广告活动。

服务广告文案的特点如下。

1) 无形性

服务并非有形实体，在服务被购买之前，消费者看不到它、摸不到它，甚至无法感受到它。例如“美容手术”是一种服务，只有在做了手术之后，消费者才能见到它的效果。

2) 不可分性

实体产品先被生产出来，经过一定的流通渠道进入市场，生产过程和消费过程是分离的，而服务产品要依靠服务的提供者才能存在。如果服务是以人为基础的，那么提供服务的人就是服务的一部分，如果服务是以设备为基础的，那么设备也是服务的组成部分。此外，对于相当多的服务，生产过程和消费过程是不可分的，服务的提供者和消费者必须同时存在，如航空客运服务就只有在有飞行员驾驶、有空中小姐服务的飞机上才能进行，而且没有乘客也不能实现。

3) 易变性

实体产品一旦被生产出来，它的形态、性能、品质就是确定不变的。而服务则不同，同一种服务常常因服务提供者的不同而有不同质量，即便是相同的服务提供者，也很难保证随时随地都保持相同质量。

4) 时间性

服务不能储存。比如一个剧院在不同场次，上午上座率可能只有50%，而在晚场却有许多人买不到票。但是它并不能在两场之间调剂余缺，因为无法将早场空余的座位存起来移到晚场。

### 8.4.1 商店、百货公司、专卖店

1．文案特点

文案精确是商店、百货公司、专卖店广告文案的重要特点，相对来说人们对这些广告文案不会引起人们太多的注意力，大多数人也只是顺便看一下，这就要求广告文案简洁明了、高度浓缩，抓住人们瞬间的注意力，力求用最简短精确的文字语言突出你的服务特点。

2．精彩实例及简评

**广告案例一**

**“今年”，怎么办？**

正文：节日的来临，使商场经理(特写)大伤脑筋。本商场货色齐全，价廉物美，节日优惠酬宾。“前年”(字幕，随叮铛一声)这个时候，3名职员受伤(画面人并排苦笑，全身扎着绷带)，“去年”呢，又有3名受伤(绷带更厚)，“今年”，怎么办？门外又是热情的顾客驾到的声响，商场派谁去开门迎接呢？经理耸耸肩膀，叮当一声响，推出商场名！

**案例解析**

这则电视广告的表现手法令人耳目一新。显然，是因为顾客众多，拥挤不堪，致使开门的职员接连因公受伤，现实中的意外竟衬托出该商场生意兴隆的得意。诙谐的表现方式通常最容易引起受众的注意。比那些每逢节日，商场经理在荧幕上正襟危坐，祝贺消费者万事如意，欢迎大家来商场购物的广告要强得多。

**广告案例二**

**像个笨蛋吗？**

背景故事：像个笨蛋吗？本世纪最伟大的科学家爱因斯坦是出了名的不注意仪表服饰的人，如图8.40所示。刚到美国时，一位朋友在街上碰到他，惊讶地问：“你怎么穿着这样的旧衣服就上街了？”他说：“我刚到这里，反正谁也不认识我。”又过了好几年，这位朋友又在街上看到他，还是老样子，就问：“你怎么还穿着这样的旧衣服上街？”他说：“反正这里人人都认识我了。”这也可能是笑话，但爱因斯坦不重修饰却是出了名的，他那张最有名的标准像就是头发蓬乱、两手交叉着支在下颚上，完全没有一点儿摆样子的痕迹。可也就是这张标准像竟然被一位商人看中拿来做了广告，在广告中爱因斯坦头像的旁边印了一句话：一个蹩脚的理发师会把任何人弄得看上去像笨蛋。——君若理发请至南八街七号。

正文：一个蹩脚的理发师会把任何人弄得看上去像笨蛋。

——君若理发请至南八街七号。

图8.40　爱因斯坦

**案例解析**

爱因斯坦曾经说过："幻想比知识更重要。"这位理发店老板可谓深得其中精髓，把想象力发挥得尽善尽美。爱因斯坦当然不是笨蛋，相反可能是20世纪最聪明的人，但若不是几乎"天下无人不识君"，又有谁能从那不加修饰的外表上看出这一点呢？也正是因"天下无人不识君"，用它来做广告才会有强烈的戏剧效果。

**广告案例三**

**药到"命"除**

正文：生病吃药本该对症下药，以收药到病除之效。但据专家表示，国人常服成药，位居世界第一。这种未经合格医师诊断，擅自服药的习惯，往往造成药到"命除"的不幸事件。造成这种危险性的原因是：市面伪药太多。所谓伪药就是指假药、劣药、禁药及其他违法药品。据省卫生处调查，台湾地区平均每年查获伪药案件多达150件(实际存在情形还不止此数)；被查获的只是众多伪药中的一小部分。由此可推断，伪药在全省药品中占有相当高的比例，实在是太可怕了！

吃了伪药，后果严重：因为伪药毫无药效可言，同时那些缺乏药学常识制造假药的不法之徒，采用廉价类似的原料来做代用品，大多含有致命毒性；即使毒性较轻，也有害于病情，延误正确治疗时间，更是戕害健康，甚至贻害子女，遗憾终生。有病找医生，不要乱吃药；因为病人体质各异，病情轻重不同，各种药品的治疗效果又不一样，不经诊断而乱服成药，未必可以治疗，何况自己乱吃成药是这样危险，岂可掉以轻心？生病时，还是请到合格医院诊断，按照医生处方，向指定的药房购买，确保自己的健康、幸福，如图8.41所示。

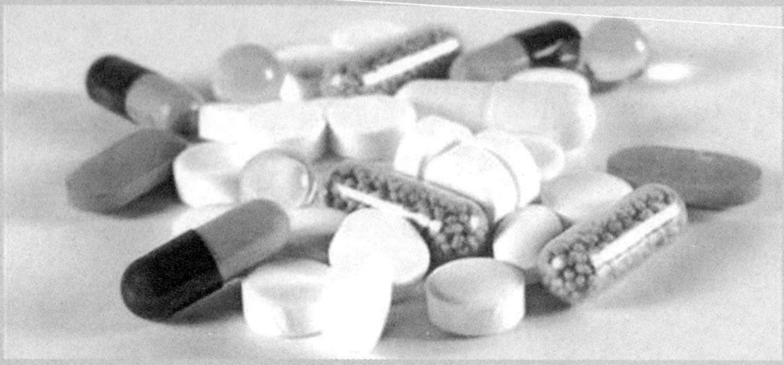

图8.41　多种药丸

**案例解析**

这是台湾的一则药品广告，通过以人们熟知的成语“药到病除”相反的标题“药到‘命’除”，给人造成一种悬念，从而吸引读者的注意力，然后通过合理、不断深入的论证，使人看后心悦诚服地接受广告的诉求。表面劝消费者不要到不合格的医院看病，不要到没被指定的医药商店买药，显得非常至诚至善。但实质上又在宣传自己：本公司的药是真药，只有在合格的医院和医药商店才能买到。

**广告案例四**

**英国布莱维尔书店的门前挂有这样一则广告牌**

正文：朋友，当进入布莱维尔书店的时候，请您放心，不会有任何人打扰您的阅读，我们的店员只有在您需要的时候才为您服务，您不招呼，他们决不打扰。无论您是购书还是阅读，我们都欢迎。这就是布莱维尔书店一百多年的传统，如图8.42所示。

图8.42　书

**案例解析**

善解人意的店主，令人轻松自在的购书环境，竞争力就体现在这里。

### 8.4.2 餐饮、旅馆、旅游及娱乐业

1. 特点和写作方法

美食、格调、气氛是餐饮服务广告的三大诉求重点。

对于现代人，出外就餐已经不是纯粹为了果腹，而是为了享受和体会一种与家庭氛围完全不同的格调和气氛，因此餐饮服务的广告不但要突出美食的诱惑，还要诉求对象感受到他们所向往的氛围。

专家提示：

因为旅游者大多没有亲身到过目的地，所以在旅游观光广告中，详尽描述或生动展示旅游胜地的特色是吸引诉求对象的有效手段。同时，游山玩水已经不是旅游者的唯一需求。他们更看重从旅游观光中获得的感受，所以表现良好的感受也能有效激发诉求对象的向往。

另外，一部分主题餐厅具有特别的风格，要以格调个性和情趣的诉求引起诉求对象的共鸣。

旅游地特色和从旅游观光中获得的休闲娱乐感受是旅游观光广告中的两大诉求方向。

旅游观光广告的诉求对象主要是消费者个人，广告的整体风格应该轻松而富有情趣。

2. 精彩实例及简评

**广告案例一**

**吃与品尝**

正文：如果您要了解吃与品尝的差别，您就能体会到国宾大饭店与其他饭店有所不同。

在国宾，我们提供的不仅是国际性水准的住宿与餐饮服务，更重要的是我们让您感到国宾丰厚的内涵——精致、细腻，以及历经时间检验、孕育成功的独特风格，就像国宾珍藏的夜宴图一样。我们衷心盼望所有光临的贵宾都能亲自体会到其中传达的无限情趣。

您能分辨吃与品尝的差别吗?

当然可以!

那么，您一定能体会到国宾是一家最具有规模和水准的国际观光大饭店。

欢迎光临台北及高雄国宾大饭店。

国宾大饭店的内涵，需要您亲身体会：亲身体会，感受最深。

## 案例解析

这篇广告文案采用优美的词语，绘声绘色的叙述和描写，引发目标受众对饭店服务亲尝一试的向往。

## 广告案例二

### 台北兄弟大饭店

正文：我们的心，永远记得故乡的口味。
一如我们的脸，
总是重复读着故乡的书信。
我们的眼，永远辨得出故乡的口味。
一如我们的脸，
总在梦里，对着故乡的情人。
我们的嘴，永远熟悉故乡的口味，
一如我们的心，
总像流云，朝着故乡的方向，
我们的舌，永远恋着故乡的口味。
一如我们的心。
总在夜里，缅怀故乡的亲友。
4个月，4年或40年，转瞬消逝了，
或许，故乡的人、事、物，已不复往昔，
但是，熟悉的乡味与乡思，
依然扣人齿颊，怀念不已，如图8.43所示。

图8.43　台北兄弟大饭店

## 案例解析

由于现代社会人们流动性极大，思乡情绪非常浓重，各饭店餐馆亦不失时机地推出各地风味美食，借机生财。

## 广告案例三

### 朋友，欢迎您来楠溪江旅游

正文：楠溪江，清澈的江流，明碧的深潭，具有漓江的风采。倚天的峰峦，飞泻的悬瀑，深邃的洞穴，又有雁荡山的情怀。陶公洞，千仞绝壁，一洞中开，号称天下第十二福地。十二峰的造型各异，步移景换，犹如一卷神奇的写意画。啊！更有鲜美的鲜鱼、爽口的柚子、香甜的板栗供您品尝。

朋友，欢迎您来楠溪江旅游！

**案例解析**

这则广告着重讲述了楠溪江风景区水之明媚，山之奇丽，物产之丰富……通过这幅广告，受众不仅对楠溪江的秀美景色心驰神往，那独具特色的风味小吃也让人垂涎欲滴，如图8.44所示。

图8.44 楠溪江

### 8.4.3 房地产

1．特征

1) 对房地产信息进行细致、全面、具体的介绍

促使消费者产生兴趣和购买欲望，最终促使购买行为的产生。因为房地产属于高卷入度商品，无论广告信息如何丰富，消费者也不可能在未充分了解商品的情况下仅凭广告就做出冲动购买的行为。因此，房地产广告文案首先必须引起消费者的注意，由注意产生兴趣，由兴趣产生欲望，最后做出购买决策。

2) 房地产广告的目标针对性强

例如，针对工薪阶层的房地产广告，主要强调优惠的价格、方便的交通、合理的结构等，采用简单、直接的表现风格；针对富裕阶层的房地产广告注重突出其舒适、高雅的环境，所代表的高贵的社会地位等；针对购房出于投资获利目的的消费者，其广告强调房产能给消费者带来的巨大经济利益。

3) 诉求品牌个性，体现品牌背后蕴含的文化气息

通过对目标消费者对家、对生活概念独有理解的把握，找到最能代表或体现目标消费者对家庭、生活概念理解的产品关联性，以此突出产品特性，树立品牌个性化。

2．写作方法

1) 讲求事实，用事实说话

房地产广告的最终目的是促进房产销售，广告的创作目标是卖出房子而不是广告本身，因此房地产广告一定要让消费者观文而知房产，要用“摆事实，讲道理”的方式向消费者传达所要推销的房产的特点，不能误导消费者。

专家提示：

住房是当代人最大宗的消费，消费者在选购时最为慎重，需要仔细比较房屋的各种基本特性：面积、户型、地理位置、交通条件、价格、配套设施和社区环境等。因此，房地产广告应该事先提供充分信息。因电视广告制作周期长，不适合根据销售情况随时调整广告内容，而且信息容量有限，绝大部分房地产广告使用平面媒介。

2) 语言简洁明了

的确有些房地产广告的文案文字优美、令人回味无穷，但须知，广告文案毕竟不是散文、诗歌；广告文案创作也并非是文学艺术的创作。因此，作为现代产业，就应该用现代的语言向消费者传达有关信息，避免单纯为了“求异”而使用生僻字、词汇拼造、语言晦涩，这样很容易走进“仿古”误区。

3) 要赋予广告情感

情感是世间永恒的话题之一，也是人与人沟通的基础。用富有感情的笔调去创作广告文案，必能打动消费者。根据房产产品的不同特性，适时地把亲情、友情、爱情等情感融入房产广告文案中，不仅赋予了产品生命力，更重要的是能让消费者从中感受到企业浓厚的人情味，从而激发产品与消费者间的共鸣，由此建立起一个产品或品牌最重要的价值——顾客忠诚度。

4) 合理运用不同的诉求方式

广告文案的效力要借助诉求方式才能得以发挥，相对于其他产品广告而言，房地产广告更需要采用理性诉求，但又不能仅停留在理性诉求上，它同时需要借助某些感性的生活概念。因此，在进行房地产广告文案的创作时，要针对不同的房产、不同的诉求对象采用不同的广告诉求方式。

5) 力求结构清晰、诉求简洁单一

撰写房地产广告文案时，要注意先后有序、主次分明，对于重点要不惜笔墨、贯穿始终；对于次要卖点或不是很有吸引力的内容要惜墨如金、点到为止。在文字表达上要做到文笔流畅、简洁朴实；在表达方式上应该能引人入胜，吸引消费者的注意力。

3．精彩实例及简评

**广告案例一**

**绿地海棠湾**

正文：四十九万方，品质大盘；
大族领事阶层，第一居所：
绿地海棠湾。
绿地集团，
中国企业百强，中国驰名商标。
在以房地产为主业的集团中排名第一。
遍及上海、北京、天津、重庆、广州等全国24个省共60个城市，
目前建成及在建超高层和城市地标建筑达15幢，
其中3幢超高层建筑位列世界排名前十。
龙港新城：规划到2015年，建成500平方公里、50万城市人口；
到2020年，建成80平方公里、80万城市人口局中心城市的战略目标。
绿地海棠湾位于大足区龙港核心区，
它北临南二环路，东临三角山公园，
距城南中学、三甲医院、新行政中心、新体育馆等仅1分钟车长。

景观高层、独栋商业、滨水洋房，
国际一流的规划设计，每一处细节都精雕细刻，
是东方建筑艺术与城市生活的完美结合。
以东西向景观水域为中心，以南北向景观为主轴，
划分为北区的洋房组团，收视景观光区，链接独断商业。
小区里面配套齐全：乒乓球场、羽毛球场、篮球场、
儿童游戏场地和综合健身场地、游泳池等一应俱全。
以最美的园林做屏风，天赋美景不可复制。
国际前沿生活，有声有色，
大型shop网、餐饮、休闲于一体，精彩分层。
绿地海棠湾，比肩世界的精彩。

## 案例解析

该文案是绿地海棠湾广告文案。先是给购房者展示了地绿集团的实力，然后展示了对未来的规划，目的是给消费者以安全的保障。继而再宣传海棠湾的周边设施、内部环境和配套设施，让消费者感受国际的先进的城市生活环境，追求品质精神，如图8.45所示。

图8.45　绿地海棠湾

## 广告案例二

**依云上城，让世界赞叹的上城**

正文：亚艺世界级园林、样板房，周末盛大开放

约107～142m²中心园景洋房

登记即享受9.7折

电话：××

地址：××

## 案例解析

该文案以诉说的方式，引起诉求对象的兴趣，并以“依云上城”引导受众去联想都市生活中难以看到的景象。将充满趣味画面展现在受众的脑海中，引导受众想象云端贴近自然的宁静生活，如图8.46所示。

图8.46　依云上城

**广告案例三**

**名人雅士，和睦是金——广州首席成型文化生活社区**

正文：暨南花园前期已入住相当部分暨南大学的教授、学者以及其他高素质人才，孕育和营造小区和谐的生活品位。入住期间，邻里和睦已蔚然成风。

**案例解析**

该广告文案用简洁明了的语言，采用独特的文化诉求，利用中华民族传统美德的“邻里和睦”观念，以教授、学者以及其他高素质人才入住暨南花园的特殊文化氛围为主体诉求，因而容易获得具有一定文化素质的消费者的认可。

### 8.4.4 保险业

1．特征及写作方法

保险服务既可以提供给个人，也可以提供给组织机构。但无论是个人消费者还是企业消费者，他们的消费都会非常慎重，会以自己的利益为第一关心点，同时选择可信的企业和周到的服务。

因此，保险服务的广告应该以严肃认真的风格突出以下几个诉求重点：消费者利益，对消费者的关心，企业信誉，周到的服务。

2．精彩实例及简评

**广告案例一**

**我爱你，可爱的Jenny Katherine……我想告诉你一件非常非常重要的事情，你爸爸投资了**

正文：(画面为一位年轻父亲抱着一个刚出生的婴儿)

Bill Heater

年龄：30，已婚，两个孩子

收入：个人收入35000美元

估计支出：所得税8500美元，房租8500美元，衣、食、保险13000美元，合计支出30000美元

需要：全家长期安全、建立投资

解决方案：John Hancock多种形式人寿保险——有以下几种投资方式可供选择：股票、债券、金融市场、风险股票和总偿付

Bill Heater对他全家的未来感到放心，因为他在John Hancock人寿保险公司投了保。这份保单不仅保证他能得到一笔死亡保险金，而且还为他提供了通过

不同投资方式来赚钱的机会。此外，他还可以根据自己的需要和市场行情的变化改变投资选择。

欲知多种形式的人寿保险方面的详情(包括费用和开支)，请与John Hancock代表处联系，索取简章。请你投资之前，仔细阅读简章。

美好的生活离不开人寿保险。

## 案例解析

这则广告通过介绍一个典型消费者的个人情况，既有感性诉求，又有理性诉求，以一个父亲对家人的关爱及他对家庭承担的责任获取消费者的情感支持；以对企业服务的理性介绍确立其在消费者心目中的可信任度。该广告文案虽然没有运用新奇、独特的说辞，但其朴实、合理的语言风格，更能令消费者信服。

## 广告案例二

### 活着需要保险赔偿

"我的心脏"

男人声音：当我在图书馆的台阶上初次见到萨拉时，我发觉我的心脏漏跳了一拍。

在世界系列大赛的一局中，当唐·拉尔森投了一个坏球，我的心脏几乎完全停止跳动。

在2004年那庄重的一天。

我感到心跑到了我的胸口。

并且，在那惊人的一瞬间，当人们都随着跨出"人类巨大的一步"时，我的心几乎因自豪而爆炸。

但是去年，当医生告诉我的心脏衰竭了，如果……

不做心脏移植，我就活不到6个月了，那时我的心脏卡进我的喉咙。

播音员的声音：一年以前，Prudential创造了"活着需要保险赔偿"，现在晚期病人能……

在仍然活着的时间内领取他们的死亡赔偿费，并且按照他们的意愿来使用。

男人的声音：现在我活得很好，我想到了移植器官提供者，我想到了他的家庭。

……很自然，我的心走出去和他们在一起了。

播音员的声音：要想得到信息，请打电话给××。

广告语：活着需要保险赔偿。

**案例解析**

这是一则60秒的电视广告文案，广告引入了目标主顾中的一员——位需要心脏移植的男病人，以他为叙述主体，用第一人称“我”讲述了有关“我的心脏”的一些事情，最后道出“我”必须做心脏移植手术。在广告中，广告安排了另一叙述主体——播音员，通过播音员的叙述来告诉人们稳妥保险公司创设了一项“活着需要保险赔偿”的保险业务，它允许晚期病人在仍然活着的时间内领取他们的死亡保险赔偿费。显然，这一则电视广告引入了受众中的一员，通过他来陈述了大部分广告信息，如果将由播音员叙述的告白式信息改由前者来说，则广告会显得很生硬，缺乏广告所必需的自然真切感。广告安排两个叙述主体，将告知内容通过播音员以旁白的形式来告诉受众，方才显得较为贴切。因此，为了全面而充分地表述广告信息，在广告文案中应该根据创意和信息表述的需要来适当地采用不同的叙述视点。

**广告案例三**

画面：一个手捧谷筐的农夫沉浸在丰收的喜悦中，在夕阳西下、落霞齐飞的时光中归去。

当晚霞消逝的时候。

大都会保险公司。

**案例解析**

夕阳无限好，只是近黄昏。广告提醒人们不要单单沉浸于现在的美好中，要有危机意识，做好养老保险。

### 8.4.5 新闻出版业

1．特征及写作方法

报刊图书的读者范围比较固定，所以这类广告的文案应做出内容范围的介绍，如经济、文学和社会等，以便读者加以区分和选择。在实事求是的基础上，报刊图书的阅读效果或者说教育目标，也可加以评说。

一般来说，报刊、图书广告文案应该严肃、正规，但文学类图书和社会类报纸杂志可以根据各自的具体风格做个性化处理，效果较好。

2．精彩实例及简评

**广告案例**

画面是一个方块展示的是Business Week，整个版面占据了2/5版面，吸引读者的眼睛，另一个画面是人戴一副“有色眼镜”，如图8.47所示。

BusinessWeek
August 1, 2005
Special Report
60 Get Creative!
New design strategies and a fresh cadre of innovation gurus are helping executives build creative corporations
60
INNOVATION TO THE RESCUE
As more of the Information Economy moves overseas, companies embracing creativity can stay on top
News: Analysis & Commentary
28
MR. ROBERTS
The judge would give a lift to the big bench's business IQ
98
CLUB PARADISE
The swankiest courses of all
BusinessWeek
April 18, 2005
68
OUTSIDE THE BOX
Think IBM and you think tech services, right? Sam Palmisano has a different idea of what Blue should be
Cover Story
68 IBM: Beyond Big Blue
CEO Sam Palmisano has a strategy so bold it would be laughable if it weren't so serious. His goal: Free IBM from the confines of the $1.2 trillion computer industry. Palmisano is deploying Big Blue's vast in-house resources, from programmers to research scientists, to help the likes of Marathon Oil and Procter & Gamble rethink, revamp, and even run their businesses—everything from accounting and customer service to human resources and procurement. In short, he wants to be the makeover artist to Corporate America
News: Analysis & Commentary
46
AFTER JOHN PAUL
The challenges facing the Church
78
BIG NUMBERS
A tally of this year's executive pay

图8.47 Business Week

## 案例解析

这则广告文案以说明的方法寻求受众的理解与需求。它的特点是对广告内容的实体部分进行类别或品质的界定、比较，达到受众对广告信息加深认识的作用。

美国Business Week(《商业周刊》)，系全球销量第一的经济杂志。本刊——《商业周刊》中文版(原《国际商业与管理》)创刊于1986年，由美国麦格劳·希尔公司(MC Graw-Hill Inc．)与中国对外经济贸易出版社合作出版。

本刊内容全部选自原版文章，旨在传播介绍世界经济、贸易、商品、投资、市场、金融、营销、科技和新兴产业、社会问题等权威的信息。它特别有助于决策者掌握市场行情和提高企业管理水平，是管理人员、经济贸易界人士、科技人员、师生学者等各界读者不可多得的参考读物。

## 广告案例二

**美国一则关于一本书《减肥指南》的广告**

正文：她：“对不起，请问您是最后一个从洛杉矶来的飞机上下来的乘客吗？”

他：“当然是喽，我下飞机后就只剩下飞行员了。”

她：“那就奇怪了，我丈夫也是搭这趟班飞机回来的，可我怎么没有看见他呢？”

他："他长什么样子呢？"

她："个头跟您差不多，就是胖些，还有点溜肩。"

他："溜肩？我没见过这样的人。"

她："噢！"

他："我也感到奇怪，我妻子说要到机场来接我，怎么没来呢？请问您是不是见过一位女士，个头跟您相仿，胖墩墩的，屁股还有点大。"

她："没见到。咱们去机场服务处打听一下吧？"

他："好呀。"

她："来，我帮您提这只大手提包吧。"

他："您知道应该怎么提吗？"

她："知道，我刚从柯莱格小姐《减肥指南》上学了正确提拿重物的姿势。"

他："怎么，您也读过《减肥指南》？"

她："是啊，全书21讲，专教男女减肥方法的。"

他："真是太巧了。我在洛杉矶也买了柯莱格小姐的这本书，而且每天在旅馆里按她教的方法练习。如今我的腰围已经减少了3厘米了。"

她："练习起来还挺容易的，是吧？"

他："容易极了，而且真管用。"

她："看您手提包上的名片，您也叫杰克吗？"

他："怎么，您也叫杰克吗？"

她："不，我丈夫叫杰克，我叫茱莉亚。"

他："那就太奇怪了，我妻子也叫茱莉亚。"

她："杰克！"

他："原来是你呀，茱莉亚！"

她："可不是吗？"

他："你可真苗条多了。"

她："你也完全变样啦！"

他："我都不敢认你了。"

## 案例解析

用这种方法(讲故事)，你就能迎合顾客、吸引顾客的注意，使顾客产生信心和爱好，进而毫无困难地达到销售的目的。一个生动的小品式广告文案，通过夫妻两人体重减轻，形象改变以致相互不认识这一夸张的情节，表现了《减肥指南》杂志上减肥方法的非凡效果。

**广告案例三**

**股**

三角钱能变成多少钱?

小标题：小钱变大钱，买股读本报

正文：《中国证券报》依凭新华社遍布全世界的记者网络和先进的通信手段，将全部、准确、及时地报道国际有关证券政策，普及有关股票知识，传递各地股市行情，分析国内外股票市场，介绍国际股市风云，透露赢家诀窍。

**案例解析**

这是《中国证券报》上的征订广告，当时的《中国证券报》定价是每份三角钱，该文案将“股”和“三角钱”作为标题的创作重点，用“小钱变大钱”来吸引目光，然后将该报社的实力展示给受众，用实力来证明订购此报“真能解决问题”。可以看出，这则广告文案虽短，但“提问法”“论证法”“解决问题法”都暗在其中，文案的作者定有深厚功力，如图8.48所示。

图8.48　中国证券报

## 8.4.6　公交、出租汽车和航空客运

1. 特征及创作方法

对于公共汽车、地铁、城市轻轨和短途铁路客运，消费者最为关注的是时间、路线、班次等方面的便利性。同时，因为它们是每天都要乘坐的交通工具，服务的人情味也能给诉求对象以良好的印象。

便利性和人情味是公共交通服务的两大诉求重点，广告的内容总体上应该亲切、自然、人性化。

方便、快捷是出租汽车的特点，此外良好洁净的乘车环境及礼貌周到的服务也是消费者关注的重点。

广告的诉求重点应放在服务的细致周到和对乘客的关怀入微上。

专家提示：

便捷是消费者乘飞机旅行的首要原因，但在诸多航空公司之间如何选择，则取决于不同航空公司能提供什么样的服务——舒适性、餐饮、娱乐以及对乘客的关怀。

因此，航空客运服务的广告有两个主要的诉求重点——便捷和舒适，而且对舒适程度的承诺更加重要。

2．精彩实例及简评

**广告案例一**

## 国泰航空公司

正文：一家航空公司特别优越出众，原因何在？很简单：服务人员表现出色，能对乘客照顾得无微不至，使乘客有宾至如归之感。

“国泰”的服务人员，处处替乘客着想，事无大小，均乐于效劳。因此，“国泰”航空公司为亚洲首屈一指的航空公司，亦是理所当然！

您下次到亚洲公干或旅游，请搭乘服务出众、胜人一筹的“国泰”航空公司的班机，如图8.49所示。

图8.49　国泰航空

**案例解析**

文案的宣传重点放在服务员的出色表现上，周到的服务帮助这个航空公司成长为亚洲最好的航空公司，以劝导方式结尾，给受众带来的心理暗示作用不可忽视。

**广告案例二**

## 东方航空公司

正文：(歌)在我的家乡——老圣佐安，留有多少我童年时代的梦想，朦胧的初恋与啁啾刻骨铭心。然而有一天，是命运的召唤和安排，我着陆在异国他乡，可我的心却滞留在大海的另一边——我的家乡老圣佐安。

(白)东方航空公司，40年来，把天各一方的皮尤托里肯家族成员的心连在一起，东方用羽翼将无数的梦变为现实。

(歌)终将有一天，我要返回老圣佐安，重温我的爱情，重温我的梦想。

案例解析

现代航空公司广告大都采用温情式表达，但以空中小姐笑迎和劝说居多，主要诉求安全和服务。本广告选择一个具有代表性的家族与东方航空公司的密切关系，表达东方航空公司数十年如一日地奉献爱心，从创意来看诉求点比其他航空公司广告高出一筹。从艺术表现来看，由于情感抒发真实细腻，所以极具感染力。

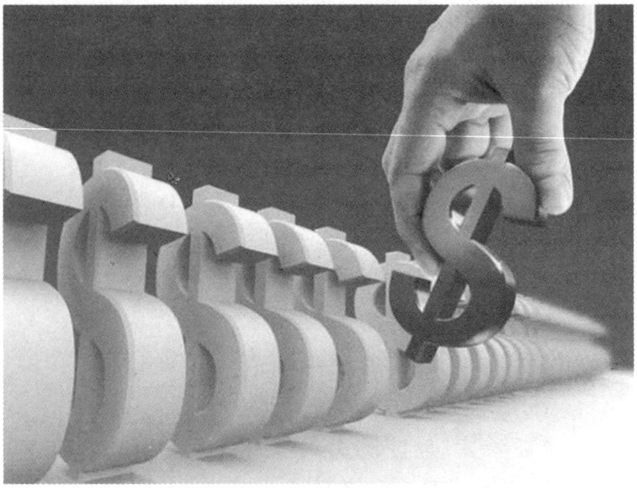

图8.50 金融行业

### 8.4.7 通信、金融

1．特征及创作方法

通信广告文案的诉求重点主要是放在新增的服务项目和方便快捷上，另外由于人们使用通信的频率高，要求提供廉价服务项目也是通信广告文案的另一个诉求重点，如图8.50所示。

就实际情况而言，人们对金融机构的要求是提供更方便的服务和因此带来的相关利益上，因而广告文案应在这方面下功夫。

2．精彩实例及简评

广告案例一

**母子篇广播文案**

正文：甲：喂，妈，最近还好吗？波士顿天气冷了，小心身体。

乙：我很好，但是你爸又去见那个女人，几天没回家了，呜……呜……你要乖一点呀，阿明。

甲：阿明？我是阿强呀！妈，你别吓唬我，自己儿子的名字也忘了！

乙：阿强？我的儿子叫阿明，你不是我儿子？

甲：什么，我不是你儿子？！莫非我是那个女人生的？你养育我这么多年，让我三十几岁才知道自己的身世，你不觉得很残忍吗？啊！怪不得移民也剩下我在香港！

乙：我儿子才十二岁，你究竟是谁？

甲：噢，我又拨错号码了……(人声渐弱)

男旁白：Sunday 1622，每逢Sunday免费拨去美国，拨错号码也没有损失。查询请电：21138000

**案例解析**

这则广播广告一开始，就让听众“听”到鲜明有趣的人物形象——关心儿子、抱怨丈夫、有点絮叨的母亲，糊里糊涂的儿子，然后引出主旨“Sunday 1622，每逢Sunday免费拔去美国，拔错号码也没有损失。查询请电：××”。

**广告案例二**

**越洋买卖广播文案**

正文：卖主(接电话)：喂，森记。

买家：是森森森森森记吗？听说你们的花花花花旗参品质很好。

卖主：当然！在华埠，我们的花旗参认了第二，没有人敢认第一。

买家：那怎怎怎怎么算？

卖主：怎么算？你给钱我们就会算，我们收加拿大币的。

买家：这样，

卖主：你想爱(要)多少？

买家：爱？刚才不是说好用用用用钱交易的吗？为什么你们这样做生意的

卖主：我是问你想要多少花旗参。

买家：我是第第第第一次买，要买多少？

卖主：我们最少要买10 kilo。

买家：既然你们的花旗参是全全全全华埠最好的，为什么要要要要要10 kilo才冲到一杯呀？你们做做做做做生意不老实……

**案例解析**

这则广播广告一开始，就让听众“听”到精明敬业的店老板，结结巴巴表达不清又无比认真的顾客。他们自然、生动、有点可笑的对话及不断丰富人物形象，又牢牢抓住听众的注意力；通过对话积聚起来的幽默趣味，在最后呈现“讲多久都没关系”的诉求重点时，引爆了创意的全部力量。

**广告案例三**

**“我不干了！”（占据版面上方4／5面积的地方 黑底色上大大的反白字）**

副标题：“你不行，你是老板。”

正文：谁都会有倒霉的日子，甚至老板。

当你是一家小企业的老板时，倒霉的日子来得会比一般人更多。

在大公司里，也许你会被财务、销售、人事、市场、生产等专家团团包围。

你可以指责别人，和他们争论，让他们接受你的想法，批评他们，和他们共进午餐，或者干脆把事情交给他们去干。身边有人，让你在遇到麻烦时感觉好点。

但如果你是小企业的老板，你只能靠自己。

在过去的34年中，我们已经帮助过超过5000家小企业。

并且发现，友好的建议和5000～20000万元的资金常常能使一家小企业走出困境。

ICFC——最大的小企业长期贷款机构

**案例解析**

小企业的老板，面临着庞杂的事务，当他们的企业面临困境而又不能退缩时，贷款机构可以帮助他们解决困难，帮助企业重新恢复生机。

ICFC是俱乐部简称，如图8.51所示，国际现金流管理俱乐部( International Cash Flow Club，ICFC)是由著名现金流管理专家、中国现金流实战管理第一人、中国工商联特聘讲师史宪宾先生等一批国内外知名现金流管理专家发起的，其宗旨是：帮助老板解决企业在生存和发展过程中遇到的“现金流风险管控与价值倍增”问题。 俱乐部成员由投资机构、企业老总、政府招商局、知名学者组成，并向会员提供以下服务。

图8.51　International Cash Flow Club

(1) 学习和进修培训服务：学习和提升企业现金流风险管控与价值倍增能力。

(2) 人脉拓展和交流服务：以讲座和现金流杂志为契机，提供人脉交际平台。

(3) 投融资项目对接服务：提供融资项目。

**广告案例**

**单利率汽车贷款带给您更大的灵活性**

正文：相对于传统的分期付款，我们的单利率汽车贷款是一种适用性强的新型贷款方式。采用该种信贷方式您可以低利筹款，每月只需偿还少量贷款。因单利率贷款您只需按款额付息。如果您能先期或者超额偿还以至提前付清全款，则您将有可观的节余。同时因为采用浮动利率，您还可以从利率下跌中获利。即使利率上浮，您每月的偿还额也将保持不变，直至最后约定清算日。如果您想了解更多关于这种灵活借款方式，请与我行的任何分行联系或拨打电话：×××××××。

**案例解析**

循循善诱的叙述方式吸引消费者把注意力转到广告主题中来，利益的可视性帮助消费者对贷款业务加深了解。

## 本章小结

本章深入地论述了各类文案的相关知识。列举出各类文案的案例并精心分析其经典之处，图文并茂地剖析文案，还涉及一些消费心理学、管理学这些社会学科的知识。由于人对于消费品的情感性以及在应用中所表现出来的复杂性难以控制，也就决定了消费品必须要通过一些人文学科的理论支撑，才能在应用中有效地体现消费品的效果和消费者可操作性。针对产品而言，掌握产品品质知识并理解与其相关的人文学科(主要有心理学、美学、营销学等)内容，就可以进行产品文案的写作。

## 本章习题

一、填空题

1. 消费者广告按产品分为六大子类：______、______、______、______、______和______。

2. 对于食品业的饮料行业来说，现在人们关心更多的则是饮料的______和______。

3. ______即对人本身内在欲望的诠释。能实现和受众深层交流的目的，在获得受众对品牌认知的同时建立起品牌美誉度。

4. 服装产品的广告的诉求是个性、______和气质，服装可以衬托穿着者的内涵。

5. 首饰是财富和美的象征，它的广告写作一般______的表现形式，尽情展示首饰独到精湛的工艺及情感上的象征意义。

二、选择题

1. 家电业产品的广告文案应该把诉求点着重放在产品的(　　)和特性上。

A．品质　　　　B．价格

C．品牌形象　　D．功能

2. 化妆品和美容用品是以年轻女性为主要消费者的日用品，(　　)不属于这类产品的主要诉求点。

A．自我感觉和个性　　B．时尚感和格调高雅

C．精致清新和自然方面　　D．自然方面和个性

3. 由于农牧、农机和家禽业广告文案的主要诉求对象是针对专业部门和批发商的，在诉求方式上应采取直白或知识引导、优惠承诺等方式。主格调应以(　　)为主。

A．真实性　　B．说理

C．功能性　　D．可靠性

4. 汽车广告主要有两种类型，以(　　)为求点的产品广告。

A．自我感觉和个性　　B．时尚感和格调高雅

C．产品性能和品牌形象　　D．价格和品牌形象

5. 不属于服务广告文案特点的是(　　)。

A．时间性　　B．无形性

C．易变性　　D．可分性

## 三、思考题

1. 举例说明食品广告文案有什么特点。

2. 酒、饮料类广告文案写作有什么要求？为什么？

3. 试举一个你印象最深的汽车广告，结合具体作品，讨论货运汽车和家用汽车类产品的常见诉求点和文案风格。

4. 看电视时，关注其中的食品广告，分析它们根据不同的内容采用了什么样的表现手法？有没有可改进之处？

5. 除了本章提及的行业外，你还能列举出哪些其他常见行业的广告文案特点？

# 参考文献


[1]初广志．广告文案写作[M]．北京：高等教育出版社，2013．

[2]杨先顺，陈韵博，谷虹．广告文案写作原理与技巧[M]．3版．广州：暨南大学出版社，2009．

[3]鲍德里．广告文案写作[M]．北京：中国青年出版社，2013．

[4]卢珊．广告文案美学关键词[M]．长春：吉林美术出版社．2011．

[5]沈虹．广告文案创意教程 [M]．北京：北京大学出版社．2008．

[6]郭有献．广告文案写作教程[M]．2版．北京：中国人民大学出版社．2011．

[7]陈培爱．广告文案创作[M]．厦门：厦门大学出版社．2008．

[8]朱瑞波．广告文案与创意[M]．北京：中国纺织出版社．2008．

[9]岳海翔．广告文案写作要领与范文[M]．北京：中国言实出版社．2009．

[10]冯章．新编广告文案写作与赏析[M]．北京：经济管理出版社．2009．

[11]张微．广告文案写作[M]．武汉：武汉大学出版社．2008．

[12]王国全．新广告文案学[M]．广州：中山大学出版社．2004．

[13]蔡学平．广告文案创作与评析[M]．长沙：中南大学出版社．2013．

[14]孔秀祥．广告文案理论与实务[M]．上海：上海交通大学出版社．2008．

[15]冯露．广告文案谋划与写作[M]．长沙：中南大学出版社．2006．

[16]乐剑锋．广告文案[M]．上海：上海人民美术出版社．2009．

[17][英]鲍德瑞（Bowdery B）．广告文案写作教程[M]．上海：上海人民美术出版社．2009．

[18] Sawyer, Robert．*Kiss & Sell*: *Writing for Advertising*: (*Redesigned & Rekissed*) [M]．AVA Publishing SA．2006．

[19]Victor O． Schwab．*How to Write a Good Advertisement*[M]．Wilshire Book Company．1982．

[20]Lambert M． Surhone, Mariam T． Tennoe, Susan F． *HenssonowPretty* (*Advertisement*)[M]．Beta* Publishing．2010．

[21]R． J． Mundy．*Advertisement for Murder*[M]．Athena Press Ltd．2008．

[22]Joseph Sugarman．*The Adweek Copywriting Handbook*[M]．Wiley．2006．

[23]Anonymous．*Writing an Advertisement*: *A Analysis of the Methods and the Mental Processes That Play a Part in the Writing of Successful Advertising*[M]．Nabu Press．2010．

[24]Mark Shaw．*Copywriting*: *Successful Writing for Design, Advertising and Marketing*[M]．Laurence King Publishing．2009．

[25]Stefan Nehl．*The Problem-Solution Pattern and Advertising*[M]．Grin Verlag．2013．

[26]James Davis Woolf．*Writing Advertising*[M]．Literary Licensing, LLC．2012, 03, 31．

[27]Vickie Taylor．*Complete Guide to Writing Web-Based Advertising Copy to Get the Sale*: *What You Need to Know Explained Simply*[M]．Atlantic Publishing Co．2008．

[28]Samuel Roland Hall . *Writing an Advertisement; An Analysis of the Methods and the Mental Processes That Play a Part in the Writing of Successful Advertising*[M]. General Books. 2012.

[29]Bob M. Fennis, Wolfgang S. Stroebe. *The Psychology of Advertising*[M]. Psychology Press Ltd . 2001.